Kom in verzet!

Mathijs Koenraadt

Kom in verzet!

Bundel tegen de politieke correctheid

Inhoud

Voorwoord

Ik schreef de artikelen in deze bundel tussen 2014 en 2017 uit frustratie over diverse demografische ontwikkelingen in Nederland en in Europa. Tot mijn verbazing kreeg ik veel bijval. Op mijn toenmalige website werden sommige stukken door tienduizenden bezoekers gelezen en nog vaker verspreid via sociale media. Om de artikelen voor het nageslacht te bewaren heb ik besloten ze in boekvorm uit te geven. Ze zijn gegroepeerd in hoofdstukken op basis van thema's, niet op volgorde van tijd.

Verzet is van alle tijden, maar de vijand komt niet altijd van buitenaf. Ook de staat is een samenzwering tegen de bevolking. Dankzij het geweldsmonopolie kan de staat burgers dwingen belasting te betalen, kinderen verplicht op schoolreis naar de moskee sturen of gezinnen chanteren asielzoekerscentra in hun wijken te tolereren. Wie van de lijn afwijkt wordt aan de publieke schandpaal genageld in De Volkskrant of in programma's als Pauw of Jinek, tv-shows waar het publiek als stilzwijgend klapvee de kijker thuis voordoet hoe het de mond moet houden.

De afgelopen halve eeuw is de Nederlandse Staat het grootste blok aan het been van de burger geworden. Een kantelpunt komt in zicht, het punt waarop burgers zich van de staat zullen afkeren, omdat de lasten groter zijn geworden dan de baten.

Ongeacht het staatsmantra dat iedereen gelijk is, kan niet iedereen gelijk verdienen aan de globalisering. Een grote groep mensen, gebonden aan het land, kan amper van open grenzen profiteren, terwijl een veel kleinere groep kosmopolieten via Kaaiman-constructies zich op kosten van het volk weet te verrijken. Nederlandse opiniemakers noemen Oekraïne en Hongarije wel eens oligarchieën. Ook het Koninkrijk der Nederlanden is zo'n oligarchie, een boevenbende geleid door oude adel, nieuwe corporate nobility en het "circuit" rondom Volkskrant-NPO-PvdA en andere nationale pestkoppen.

De 'elites' van Nederland hebben door globalisering hun loyaliteit aan het volk verruild voor kortetermijnwinsten. Maar de sterke autochtonen willen na eeuwen van slaafse horigheid hun autonomie en hun zelfbeschikkingsrecht opeisen. De boven ons geplaatsen willen dit eigenzinnige volk daarom liever vervangen met gehoorzamere—winstgevendere—exemplaren uit Noord-Afrika en de Arabische wereld.

Open grenzen zijn een doodsvonnis. Demografen voorspellen dat autochtone Noordwest-Europeanen voor het einde van deze eeuw minderheden in hun eigen landen zullen worden. Het volk is melkkoe én zondebok en staat alleen tegenover een parasitaire bovenklasse, medeplichtige politici en opportunistische media. Dat kan enkel tot burgeropstand leiden. Met deze bundel hoop ik het verzet een klein beetje te steunen.

—Mathijs Koenraadt, Boedapest, 8 juli 2018

Inleiding

Als tienerjongen wilde ik PvdA stemmen, maar ik werd een LP-F'er van het eerste uur. Sinds het onfortuinlijke einde van de LPF stem ik PVV. De grenzeloze migratiegolven die al meer dan een halve eeuw stukslaan op Europa, alsmede de ongevraagde veranderingen die ze teweegbrengen, stijgen echter boven alle partijen uit. Toch wil een bepaald kamp ons laten geloven dat we ondanks alle problemen ons geen zorgen hoeven maken over het behoud van onze vrede en onze vrijheid. We moeten vertrouwen hebben in de rechtstaat. Bovendien, zeggen ze, hebben we het nog nooit zo goed gehad.

Nou vertrouw ik wel op onze rechtsstaat, maar ik ben er niet van overtuigd dat dat vertrouwen een goede basis voor een zorgeloze toekomst is. In haar blinde expansiedrift laat de Europese Unie zich chanteren tot onderhandelingen over de toetreding van landen als Turkije en Oekraïne, landen die in staat van oorlog verkeren. In plaats van haar burgers te beschermen, brengt de EU onze vrede in gevaar. Diezelfde EU maakte met haar opendeurbeleid gatenkaas van onze normen en waarden. Nieuwkomers assimileren niet en drukken hun intolerante stempel op onze open samenleving. Alleen al in Nederland wonen sinds enkele jaren honderden volwassen mannen van boven de dertig met kinderbruiden van onder de dertien, omdat onze wet zegt dat we zulke in het buitenland gesloten kinderhuwelijken hier maar moeten tolereren.

Uit angst voor vervolging wegens groepsbelediging sluiten we in plaats van de grenzen onze ogen. Door een kwakkelende economie verdwijnt al jarenlang de ene na de andere winkelketen uit het vertrouwde straatbeeld. Nog even en straks verliezen dagelijks meer mensen hun baan dan dat er 'vluchtelingen' het land binnenkomen. Wat betreft die vluchtelingen vraag ik me af of zij die vandaag onze hulp opeisen morgen wél bereid zijn om voor onze vrijheid te vechten. Of laten ze bij rampspoed weer net zo makkelijk vrouwen en kinderen in de steek, op zoek naar de volgende veilige haven die hen gratis bed, bad en brood biedt?

Nederlanders vluchtten niet na de Watersnoodramp van 1953. Wij verhoogden de dijken en bouwden de Deltawerken. Vluchten is een luxe die wij ons niet kunnen veroorloven. En als we de vrede en de vrijheid die wij hier mochten ervaren aan volgende generaties willen doorgeven, dan zullen we de normen en waarden die aan onze rechtsstaat ten grondslag liggen met man en paard moeten verdedigen. Meer dan tolerantie hebben we een vooruitziende blik nodig. Meer dan open grenzen hebben we de moed nodig om moeilijke keuzes te maken.

Vandaag staan wij voor zo'n moeilijke keuze. Europa wordt overspoeld door een Arabische invasie van overwegend alleenstaande mannen die zich voordoen als vluchtelingen, maar het niet zijn. Ze zijn soldaten in burger die wachten op signaal van hogerhand. Onder hen bevinden zich veel stille terreurcellen, klaar om zichzelf en onschuldige anderen in duizend stukken op te blazen. We zijn in oorlog met de meest gevaarlijke vijand die de mensheid ooit heeft gekend sinds zijn lange klim vanuit het moeras tot de sterren, en als we die oorlog verliezen, en daarmee ook de vrijheid die we van onze voorouders hebben geërfd, dan zal de geschiedenis met grootste verbazing optekenen dat zij die meest te verliezen hadden het minst hebben gedaan om het tij te keren.

Een paar jaar voor het begin van de Arabische Lente sprak ik een man uit de Syrische hoofdstad Damascus, een moslimman die op zijn dertigste door zijn ouders was uitgehuwelijkt. Met zichtbare frustratie vertelde hij me dat zijn eerste huwelijksnacht hem was tegengevallen, want in die landen bepaalt de hoogte van de bruidsschat hoe knap je vrouw zal zijn, en zijn ouders waren straatarm. Hij vertelde me dat hij ervan droomde om genoeg geld te kunnen sparen om twee weken vakantie te komen vieren in het vrije Westen. Hij droomde nog van onze vrijheid, maar het is een vrijheid die wijzelf al veel te lang voor lief nemen.

Ik denk dat het tijd is om onszelf af te vragen of wij, wanneer het noodlot toeslaat, ook van plan zijn om te vluchten, of dat we ons bereid verklaren om alles wat onze voorouders met bloed, zweet en tranen hebben opgebouwd te verdedigen voor de toekomst. Het is op dat punt in geschiedenis waar wij, Europeanen, zijn aanbeland: of we nog weten waar we voor staan, of dat we onze rechtsstaat de rug toekeren en accepteren dat een ongekozen elite vanuit hun Brusselse torens voortaan bepaalt wat goed voor ons is.

Die bureaucraten maken u en mij wijs dat we moeten kiezen tussen links of rechts — linksom naar het eeuwige leven in een asielzoekerscentrum, of rechtsom terug naar de jaren dertig. Maar ze liegen. De keus die we moeten maken gaat helemaal niet over zoiets als links of rechts, maar over vooruit of achteruit, over vechten voor beschaving of vluchten voor barbarij. En wij kiezen voor beschaving, omdat we ons weigeren te onderwerpen aan een totalitaire ideologie die alles veracht waar onze voorouders sinds de stichting van de Griekse democratie hun levens voor gaven. Ongeacht hun goede bedoelingen, ondanks hun menslievende motieven, zijn het juist de progressieven die uit angst voor eigen verantwoordelijkheid het hardst achteruit rennen.

Iedere verkiezingstijd horen we weer dezelfde progressieve retoriek van de "tolerante samenleving". Wij zouden niet tolerant genoeg zijn. We zouden de nieuwkomers discrimineren. De problemen in de samenleving zouden niet aan de gebrekkige sociale vermogens van miljoenen nieuwkomers liggen, maar aan de onwil van de oudgedienden om zich aan de nieuwkomers aan te passen. Uit angst om de ander te kwetsen, verraden we onze principes. Bovendien, vindt ook onze minister-president, zullen we moeten accepteren dat we in naam van 'vooruitgang' ons nationale zelfbeschikkingsrecht aan Brussel afstaan.

"Meer EU", dat klinkt heel onschuldig, maar wie dieper graaft naar wat de voorstanders daar echt mee bedoelen, waant zich inderdaad terug in de jaren dertig. Bondskanselier Angela Merkel van Duitsland nodigt de komende jaren 3,6 miljoen migranten uit de hele wereld uit, maar voegt eraan toe dat we "moeten accepteren dat migranten meer crimineel zijn." De massa-aanrandingen in Keulen waren dus geen ongeluk, maar beleid. Frans Timmermans, vicepresident van de Europese Commissie, wil de vrije nieuwsgaring op internet censureren en geeft toe dat de EU al in gesprek is met "Google, Facebook, Twitter en Microsoft." Niet toevallig zijn dat allemaal Amerikaanse bedrijven, want Europeanen hebben al lang geen eigen stem meer. Tot slot EU-president Jean-Claude Juncker, die over zijn strategie zei:

> "We besluiten iets, laten het dan even rusten en kijken wat er gebeurt. Als niemand dan herrie maakt en er geen opstand uitbreekt, omdat de meeste mensen sowieso niet begrijpen wat er [is] besloten, dan gaan we weer verder. Stap voor stap, tot er geen weg meer terug is."

Geen weg terug. Wie twijfelt of hij meende wat hij zei, moet de omwonenden van de vele asielzoekerscentra in de provincies maar eens spreken.

Nou, daar schrik ik wel van, van hoe die zogenaamde volksvertegenwoordigers met het volk omgaan. De meesten van ons zien heus wel iets in een club die onze belangen dient, maar dat is niet de Europese Unie. Vrije mannen en vrouwen onderwerpen hun normen en waarden niet aan bureaucraten die vanuit hun ivoren torens hebben besloten om de autochtone Europeaan tot slaaf te maken van het morele bankroet van de immigratiesamenleving. Geven we ons over, of komen we, zoals Juncker vreesde, eindelijk in verzet?

Wie zijn wij eigenlijk om de lange strijd van onze voorouders nu op te geven en een duurbetaalde erfenis van individuele vrijheid en gelijke rechten om te ruilen voor de ketenen van collectieve slavernij? Onze voorouders hebben ons een lening gegeven, zodat wij in vrede konden leven, maar het failliet van de EU signaleert dat de dag is gekomen dat we die lening moeten aflossen. We zullen de vrijheid die wij voor lief nemen opnieuw moeten verdedigen voor ons nageslacht.

Europeanen kunnen inspiratie putten uit een rijke geschiedenis aan heldhaftige voorbeelden. In het jaar 480 voor Christus hielden Koning Leonidas en zijn Spartanen de Perzische horden tegen bij de Slag om Thermopylae. Dat was geen bioscoopfilm. De navolgende gebeurtenissen gaven geboorte aan de Griekse democratie, die voor het eerst de mens als individu erkende. Als individuen verlost van het juk van de massa begonnen Europeanen aan een lange reis door de geschiedenis om de rijkste en machtigste beschaving op Aarde stichten, het moderne Westen.

In het jaar 732 na Christus versloeg keizer van het Avondland, Karel de Grote, de islamitische invasie van Europa bij de Slag om Poitiers, midden in het hart van Frankrijk. Het werd de eerste van vele Europese overwinningen op de Arabische roversbende. Om de bedevaartstocht naar de heilige stad Jeruzalem weer veilig te maken, zouden Europese ridders vanaf eind elfde eeuw kruistochten voeren tegen moslims die christelijke pelgrims aanvielen. De gedeelde ervaring van de negen kruistochten bracht West-Europeanen voor het eerst als één volk bijeen. Enkele eeuwen later zou een christelijke coalitie zich opnieuw verdedigen tegen een islamitische invasie, dit keer van het Turks-Ottomaanse Rijk. Ze deden dat eerst bij het Beleg van Wenen in 1529, en vervolgens in 1683 bij de Slag bij Wenen. Dat Europeanen zich vandaag überhaupt christenen noemen, hebben we aan deze soldaten te danken.

Ondanks het vele bloedvergieten verschenen Europeanen als overwinnaars op het wereldtoneel. Europese technologie bleek na vele broederoorlogen de meest geavanceerde ter wereld. Het koloniale tijdperk lonkte en we veroverden grote delen van de wereld. We nemen terecht afstand van de uitvinding van de slavenhandel en misdrijven die jegens andere volkeren werden gepleegd, maar laten we dan ook het goede niet vergeten. Overal waar de Europeaan beschaving zou stichten, verspreidde hij de moderne geneeskunst, introduceerde hij een rechtsorde tegen corruptie en bevorderde hij het algemeen onderwijs van de plaatselijke bevolking.

In de vorige eeuw stonden we oog in oog met het slechtste in onszelf. We overwonnen onze zwakte en versloegen met succes beide totalitaire ideologieën, het communisme en het fascisme. Over fascisme gesproken, wat is eigenlijk een fascist? Opiniemakers reduceerden het begrip tot een verzamelbak voor iedereen met een andere mening, maar de oprichter van het Italiaanse Fascisme, Benito Mussolini, zei er het volgende over: "De burger in de fascistische staat is niet langer een individu met het recht om in verzet te komen tegen het collectief." Een fascist is dus iemand die zijn persoonlijke vrijheden opgeeft om zich te onderwerpen aan een totalitaire ideologie! Wij zijn dus géén fascisten, want wij komen wél in verzet.

In 2008 bracht ik met een toerbus vanuit Peking een bezoek aan de Chinese Muur. Als enige westerling tussen de Chinezen raakte ik bij de muur in gesprek met een vrouw uit Hong Kong. Ze sprak een beetje Engels en vertelde me hoe traag Chinese tradities veranderen. Ze glimlachte toen ik vroeg of zij misschien zelf President van China wilde worden. Ze zei: "Er is geen keizer meer. Wij zijn nu allemaal gelijk." Ze sprak deze woorden uit alsof ze heilig waren. Wellicht voelde die gelijkheid nog onwennig, maar ze bedoelde niet de gelijkheid tussen man en vrouw, niet die tussen blank en zwart, of tussen gelovig en ongelovig. Ze bedoelde de fundamentele gelijkheid tussen iedere twee mensen, tussen boer en keizer, tussen het volk en de elite. Ze bedoelde de gelijkheid waar onze Europese voorouders voor vochten, die kwaadwillende EU-bureaucraten nu dreigen terug te draaien. Dan zijn we weer horigen en lijfeigenen.

Als wij er nog aan twijfelen óf we westerse waarden wel of niet moeten verdedigen, bedenk dan dat er miljarden mensen op Aarde leven die er alleen maar van kunnen dromen dat we dat wél doen. In plaats van onszelf te verliezen in misplaatste schaamte om een verondersteld fout verleden zijn Europeanen het de mensheid verschuldigd om hun waarden van democratie, gelijke rechten en individuele vrijheid tegen iedere mogelijke dreiging te verdedigen.

Maar wat doen we verkeerd, wanneer een meerderheid van de mensen die de afgelopen halve eeuw als gastarbeiders, asielzoekers of vluchtelingen bij ons zijn komen wonen deze duurbetaalde gelijkheid afwijst en onze beschaving wil terugwerpen naar de prehistorie? Wat doen we fout wanneer asielzoekers hun democratische rechten misbruiken om onze democratie te saboteren? Hoe moeten we reageren wanneer migranten, onder het mom van gelijke rechten, het recht opeisen anderen ongelijk te behandelen? We weten allemaal heus het antwoord op deze vragen, maar onze stem valt stil achter de dikke muren van de politieke correctheid die ons in bedwang houden.

Natuurlijk moeten we mensen blijven helpen die onze hulp nodig hebben, maar als de grenzeloze hulpindustrie die onze ambtenaren hebben bedacht werkelijk zo'n goed idee zou zijn, dan zou het aantal asielzoekers dat onze hulp nodig heeft toch ieder jaar moeten afnemen? Het omgekeerde gebeurt. De stroom vluchtelingen raakt niet op, maar blijft explosief groeien. In 2015 zouden we enkele duizenden vluchtelingen opvangen, het werden er tienduizenden. Voor 2016 projecteerden we er minder dan honderdduizend, maar het zullen er meer dan tweehonderdduizend worden—een stad zo groot als Eindhoven—en dat is zonder de normale migranten die we sowieso opnemen, laat staan de gezinshereniging die we vanaf volgend jaar mogen ontvangen.

We stammen allemaal af van migranten, zeggen ze, maar de meesten van ons stammen niet af van vluchtelingen. Iedere vluchteling is er één te veel. Met de Verenigde Naties voorop heeft de internationale gemeenschap de plicht om daar waar nodig hulp te bieden. Opvang in de regio is bovendien goedkoper en veiliger dan mensen duizenden kilometers over land en water naar verre oorden te jagen. Maar toch gebeurt dat niet. De eensluidende 'oplossing' klinkt telkens weer: stuur iedereen maar naar Europa. Is Europa dan soms het asielzoekerscentrum van de wereld?

Objectief beschouwd verdronken er van de Syrische vluchtelingen meer in de Middellandse Zee dan dat er zouden zijn omgekomen als ze in de regio waren opgevangen. Waarom dan worden zogeheten critici van deze gevaarlijke volksverhuizing systematisch weggezet als xenofoben, alsof hun weerstand tegen menselijk leed zou zijn ingegeven door haat? Het lijkt er sterk op dat een hele klasse asieladvocaten, migratie-adviseurs en andere betaalde hulpdeskundigen zich voor hun carrières zodanig van menselijk leed afhankelijk hebben gemaakt dat ze van paniek niet weten hoe snel ze mensen die het probleem wél willen oplossen de mond moeten snoeren.

Zij die onze vrijheid omruilen voor de vluchtelingenkampen van de verzorgingsstaat willen ons laten geloven in de Zweedse oplossing genaamd vrede zonder strijd. Ze noemen hun politiek "inclusie". Geef een terrorist een knuffel en misschien doodt hij jou als laatst. Zolang de nieuwkomers maar hun zin krijgen, en we accepteren dat ze onze waarden nooit aan hun eigen kinderen zullen doorgeven, provoceren we ze hopelijk niet en laten ze ons misschien met rust. Zolang we ieder waardenconflict maar uit de weg gaan, zal de asielzoeker op een dag van zijn achterlijke cultuur genezen en van ons leren houden. Iedereen die protesteert is een fascist.

Maar we kunnen onze vrede niet afkopen door tegen meer dan anderhalf miljard mensen gevangen achter de Arabische Sluier te zeggen: "Droom niet van onze vrijheid, want we zijn bereid die in ruil voor olie te verkopen aan jullie slavenmeesters." Verzetsman Hendrik Mattheus van Randwijk zei: "Een volk dat voor tirannen zwicht, zal meer dan lijf en goed verliezen, dan dooft het licht." En daarmee roept hij ons op tot verzet. Begrijp mij niet verkeerd — niemand wil oorlog meer dan vrede, maar er is maar één manier om oorlog gegarandeerd uit de weg te gaan, en dat kan nu meteen: vlucht.

Toegegeven, de verdediging van onze waarden kent veel risico's, maar de geschiedenis leert ons dat het grootste risico in het gevaar van Trojaanse inclusiepolitiek ligt. Onze progressieve vrienden weigeren dat te erkennen en dus geven ze ons geen andere keus dan de vlucht naar voren, want als we zo doorgaan met het pamperen van asielzoekers, dan zullen we binnenkort inderdaad moeten vluchten. En wat dan? Wat doen we wanneer de nazaten van een 7[de]-eeuwse roversbende horen dat we te laf zijn om onszelf te verdedigen? Onze leiders verraden met hun gedrag dat ze het behoud van onze beschaving niet de moeite waard vinden, dat we onze identiteit, onze cultuur en onze geschiedenis maar moeten opgeven in ruil voor tijdelijke vrede. Als we dit duivelspact van zelfhaat en zelfverloochening blijven handhaven, dan zullen we spiritueel, moreel en economisch zodanig zijn verzwakt dat we ons straks niet eens meer kunnen verdedigen. En daarin ligt de keuze die we moeten maken, omdat deze beroepshaters niet namens het volk spreken.

Als niets in het Westen meer de moeite van het verdedigen waard zou zijn, wanneer begon dit dan — nu pas, in het licht van déze vijand? Of hadden de geuzen aan het begin van de Tachtigjarige Oorlog hun wapens maar moeten neergooien, zich vrijwillig moeten onderwerpen aan de Spanjaarden? Had het verzet maar moeten vluchten voor de nazi's? Had Pim Fortuyn zichzelf het zwijgen moeten opleggen?

Onze voorouders waren géén vluchtelingen, zij vochten terug. Zij begrepen dat het beter is om duizend keer te sterven dan de vijand uit te nodigen om bij ons te komen wonen. Het is dwaas en laf om de hoop te koesteren dat als we ons maar vriendelijk genoeg blijven gedragen de vijand wel van ons zal leren houden. U en ik zijn niet dwaas en laf. U en ik durven tegen zij die ons haten te zeggen: "Wij passen onze waarden niet aan, er is een grens, die gaat tot hier en niet verder!"

Overal ter wereld dromen mensen van de waarden waar Europeanen zo lang voor hebben gevochten. Wij zijn het zowel die mensen, onze voorouders én onszelf verschuldigd om de moed, de kracht en de wil te tonen onze beschaving te verdedigen, want als we dat niet doen, dan storten we de dromen van de mensheid in een duizendjarige nachtmerrie.

1

Migratie en integratie

Het ware motief achter de massamigratie:
De lagelonenindustrie bepaalt de grenzen van het Westen

3 maart 2016
Migratie is van alle tijden, maar de afgelopen halve eeuw aan massamigratie naar Europa is historisch gezien de uitzondering op de regel.

We zijn allemaal afstammelingen van migranten, maar de meesten van ons stammen niet af van illegale migranten. De miljoenen Europeanen die met de Holland-Amerika Lijn van Amsterdam naar New York trokken, vulden een economische vraag in. Ze werden bij aankomst verwerkt op Ellis Island, waar ze moesten slagen voor een medische keuring en een intelligentietest. Vielen de gelukszoekers af, dan werden ze zonder pardon per eerstvolgende boot weggestuurd.

Het deed er geenszins toe of de uitgeprocedeerden zichzelf zielig, beledigd of gediscrimineerd voelden. Hoe anders legt het Europese grensbeleid nu miljoenen, volstrekt onintegreerbare armen zonder tegenprestatie aan het welvaartsinfuus. De Amerikaanse kolonisten van weleer maakten het land economisch sterk, maar de meerderheid van de huidige vluchtelingen

belandt wegens gebrek aan opleiding in uitkeringen. Zij verzwakken Europa.

Massamigratie komt enkel op gang wanneer een
grootschalige regio bijvoorbeeld in staat van oorlog verkeert,
of de bevolking op het punt staat te verhongeren. Denk aan de
Ierse hongersnood van 1845-1850, die vele Ieren naar het beloofde land Amerika dreef. Massamigratie gebeurt echter nooit
spontaan. Ze is altijd het gevolg van ellende; iedere vluchteling
is er één te veel.

De oorlog en honger die mensen tot vluchten dwingt, ontstaat als gevolg van langdurige sociale aftakelprocessen. Met de
Verenigde Naties voorop heeft de internationale gemeenschap
de plicht om benodigde hulp ruimschoots van tevoren op orde
te brengen. Opvang in de regio is bovendien goedkoper en veiliger dan mensen duizenden kilometers over land en water naar
andere oorden te sturen.

Maar toch gebeurt dit niet. De eensluidende 'oplossing'
klinkt telkens weer: stuur iedereen maar naar Europa. Is Europa dan soms de hemel op aarde? Zijn Europeanen halfgoden
die niet alleen hun eigen, maar ook de problemen van de hele
wereld in een handomdraai kunnen oplossen? Wat voor zieke
geesten hebben belang bij de dood van het verdronken jongetje
Aylan?

Objectief beschouwd verdronken er van de Syrische
vluchtelingen meer in de Middellandse Zee dan er zouden zijn
verhongerd of omgekomen als ze thuis waren gebleven. Waarom dan worden zogeheten critici, namelijk de mensen die oorlog en honger in de wereld juist willen voorkomen, systematisch
weggezet als vreemdelingenhaters, alsof hun weerstand tegen
menselijk leed zou zijn ingegeven door haat?

De massamigratie van gastarbeiders naar West-Europa uit
niet-westerse landen als Turkije en Marokko kwam sinds de jar-
en vijftig en zestig van de vorige eeuw op gang, omdat Europa

helpende handen nodig had om haar economieën weer op te bouwen. De gastarbeiderstromen eindigden officieel in 1973, toen zowel Duitsland als Nederland het wervings- en selectie-programma beëindigden.

De gastarbeiders kwamen immers niet uit zichzelf, maar werden, zegt ook PvdA-intellectueel Paul Scheffer,[1] door bedrijven zoals het Nederlandse DAF actief geronseld. Maar ondanks dat de gastarbeidermigratie officieel stop werd gezet, zorgden gezinsherenging, een hogere voortplantingssnelheid van de nieuwkomers alsmede een kortere generatiecyclus[2] voor een sterk groeiende allochtone bevolking.

Inmiddels telt Nederland meer dan 2 miljoen niet-westerse allochtonen en bijna 4 miljoen allochtonen totaal, op een bevolking van 17 miljoen (meer dan 20%). Autochtonen zullen bij huidige groeisnelheden nog deze eeuw een minderheid in eigen land worden.[3]

Wat christelijke, westerse, relatief hoogopgeleide Oost-Europeanen niet mochten—een baan zoeken in West-Europa— mogen de nog veel armere, grotendeels analfabete werkpaarden uit de Arabische wereld wel. De veelal islamitische bevolkingsgroepen die naar Nederland kwamen, bevolken inmiddels al een halve eeuw lang een nieuw geschapen allochtone onderklasse, parallel aan de autochtone, die voor haar eigenbehoud niet ontoevallig CDA, LPF en later PVV begon te stemmen.

De multiculturele samenleving leek heel even te stabiliseren. Maar die situatie veranderde onverwacht toen in 2015 de Syrische vluchtelingencrisis losbarstte, een godsgeschenk voor zowel roofkapitalisten als roofsocialisten, die de vluchtelingen als werk- en stemvee voor hun karretjes spanden. Er valt veel geld te verdienen in de asielindustrie, ook al worden de winsten betaald door de belastingbetaler.

Een recent nieuwsbericht verraadt het ware motief achter deze moderne volksverhuizingen. Op 2 januari 2016 ontsloeg het Amerikaanse bedrijf Cargill 190 medewerkers—Somalische vluchtelingen die hadden geëist dat ze vaker, langer en met meer man tegelijk naar Mekka mochten bidden. De gevraagde gebedsonderbrekingen zouden volgens het bedrijf de productie in gevaar brengen.

De vraag is: kwamen deze vluchtelingen, overwegend alleenstaande, volwassen moslimmannen, werkelijk naar Amerika voor een beter leven, of werden ze geronseld door grote multinationals, die uit kostenoogpunt de allergoedkoopste industriële arbeiders in huis willen halen? Globalisering betekent dus eigenlijk de wereldwijde race naar de bodem. Karl Marx keert zich om in zijn graf.

De arme migranten zijn bovendien een alternatief voor het mislukte offshoringbeleid. In plaats van fabrieken af te breken en ze elders opnieuw te bouwen, blijkt het efficiënter om hordes arme mensen naar de fabriek te brengen. Bij gebrek aan een teletijdmachine om arbeiders rechtstreeks uit het Industriële Tijdperk naar nu te brengen, kiezen lagelonenbedrijven voor omgekeerde offshoring. Ze verplaatsen de armoede naar het Westen in plaats van rijkdom naar de wereld.

De bedrijfspsychopaten die deze vluchtelingenstromen aansturen, interesseren zich noch voor de kwaliteit van de migrant, noch voor de verdronken aantallen. Vanuit financieel eigenbelang dicteren zij wat de politiek moet doen en wat het volk ervan moet vinden. En om hun doel te bereiken, kochten multinationals hun eigen politieke honden om.

In Nederland zijn Mark Rutte (VVD), Alexander Pechtold (D66) en Diederik Samsom (PvdA) helemaal geen gekozen politici van het volk, als ze dat al ooit waren, maar de marionetten van de lagelonensector. Van deze driekoppige, paarse wurgslang speelt Rutte de rol van CEO, Pechtold vertegenwoordigt de elitaire aandeelhouders en Samsom moet als marketingman "het verhaal" aan het onwillige volk verkopen.

Dit kabinet weet bijvoorbeeld nu al dat 'we' in 2016 een kwart miljoen vluchtelingen zullen verwelkomen. Als helderzienden weten de heren politici dus al precies hoeveel vluchtelingen we gaan krijgen. Deze trefzekerheid verraadt dat in werkelijkheid de Nederlandse lagelonenindustrie de arbeidersquotums influistert.

We hebben dus niet alleen een nepparlement, maar leven de facto in een rudimentaire nepdemocratie, gekaapt door zowel linkse als rechtse geldwolven.

Dit grootschalige misdrijf tegen de Europese menselijkheid is geen gewoon verraad, geen schending van landsgrenzen of belediging van nationale identiteiten. Het is het verraad aan de gehele westerse beschaving. Zelfs Stalin en Hitler stortten hun volkeren niet met deze doelgerichtheid in de afgrond. Het verzet, zodra het eenmaal op gang komt, zal daarom meedogenloos zijn.

Ik adviseer de heren Rutte, Pechtold en Samsom om alvast een bootje in Calais klaar te zetten voor hun vlucht naar Engeland, want de dag dat de berooide massa met hooivorken en brandende fakkels achter ze aan komt, nadert.

Het probleem met diversiteit: Op de lange termijn bieden diverse samenlevingen niet meer stabiliteit dan monoculturele

9 maart 2016

De historische gebeurtenissen die leidden tot de opkomst van multiculturele naties en kosmopolitische steden institutionaliseerden ook nieuwe en opkomende vormen van sociale onderdrukking, met name racisme. Omdat mensen hun 'ras' nooit kunnen veranderen—in tegenstelling tot hun religie of nationaliteit—raakt raciale discriminatie zowel haar slachtoffers als hun nageslacht. Maar in het globaliserende westen bedekt de publieke aandacht voor rassenongelijkheid een onderstroom van falend multiculturalisme.

Het Westen bevindt zich in een betreurenswaardige staat. Voordat we aan politieke en sociale vooruitgang kunnen beginnen, moeten we eerst het concept van universele gelijkwaardigheid ontmaskeren als frauduleus.

Racisme is een van de vele vormen van sociale onderdrukking. Ondanks zogeheten Verlichting, sociale vooruitgang, en decennia van politieke correctheid (op zichzelf een vorm van onderdrukking) lijden mensen over de hele wereld nog steeds aan elitisme, kastisme, bureaucratie, intellectualisme, tribalisme, nepotisme, nationalisme, (kind)slavernij, religieus fundamentalisme, financiële ongelijkheid, feodalisme, bedrijfs- en militair hiërarchisme, honger, armoede, pesten, sociale uitsluiting, schoolpleinpikorde, jaloezie en verachting, schuld en schaamt en ordinair verbaal geweld. Niet alleen hebben we geen enkele van deze problemen ooit opgelost, veel van deze problemen nemen nog steeds in omvang toe.

Waarom is het de mensheid nooit gelukt om enige van deze vormen van sociale onderdrukking uit te roeien? Wat drijft onze politici en sociale leiders ertoe om te geloven dat we racisme kunnen oplossen? Het Westen heeft tot op zekere hoogte de eigen slavernij verplaatst naar de Derde Wereld, en deels door de heruitvinding van moderne slaven als laagbetaalde gastarbeiders. Dus ondanks dat rijkere samenlevingen het konden betalen om hun sociale ongelijkheid elders te dumpen, is er wereldwijd gezien nog niets verbeterd. Slavernij komt nog steeds op grote schaal voor in de Arabische wereld en elders.

Het lijkt erop dat we sociale onderdrukking dus niet kunnen genezen. Naarmate de menselijke bevolking op Aarde toeneemt, groeit sociale onderdrukking evenredig mee. Onderdrukking is inherent aan de mens. De reden is: onderdrukking dient een doel. Als leidend beginsel in zowel de verdeling van welvaart en in de toewijzing van leefruimte voor mensen en hun nakomelingen zou de wereld zonder sociale onderdrukking simpelweg imploderen. Het leven is oneerlijk.

De wereld waarin we leven is één grote tragedie van de meent (een *tragedy of the commons*). Duizenden jaren lang heeft menselijke technologie de grenzen van de wereldbevolking opgerekt door noeste innovatie, kapitalistische handel en zelfs door wereldoorlog. Maar terwijl Indiërs hun Chinese banen al dubbel outsourcen aan nog armere Afrikanen hikt de wereldeconomie dicht tegen de grenzen van haar groei aan.1 Daarom heeft de toekomst meer sociale onderdrukking in petto, niet minder. Individuen zullen de lasten van de economische stagnatie dragen, volgens het beginsel "geprivatiseerde winsten, gesocialiseerde kosten". De rijke elite verdient aan wat de arme burger kan betalen.

De oneerlijkheid, die zo eigen is aan het leven, betekent dat de politiek van hele volkeren, in tegenstelling tot die van individuen, altijd 'rechts' en conservatief was. Progressief-linkse politiek kan nooit uitstijgen boven wijkactivisme, omdat vooruitgang het resultaat is van de economische voorspoed die 'rechtse' kapitalisten scheppen.2 Om links te kunnen zijn, moet je rijk zijn. Sterker nog, 'links zijn' biedt zij die het kunnen veroorloven een hogere sociale status, zoals een kapitalist pronkt met het grootste huis. Linkse mensen willen met hun gespeelde vrijgevigheid bewijzen dat ze superieure mensen zijn die het aanzien van het volk zouden verdienen. Desalniettemin kunnen alleen rijke samenlevingen zich blijvend voordoen als 'progressief'.

In tijden van grote geopolitieke verschuivingen is progressief-linkse politiek daarom niet gekwalificeerd om de agressieve verdediging en het zelfbehoud van een volk te steunen. Maar vandaag moeten we met schaamrood op de kaken toegeven dat precies die wijkactivisten nu aan de macht zijn in het Westen.... En dat zij met hun naïviteit ons werelddeel in de afgrond storten.

Niet alle vormen van sociale onderdrukking krijgen gelijke aandacht in het publieke debat. Racisme springt eruit. Is de dwangneurotische focus op racisme soms de mode van de dag? Waarom vinden zo veel mensen dat het bestrijden van racisme veel belangrijker is dan bijvoorbeeld het bestrijden van meer wijdverspreide problemen van onderdrukte vrouwen, of het moreel verwerpelijkere probleem van kinderslavernij en uithuwelijking?

De reden dat racisme in de spotlight staat is dat minderheden die lijden onder zulke onderdrukking hun eigen racisme kunnen vermommen als antiracisme. Antiracisme als politieke strategie biedt minderheden een kans om zich te wreken in het licht van een eeuwige tweede plek in de samenleving. Om deze reden lijden leden van de meerderheid omgekeerd aan sociale onderdrukking door minderheden, die de bewegingsvrijheid van de meerderheid met zo veel mogelijk valse aanklachten proberen in te perken, omdat dat hun eigen belang dient. Dit zou ons niet mogen verrassen: het moderne idee van gelijkwaardigheid houdt zorgvuldig verborgen dat we met gelijke behandeling eigenlijk gelijke onderdrukking bedoelen.

Het racismedebat kenmerkt zich door een overvloed aan logische drogredenen. Een zo'n drogreden klinkt: "Zwarten (X-en) zijn gelijk aan witten (Y-en), dus moeten witten zwarten gelijk behandelen." Op het eerste gezicht zijn we het daarmee eens, maar het is een drogreden, omdat de meeste witten andere witten ook niet gelijk behandelen (Y-en zijn niet gelijk aan alle Y-en).

Als witten elkaar niet eens gelijk behandelen, waarom zouden witten dan alle niet-witten wél consequent gelijk moeten behandelen, op straffe van een veroordeling of een sociaal stigma? We doen namelijk alsof witten die elkaar discrimineren "gezonde concurrentie" is, terwijl witten die zwarten op dezelfde manier behandelen, gelijkwaardige behandeling dus, voor racist worden uitgemaakt. De politieke correctheid heeft besloten dat minderheden kennelijk dezelfde rijke levens mogen leiden, maar zonder daarvoor dezelfde inzet te hoeven leveren.

Het debat over rassendiscriminatie heeft dus alle betekenis verloren, omdat niet-witten bij voorbaat als achtergesteld worden ingeklast en alle witten als bevoordeeld. De doctrines van de politieke correctheid brachten de samenleving in een surrealistische staat. Aan de ene kant moeten leden van de meerderheidsgroep minderheden publiekelijk als hun gelijken behandelen, wat betekent dat ze meer moeten geven dan ze ervoor terugkrijgen, of tenminste doen alsof ze dat doen. Aan de andere kant verwacht de maatschappij van minderheden dat ze 'dankbaar zijn' voor zulke ongevraagde hulp. Ondertussen aspireren minderheden in de privésfeer om de meerderheid te vervangen.

Martin Luther King droomde niet van gelijkheid, maar van de omkering van de ongelijkheid. We beoefenen gelijkheid om de schijn hoog te houden, maar het idee van gelijke behandeling weerlegt dat we een aangeboren gelijkheid bezitten. Hoeveel politieke correctheid moesten we wel niet omarmen om onze wederzijdse angst en verachting te verbergen?

Een andere drogreden, of regelrechte leugen, stelt dat diversiteit maatschappijen langdurige stabiliteit biedt. Maar diversiteit stelt zich ook hoge kosten op de hals—bijv. integratiekosten, complexer overheidsbestuur, verminderde economische efficiëntie, etc. Over het algemeen draait de meerderheid voor die kosten op, simpelweg omdat ze de meerderheid is, wat een groeiende afgunst jegens minderheden kweekt. Diversiteit veroorzaakt zelf dus, naast andere factoren, racisme. Diversiteit destabiliseert de samenleving. Zie het Oude Egypte. Zie het Oude Rome. Zie het Ottomaanse Rijk. Zie de Europese Unie.

Progressieven geloven onterecht dat een of andere nieuwe, vooruitstrevende moraliteit, die we zogenaamd vlak na WO2 hadden ontdekt, tot onze omarming van de multiculturele samenleving leidde, namelijk het geloof dat diversiteit, in tegenstelling tot monocultuur en nationalisme, inherent 'goed' zou zijn en dus meer diversiteit altijd 'beter'. En terwijl de linksen op pad gingen om een samenleving zonder haat te bouwen waarin opgeleide mensen niet langer tegen elkaar ten strijde zouden willen trekken, alsof oorlog ooit het gevolg van gebrekkig onderwijs was, vergaten ze gemakshalve het realisme nodig om hun eigen utopieën te verdedigen.

In werkelijkheid zijn de multiculturele samenlevingen die we vandaag in het Westen zien niets meer dan het gevolg van koude massamigratie, bedoeld voor zielloos economisme. Om sociale onrust te voorkomen, lijmden westerse heersende klassen met tegenzin hun snel veranderende bevolkingen samen middels nieuwe sociale taboes om hun burgers in het gareel te houden, zoals het taboe op financiële ongelijkheid, religieuze intolerantie of blank privilege. Westerse leiders omarmden de multiculturele werkelijkheid eerder uit plichtsbesef dan uit vrije wil, met als enig alternatief totale burgeroorlog.

Diversiteit kan ook een keerpunt bereiken voorbij welk punt minderheden de voorkeur zullen geven zich van de minderheid af te splitsen. Denk aan de Catalanen in Spanje, of aan moslims in die in Europa eigen kalifaten uitroepen. En wetende dat het slechts enkele duizenden medestanders kostte om de (moderne) staat Israël te stichten, wat weerhoudt dertig miljoen Afrikaanse Amerikanen ervan om hun zelfstandigheid als volk op te eisen? Of wat dat betreft, Europese moslims?

Historisch gezien hebben samenwerkende minderheden al vaker samengespannen tegen rijkere meerderheidsculturen, zoals we weten dat met het Oude Rome en andere keizerrijken gebeurde. Als we beseffen dat ergens tussen de 11 tot 30 miljo-

en Mexicanen (inclusief hun nakomelingen) de afgelopen decennia reeds in de Verenigde Staten zijn komen te wonen, wat
houdt Mexico dan tegen om een stuk Amerikaans grondgebied
in te pikken? Alhoewel er zeker geen scenario bestaat dat het
Mexicaanse leger deze eeuw naar het noorden zal marcheren,
hoeven Mexicanen die al in de zuidelijke staten van de VS leven
enkel hun Mexicaanse vlag te planten, nadat ze hun munitie bij
de Wal-Mart hebben afgerekend.

Samenlevingen met een diverse bevolking bieden derhalve
niet meer stabiliteit dan monoculturele. Multiculturele samenlevingen bestaan enkel om een nog grotere tragedie te voorkomen, namelijk volledige sociale implosie. Zetten we de huidige weg echter voort, dan zal het Westen haar noodlot moeten
confronteren. De Europese Unie zal op middellange termijn
instorten. De Amerikaanse meerderheid zal in opstand komen
tegen de steeds agressievere minderheden. Trump leidt nu al de
weg. De vraag is of het genoeg zal zijn, of te weinig, te laat?

Oer-vooroordelen frustreren het integratiedebat

12 februari 2016
In veel westerse landen blijven bij de integratiedebatten die er
woeden een aantal 'oer'-vooroordelen systematisch onuitgesproken.

Het eerste is dat vooroordelen die we over andere mensen
hebben altijd over uiterlijkheden zouden gaan. We zouden
mensen discrimineren vanwege een andere huidskleur, afkomst,
tongval, kleder- of haardracht. Maar dat is een drogreden, want
de meeste vooroordelen gaan niet over uiterlijkheden, maar
over gedragingen. En veel mensen baseren zulke vooroordelen
op eigen waarnemingen.

Het tweede oer-vooroordeel is dat we bij het woord 'vooro-ordeel' reflexmatig denken aan wat blanken (c.q. autochtonen) over anderen vinden. Maar wat vindt de ander eigenlijk van ons?

Het derde is dat we over allerlei vooroordelen praten, maar de vooroordelen die we over onszelf aannemen, verzwijgen we. Zijn "we" werkelijk allemaal schuldig aan het slavernijverleden, en moeten we daarom boetedoen door Europa te laten vol-stromen met bevolkingsoverschotten van elders? Een aange-leerd schuld- en schaamtegevoel is ook een vooroordeel.

Zouden we deze oer-vooroordelen openlijk durven bespre-ken, dat zou het volgende kunnen gebeuren.

We zouden inzien dat mensen die zich anders gedragen niet vanzelfsprekend met ons kunnen samenleven. Onder andere veelwijverij, kinderhuwelijken, onverdoofd slachten of meisjes-besnijdenis zijn in het Westen geen welkome gedragingen. Mensen die dergelijke gedragingen vertonen of nastreven, mo-gen we uitzetten. Dat is geen discriminatie, maar beschaving.

We zouden ons verdiepen in wat anderen van ons vinden. Dan zouden we ontdekken dat vele nieuwkomers aan een vir-ulente blankenhaat lijden en onze landen verachten. We zoud-en tot slot de vooroordelen die we stilzwijgend over onszelf aannemen durven analyseren, ontleden en grotendeels naar de prullenbak kunnen verwijzen.

Dan worden we weer eerlijk naar onszelf toe. Dat is nodig, want wie zichzelf verloochent, kan geen enkele vreemdeling succesvol integreren.

Immigratieperikelen: Nunc aut nunquam

6 september 2016

We zijn een immigratieland. Maar hoe is het zover gekomen? Het begon allemaal in Amerika, toen het land in 1965 de *Ken-*

nedy Immigration Act invoerde om een nieuwe golf massa-immigratie te legaliseren. Ditmaal zouden de migranten niet uit het christelijke Europa komen, maar uit Mexico, Azië en elders.

De nieuwe migratiegolf werd het startschot voor een serie gebeurtenissen die het Westen onherkenbaar zouden veranderen. Als gevolg van de Kennedy Act trok Amerika tussen 1965 en 2015 meer dan 60 miljoen immigranten het land binnen. Dat is nog exclusief de 11 tot 30 miljoen illegalen die er achteraankwamen. De massaliteit leidde tot grootschalige omvolking. In dezelfde periode daalde het relatieve aandeel Europese Amerikanen van bijna 90% in 1960 tot ongeveer 72% in 2010.

Voor hun overleving vluchtten blanken weg uit de binnensteden op zoek naar de *suburbs*, de buitenwijken. In de top 100 grootste Amerikaanse steden vertegenwoordigen blanken (gemiddeld) minder dan 40% van de bevolking. Na amper een halve eeuw opengrenzenbeleid hebben niet-westerse migranten het stedelijke Amerika dus met succes gekoloniseerd.

Geheel volgens plan leidde deze zondvloed aan migranten tot enorme loondalingen. Het hield Amerika lang in het zadel van de wereldeconomie. Wat we tegenwoordig globalisering noemen, betekent eigenlijk gewoon vergroting van Amerikaanse afzetmarkten. Tegelijkertijd keken aan de andere kant van de oceaan jaloerse Europeanen moedeloos toe. Zij waren nog bezig het puin van de Tweede Wereldoorlog te ruimen, maar moesten toestaan dat Amerika hen op alle fronten uit de markt kon concurreren. Daarom zitten Europeanen nu aan de Starbucks-koffie en de McDonalds-boterham. Amerikaanse bedrijven hebben de Europese welvaart geroofd.

Maar Europese overheden sloegen met enig succes terug. Eind jaren zestig begonnen landen als Duitsland, Nederland en het Verenigd Koninkrijk de Amerikaanse strategie te kopiëren. Om toch iets van minimale onafhankelijkheid onder Amerikaans vazalschap te bewaren, zouden de Nederlandse premiers

Den Uyl en zijn opvolger, Jodenhater Van Agt, begin jaren zeventig als in een een-tweetje het hek van de dam gooien. Ze vonden de opengrenzenpolitiek uit. Als de Amerikanen hun Mexicanen kregen, dan overtroffen wij ze met nog lager opgeleide Marokkanen. De discussie woedt nog of dat wel zo'n goed idee was.

"We", oftewel de aandeelhouders van de BV Nederland, gingen op zoek naar het goedkoopst mogelijke personeel voor onze economie. Volgens PvdA-intellectueel Paul Scheffer waren het bedrijven als vrachtwagenbouwer DAF die in Marokko de arbeiders zelf kwamen selecteren. Marokkanen mét middelbareschooldiploma's werden uitgelachen, want die waren te duur. We kozen doelgericht de allerdomsten uit om bij ons vuilnismannen te worden. Maar wie nou zegt last te hebben van deze olijke troetelmoslims is automatisch een racist. Dat slaat natuurlijk nergens op, want de massamigratie bleef niet zonder gevolgen: omvolking.

De loondalingen die de massamigraties in Amerika en Europa teweegbrachten, blijken vandaag de hoofdreden dat veel autochtonen geen laaggeschoold werk meer kunnen doen, omdat het ze simpelweg niet genoeg oplevert om hun bubbelhypotheek af te betalen. De politiek van de massamigraties eindigde ook in Europa in een demografisch omvolkingsbeleid, met de nadruk op beleid. De te duur geworden autochtone arbeiders, die hun ooit katholieke gezinnen steeds kleiner moesten gaan houden om te overleven, werden langzaamaan vervangen door een economisch goedkoper menstype dat ondanks een onmenselijk laag uurtarief wél 4 tot 5 kinderen kon 'opvoeden'.

Ook dit keer kwamen de gastarbeiders dus niet vanzelf. Ze kwamen af op de lokroep van de lelijkste Duitse Sirene, Angela Merkel. Net als in het verhaal van Ulysses zouden velen de verdrinkingsdood vinden. De miljoenen nepvluchtelingen die vandaag via Libië-Italië, Turkije-Griekenland of Marokko-Gibraltar Europa bereiken zijn in werkelijkheid allemaal gastarbeiders. Westerse mediabeelden zulke asielsukkels weliswaar uit als de verdronkenen en de geredden, maar schroomt tegelijkertijd niet om zelf een willekeurig kind te verdrinken als dat toevallig een emotionele foto oplevert. De Frontex-veerdienst vist de drenkelingen nog net binnen internationale wateren op, met de haven van Tripoli in zicht.

Zowel in Amerika als in Europa staan de autochtone c.q. blanke lagere klassen onder immense druk. Autochtone arbeiders die al niet konden concurreren met MOE-landers die voor één Euro per uur in de Rotterdamse haven werken, kunnen dat zeker niet met zwarte Afrikanen die genoegen nemen met een bordje eten voor hun 'vrijwilligerswerk'. Het is de heruitvinding van de slavernij verpakt als humanitaire hulp. Daarom zegt Nederland nu: rechtsaf, grenzen dicht!

Wat er nu in Europa gebeurt, heeft allemaal niets meer te maken met het behoud van "onze verworvenheden", maar met een *race to the bottom*, een uitputtingsslag tussen Amerika en Europa om te kijken wie de meeste migranten kan absorberen zonder eraan ten onder te gaan. Als we het tij niet gauw keren, dan is straks de middenklasse aan de beurt om de klappen op te vangen. Bedenk daarbij dat een geïslamiseerde Nederlandse middenklasse zeker niet meer zal komen zwaaien voor de Oranjes. Dan is het over en uit met de democratie en met onze cultuur.

Als we zo doorgaan, zullen beide continenten aan de massamigraties bezwijken. Wat we massamigratie noemen is eigenlijk gewoon een buitenlandse invasie. Het zijn geen gelukszoekers, geen vluchtelingen, geen migranten, maar indringers, rovers en verkrachters. China, Turkije, Rusland en de Arabische wereld hoeven niets anders te doen dan als aasgieren het einde van onze beschaving af te wachten. Tenzij we in opstand komen. Eerst geweldloos, maar als het moet met geweld. Wat onze collectieve overleving aangaat is het zoals ónze commando's zeggen: *nunc aut nunquam*. Nu of nooit. Erop of eronder.

Het vluchtelingendebat: De wurggreep van de politieke correctheid dreigt ons te verstikken

12 november 2015
De subtielste leugens zijn vaak de moeilijkste om te herkennen. Het woord 'vluchtelingendebat' is zo'n subtiele leugen, want voeren wij werkelijk een debat óver vluchtelingen, dus over ons draagvlak en 's lands draagkracht voor opvang en integratie van misschien wel een kwart miljoen migranten na gezinshereniging? Nee dus. De gewone mensen staan voor voldongen feiten die Haagse bestuurders al voor hen in achterafkamertjes hebben besloten. De bevolking mag enkel haar gevoelens komen uiten.

De zelfverklaarde fatsoenselite ligt er niet wakker van. In tijden van crisis komt de onderkant van de samenleving van pas als buffer tussen haar onbezorgde manier van leven en de wereldproblematiek die op ons allemaal afkomt. Door de problemen van de multiculturele samenleving, de volledig mislukte integratie van inmiddels vier generaties gastarbeiders en hun nakomelingen, en de daardoor veroorzaakte krapte op de arbeids- en woningenmarkt alsmede de ontstane tekorten voor zorg en onderwijs, eenzijdig op de onderkant van de samenleving af te schuiven, isoleren de welgestelde Alexander Pechtolds zich van een meedogenloze werkelijkheid.

Daarmee legt de vluchtelingenstroom de enig relevante kloof in de samenleving bloot. Dat is niet de kloof tussen arm en rijk, want die verbreden 'fatsoenlijke' politici zélf door de armste wereldbewoners moedwillig naar ons land te verplaatsen om vervolgens zichzelf als oplossing aan te prijzen. Integendeel, het gaat om de kloof tussen aan de ene kant mensen wiens infrastructuur wordt overspoeld met de zegeningen van een halve eeuw niet-bestaand grensbeleid, en aan de andere kant mensen die zichzelf (nog) voor de gek houden dat er niets aan de hand is. Bouwers en dromers. Deze kloof wordt niet alleen steeds groter, maar dreigt als een zinkende Titanic de samenleving in tweeën te breken.

De eerstgenoemde groep lijdt zwaar onder de aanwezigheid van opvangkampen, gevuld met enkel Arabischsprekende, voornamelijk mannelijke 'vluchtelingen'—testosteronbommen—evenals de vloedgolven van integratieproblemen die zij na gezinshereniging (of bruid uit land van herkomst) met zich mee zullen brengen. COA-wanbeleid dat nieuwkomers aanleert dat alles gratis is, verergert de zaak, met alle ontspoorde agressie tot gevolg wanneer de kinderen van de aanspraakindustrie later hun zin niet meer krijgen, omdat ze voor hun bestaan zullen moeten werken. Dat bijna de helft van de migranten niet kan lezen of schrijven, laat staan fietsen, zwijgen journaals liefst dood.

Maar we leven niet in een tekenfilm waar alles kan. Er zijn grenzen, grenzen op een kaart en grenzen aan fysieke draagkracht. Het gaat burgers om die laatste soort grenzen, want wanneer we moeten concluderen dat verdere massa-immigratie het voortbestaan van de autochtone bevolking bemoeilijkt of zelfs in gevaar brengt, of dat veel autochtonen bijvoorbeeld hun gezinnen instinctief klein houden om, effectief, de veel grotere migrantengezinnen te kunnen accommoderen, dan hebben we het eigenlijk niet meer over een 'vluchtelingenstroom', maar over verdringing—over kolonisatie.

Ook de welvarender Nederlander zal de gevolgen van deze kolonisatie gaan merken. Naarmate de infrastructuur van de onderklasse haar maximale draagkracht bereikt, zal de autochtone onderklasse in paniek naar de middenklasse vluchten en haar riante faciliteiten opeisen. Immers, er passen makkelijk vier arbeidersgezinnen in de villa van Peter R. de Vries. De woonwijken waar menig PvdA- en D66-bestuurder woont, bieden ruim plaats voor hele dorpen autochtone 'Tokkies' die hun kleurrijke wijken zullen ontvluchten.

Nu al bevindt de onderkant van de samenleving zich in een wurggreep. Wanneer deze 'plebejers' zich tegen de massa-immigratie, die hun eigen bestaansniveau bedreigt, durven verzetten dan zijn zij automatisch 'fascisten' of 'racisten' en kennen zij hun geschiedenis niet ("Moslims zijn de nieuwe Joden!"). Komen zij echter net als de migranten zelf een beter leven opeisen dan zijn de mondige burgers plots 'fanaten' die hun plaats niet kennen.

Zo dreigt de wurggreep van de politieke correctheid niet alleen het debat, maar nu ook de bevolking te verstikken. De historisch logische uitkomst daarvan heet: revolutie.

Racisme bestaat niet:
Economische argumenten tegen immigratie

11 mei 2017

Kinderen van Europese ouders kunnen niet concurreren met Afrikaanse lonen. Met Chinese inkomens kunnen Europeanen hun hypotheken niet aflossen. Ook al hebben de nieuwkomers een andere huidskleur, economisch zelfbehoud heeft niets met racisme te maken. De ongelijkheid zit hem in de lasten, niet in de baten. De argumenten tegen massamigratie zijn economisch.

In samenspel met onvoorspelbare winters maken Europese landschappen de levens van de mensen die hier wonen duurder dan elders. We roepen wel eens dat mensen in Afrika van één Euro per dag moeten rondkomen, maar in Europa kost het opvoeden van een kind van zijn geboorte tot zijn achttiende jaar meer dan één miljoen Euro. Wie moet dat ophoesten?

Wie in Europa wil overleven heeft een hogere opleiding en een hoger inkomen nodig dan iemand die in de tropen van een schaaltje rijst kan rondkomen. Daarom mogen Europeanen zich niet laten wegconcurreren door goedkopere mensentypen. Dan gaat de samenleving failliet en zullen ook recente vluchtelingen weer ergens anders heen moeten vluchten.

Ondanks dat feodaal lijfeigenschap amper twee eeuwen geleden werd afgeschaft, beweert een progressieve maffia dat wij, blanken, een 'wit' privilege zouden hebben. Ze bedoelen dat we aangeboren racistisch zijn zoals een erfzonde. De beschuldiging komt van pas om blanken nu en later te onteigenen.

Hebben de motieven om blanken van racisme te beschuldigen zelf iets met racisme te maken?

Een groot deel van het conflict tussen zwart en wit draait om verkeerde beeldvorming. Wie in Afrika of in Azië leeft en het Westen alleen van de reclame kent, denkt onterecht dat Europa het walhalla is. Maar wie de ogen opendoet en eens buiten de grachtengordel komt kijken, die ziet dat het leven in Europa een barre bestaansstrijd is.

Migranten komen niet naar het Westen om arme boer of fabrieksarbeider te worden. Ze dromen ervan succesvolle voetballers, zangers en filmsterren. Terwijl ze dromen van een beter leven, besteden migranten het dagelijks onderhoud van de maatschappelijke machinerie uit aan de domme blanken, die nog geloven in dingen als verantwoordelijkheid.

In christelijke termen zou je de massamigratie naar Europa een zondvloed kunnen noemen. Een halve eeuw vrede en welvaart moest natuurlijk worden afgestraft met de komst van honderden miljoenen migranten. Zij willen ook een stukje van onze taart hebben, ware het niet omdat we er zelf zo mee te koop hebben gelopen.

Als de voorspellingen uitkomen, dan zal de tsunami van immigranten de Europese economieën doen instorten. De babyboomgeneratie gaat al met pensioen, zal in de laatste jaren van haar leven om zeer hoge medische kosten vragen en daarna uitsterven. De overlevende generaties zullen een leeggeplunderd continent erven. Ze zullen leven als minderheden tussen de allochtone overheerser.

Europeanen zijn vijftien keer zo productief als Chinezen. Amerikanen twintig keer zo productief. Dat zij daarvoor een klein beetje meer welvaart terugkrijgen heet volgens de linkse media racisme, ondanks dat westerlingen een veel groter deel van hun productiviteit zonder tegenprestatie aan aandeelhouders moeten doneren.

Westerlingen hebben meer, omdat ze meer produceren. Door alleen de baten in kaart te brengen, lijkt het net alsof westerlingen het onterecht beter hebben dan anderen. Maar als we ook de lasten meewegen, dan zijn de zogenaamde arme mensen beter af. Zij hoeven geen geavanceerde beschaving draaiende te houden die praktisch de rest van de wereld voedt.

De antiracisten zijn de echte racisten. Achter hun haat verbergen ze hun eigen incompetentie. Door hun jaloezie in progressief jargon te verpakken proberen migrantensukkels, die bij aankomst in Europa op hun vijfentwintigste nog moeten leren lezen en schrijven, hun opgeblazen ego's te maskeren.

De meeste migranten die naar Europa komen dragen niets bij aan onze economieën en zullen dat ook nooit doen. Zij zijn in hun thuiswerelden al eeuwenlang het gemakkelijke leven gewend. Ze zijn alleen hierheen gekomen om de vruchten van Europese arbeid te plukken, zoals een sprinkhanenplaag die de toekomst van Europese kinderen kaalvreet.

Om iets van een toekomst te verdedigen zullen we in opstand moeten komen. Dan volgen we het principe: *eerst de verraders, daarna de vijand.*

Schaf de multiculturele samenleving af!
Een koude rauwkostsalade

24 oktober 2016

Waargebeurd verhaal: in het jaar 1002 zeilden ongeveer 160 IJslandse Vikingen met Erik de Rode via Groenland naar het huidige Canada. Zijn zoon Leif trok met bemanning verder door naar het zuiden en belandde in Vinland, waar hij vijf eeuwen voor Columbus Amerika bereikte. Ze stootten er op negen lege kano's. Die hielden de Vikingen voor een vredesteken en namen zodoende een kijkje. Voor het eerst in de geschiedenis stond de blanke Europeaan oog in oog met indianen, de Esquimaux:

> "Ze waren kleine mannen, ziek uitziend, met het haar op hun hoofd in de war; ze hadden grote ogen en brede jukbeenderen."[4]

De Vikingen en de stomverbaasde Esquimaux dreven een tijdje handel met elkaar, totdat een stier, die de Vikingen op hun schip hadden meegebracht, op de indianen afstoof en ze wegjoeg. Drie weken later kwamen ze pas terug naar het Vikingkamp. Ditmaal met een kanovloot. Luid joelend vielen de Esquimaux hun vijand aan met katapulten, pijlen en ander wapentuig.

De xenofobe indianen haatten de Vikingen alleen maar vanwege hun huidskleur, zouden we nu zeggen. De sterke noorderlingen vochten terug met hun ijzeren zwaarden en schilden, maar omdat ze veruit in de minderheid waren, moesten ze op de vlucht slaan. Een Vikingvrouw die het zag gebeuren snauwde de mannen daarop toe:

> "Waarom vluchten jullie voor zulke waardeloze schepsels, dappere mannen die jullie zijn, terwijl jullie ze ook gewoon

kunnen afslachten alsof het vee is! Geef mij maar een wapen,
ik denk dat ik beter vecht dan jullie allemaal!"[5]

Het was een calvinistische droom. Iedereen gelijk en de
Koning nog ietsje meer. Maar de geschiedenis leert dat multiculturele confrontaties ondanks periodes van vrede altijd in bloedvergieten eindigen. Dat gold ook voor grote beschavingen als
het Ottomaanse Rijk, het Romeinse Rijk en het Oude Egypte.
Hun bewoners kenden alle huidskleuren, spraken tig talen en
beoefenden vele religies. Toch gingen de rijken in vlammen op.

De multiculturele samenleving is een historische misvatting
die telkens weer opduikt in de hoofden van onwetende politici. Want als je zoals eind jaren zeventig de halve Surinaamse
bevolking in de Amsterdamse Bijlmer dumpt om er vervolgens
nooit meer naar om te kijken, waar ben je dan helemaal mee
bezig? Zulke stadsplantages houden hooguit de criminaliteit
binnen de groep, maar verrijken niemand.

Zoals er voor de Vikingen destijds geen plaats was in Amerika, zo is er nu ook geen plaats voor islam in Europa. Als een wolf
in schaapskleren blijkt de gedroomde 'Europese islam' een geïslamiseerd Europa. Zeker, er leven genoeg vrijzinnige moslims in
de wereld, maar zij zullen de islam nooit hervormen, omdat de
hervormers net als de rest van ons doodsbang zijn voor terroristen. Dus zwijgen ze.

In plaats van een smeltkroes blijkt de westerse multicultuur
een rauwkostsalade. Iedere minderheidsgroep leeft in zijn eigen wereldje, blijft de eigen taal spreken en mag zelfs een eigen
rechtssfeer uitoefenen, met als gevolg dat steeds meer moslimvrouwen aan de imam om een scheiding moeten vragen in plaats
van aan de Nederlandse rechter.

Maar eigenlijk gaat het er niet eens om hoe goed allochtonen zich integreren. Het Europese multiculturalisme is ook
een economische truc om allerlei minderheden handig uit te

buiten. De multiculturele samenleving geeft een rijke autochtone elite het gevoel betere mensen te zijn, terwijl ze achter de schermen toch een koloniale levenswijze in stand houden.

Tot slot zet multicultuur de sociale cohesie op het spel die voor onze economische overleving van allergrootst belang is. We spreken elkaars talen niet. We delen elkaars tradities niet. De sterk verschillende normen en waarden komen steeds vaker en harder met elkaar in botsing. Het is een recept voor sociale wanorde waar extremisten straks gemakkelijk gebruik van zullen maken.

We leven in de verlengminuten van de westerse beschaving. In de verte zien we Merkels kanovloot al aankomen: de tientallen zo niet honderden miljoenen mensen die hun hebben en houden hebben verkocht om naar Europa te 'vluchten', op zoek naar gratis welvaart. Misschien moeten wij, net als de Esquimaux, de indringers gewoon maar eens wegjagen.

Van immigratie naar remigratie: De geweldloze afschaffing van de multiculturele samenleving

12 februari 2013

Wie bij hoge uitzondering toch eens naar het NOS-journaal kijkt, valt op hoe dogmatisch nieuwslezers het PvdA-programma napapegaaien. Het politieke debat in Nederland is gereduceerd tot de vraag welke kandidaat het meeste fatsoen heeft. Een visie voor de lange termijn ontbreekt. Het meest schokkend is wel het blinde geloof in de voordelen van ongecontroleerde massa-immigratie, gezinshereniging en de opgedrongen multiculturele samenleving—symbool voor polderende besluiteloosheid. Onze rechtsbeginselen beschermen nieuwkomers beter dan oudgedienden en stellen criminele migranten in staat het land te terroriseren.

Stelt u zich voor dat honderdduizenden boeren-Limburgers en -Drentenaren naar China zouden emigreren om er werk te zoeken in steden als Guangzhou of Shanghai. Zou het ons verbazen wanneer onze plattelanders het in China niet lukt om 'volwaardig Chinees' te worden? Zou het ons moeten verbazen als deze Hollandse onderklasse de ingewikkelde Chinese taal zelfs na drie generaties niet vloeiend onder de knie krijgt? Of dat ze weinig vriendschappen zullen sluiten met autochtone Chinezen? En zouden we de oververtegenwoordiging van onze boerenlompheid in de Chinese criminaliteitsstatistieken dan zonder schaamte afdoen als anti-Nederlands racisme? Het is natuurlijk makkelijker om alle Chinezen voor racisten uit te maken.

De massa-immigratie naar Nederland is een economische uitvinding, een sociaal construct in stand gehouden door financiële belangen. Omdat de lonen in verschillende werelddelen ver uiteen liggen is het voor ondernemers aantrekkelijk om goedkope arbeid te importeren. Bij onverwachte werkeloosheid draait de belastingbetaler op voor de uitkeringen.

Ondank dat de economie groeit, verdringen migranten duurdere autochtonen wel degelijk van de markt. Autochtonen hebben dieper in de Nederlandse samenleving ingekocht, bijvoorbeeld met leningen, hypotheken of investeringen, en kunnen niet meer leven een Pools salaris. Voor de prijs van honderd autochtone vrachtwagenchauffeurs kan een bedrijf driehonderd Polen inzetten. In plaats van efficiëntere arbeidsprocessen in te voeren, kiezen ondernemers ervoor op mensen te besparen. Op de middellange termijn is het makkelijker en goedkoper om Marokkanen of Polen naar Nederland te halen, terwijl je op de langere termijn het eigen volk ondergraaft.

Als de politiek haar burgers eerlijk zou vertellen dat ze om economische redenen worden uitgefaseerd, of afgeschreven, dan zou er toch iets van een opstand moeten uitbreken. Om mensen passief te houden, liegt de politiek dus van alle kanten. We zouden immigranten nodig hebben om de vergrijzing tegen te gaan. Allochtonen zouden onze verarmde cultuur komen verrijken. We moeten toch boetedoen voor de slavernij, de NSB en Anne Frank. En als u nog niet overtuigd was, dat moet u weten dat Nederland in de Gouden Eeuw heel rijk is geworden dankzij migranten—begrijp het nou, we zijn altijd al een migratieland geweest! Heus.

Onze Toekomst is onze toekomst niet meer, maar van de nakomelingen van de islam voor wie wij horen op te schuiven. We hebben onze lotsbestemming uit handen gegeven. De genoemde politieke rechtvaardigingen voor massamigratie zijn allen drogredenen. De migranten en hun nakomelingen kunnen onze vergrijzing niet oplossen. Het is vervangingspolitiek, want wat wordt er anders bedoeld met het tegengaan van vergrijzing, dat we Turken en Marokkanen tijdelijk in bruikleen bewaren totdat we zelf weer aangesterkt zijn en ze voldaan weer terug naar huis gaan?

Daarnaast wegen de belastinginkomsten van migranten niet op tegen de integratiekosten. Netto draagt de migrantenpopulatie negatief bij aan de Nederlandse economie: 7,5 miljard EUR per jaar (Nyfer, 2010). Dat zijn inderdaad de cijfers van de PVV, want geen enkele andere partij wilde weten wat migratie kost. De autochtoon is te duur, maar de allochtoon krijgt een blanco cheque.

Volgens een recent Jaarrapport Integratie (SCP) hebben allochtonen, in het bijzonder Turken en Marokkanen, de afgelopen 18 jaar nauwelijks vriendschappelijke contacten met Nederlanders opgebouwd. De gastarbeiders van weleer kwamen dan ook niet om vrienden met het door henzelf te vervangen volk te worden, maar om geld te verdienen voor hun vrouw en kinderen in hun thuisland. Het huidige gebrek aan vriendschappen ligt evenzeer aan de diepgaande religieuze afwijzing van de Nederlandse cultuur, mogelijk geworteld in gevoelens van islamitische en Arabische suprematie, als aan autochtone desinteresse om zich met volkeren uit de Middeleeuwen te moeten associëren.

Het gebrek aan vriendschappelijk contact heeft nog een aantal diepere oorzaken. Ten eerste speelt een klassiek economisch fenomeen een rol, namelijk dat de middenklasse sowieso weinig contact zoekt met de onderklasse, dus ook niet met een allochtone. We zitten vaak niet bij elkaar op school, werken in het bedrijfsleven op verschillende afdelingen en gaan op vakantie naar verschillende vakantieoorden. De gemiddelde Marokkaan woont in Marokko. De Marokkaan in Nederland stamt doorgaans uit de onderklasse van zijn thuisland. De massa-immigratie heeft vooral laagopgeleide gelukszoekers aangetrokken. De gegoede burgerij woont nog in steden als Istanbul of Marrakech.

Ten tweede vormt islam met haar misplaatste superioriteitscultus een onoverbrugbare barrière. Bijvoorbeeld door de weigering van moslimvrouwen om Nederlandse mannen de hand te schudden. Iemand de hand weigeren heet bij ons gewoon een belediging. De hoofddoek bewaakt de islamitische vruchtbaarheid: hoeveel autochtone mannen zien hand in hand over straat met een behoofddoekte moslimvrouw? Zeer weinig. Islam werpt met opzet dergelijke biologische contactbarrières op en is dus een racistische religie.

Wat betreft sociale interactie zijn allochtonen en autochtonen het levende behang aan de rand van elkaars wereldje. Wat is het nut daarvan? Als we in de jaren '90 van de vorige eeuw Nederlandse vrouwen hadden aangespoord om meer kinderen te baren, dan hadden we nu geen immigranten nodig om de vergrijzing tegen te gaan. Maar hier vallen politiek weldenkende mensen over: vrouwen zijn geen broedmachines en het is nazistisch om de vrouw tot zelfbehoud aan te sporen. Dus importeren we Turkse en Marokkaanse vrouwen die gemiddeld tot 5 kinderen baren, zodat autochtone vrouwen zich op de kinderloze carrière kunnen storten. Emancipatie op kosten van de migrantenvrouw—is dat nou het hoogst haalbare PvdA-ideaal?

Gastarbeidersmigratie is geen eenrichtingsverkeer. De moderne multiculturele samenleving is de grootste vergissing in de geschiedenis van Europa. Laten we verantwoordelijkheid nemen en de opgeleide derde en verdere generaties Turken en Marokkanen middels remigratietrajecten aan het werk zetten in de groeiende economieën van hun thuislanden. Iedereen is gelijkwaardig, maar je kunt ook in je thuisland gelijkwaardig verder leven.

Waar ging het mis met Nederland?

28 november 2014

In China en Japan bestaat racisme niet. Op een groepje expats na wonen er respectievelijk alleen Chinezen en Japanners. Een handjevol moslims wordt in die landen weggepest—niet vanwege hun 'ras', maar omdat islam vooruitgang tegenwerkt en dat pikken Aziaten niet. Wanneer links Nederland racisme wil afschaffen, maar geen enkele moeite wil doen om achtergebleven migranten enige vorm van beschaving bij te brengen, dan moeten ze terugtreden van het politieke toneel.

Laten we net als de Aziaten de basisprincipes van onze beschaving verdedigen—in ons geval vrijheid, gelijkheid en democratie—en iedereen welkom heten die ze omarmt. Maar wie deze basisprincipes verwerpt, moet vertrekken.

In Nederland gaat begin januari een grootschalige campagne tegen racisme van start, inclusief racisme-test, met steun van een waslijst aan links-progressieve clubs, waaronder de VPRO, de PvdA, de Volkskrant en denktank de Waterlands-

tichting; het soort clubs wat nog steeds gelooft in de maak-
baarheid van de mens. Ze dachten de miljoenen gastarbeiders
uit de Marokkaanse woestijn en van het Turkse platteland wel
eventjes in moderne burgers te kunnen kneden, alsof migranten
boetseerklei zijn. Maar ze faalden, en om hun gezicht te redden,
beschuldigen ze iedereen die blank is van racisme.

Deze linkse clubs leggen de schuld van de falende integratie
dus niet bij islamitische vrouwenhaat, niet bij Turks nationalisme en Turkse integratieweigeraars, niet bij Arabische superioriteitsgevoelens, niet bij importhuwelijken, niet bij geestelijke mishandeling die monomaan koranonderwijs heet, niet bij
minderwaardige migrantencultuur die democratie afwijst, niet
bij zwarte slachtoffercultuur, niet bij de ondoordachte massa-
en gezinsmigratie van bijna twee miljoen laagopgeleiden, niet
bij gedwongen hoofddoeken (ook al dragen sommigen hen
vrijwillig), niet bij traumatiserende meisjesbesnijdenis, niet
bij de 1% van de moslims die bereid is tot gewelddadige jihad
noch de 40% die er sympathie voor heeft, niet bij de grotere
migrantengezinnen waar Nederland de draagkracht niet voor
heeft, niet bij eerwraak op moslima's die maandelijks gemiddeld
een leven kost (ja—in Nederland!), niet bij de achterbakse allochtone Kamerleden die alleen voor hun eigen achterban op-
komen maar zelf wel het hardst "racisme!" roepen, niet bij de
ondermijning van de verzorgingsstaat door een Trojaans leger
van subsidie- en uitkeringsslurpers, niet bij gratis uitkeringen
naar Marokko, niet bij Randstedelijk straattuig wat stille tocht-
en houdt voor de daders van overvallen, niet bij Black Power-racisten die een oorlog tegen een kinderfeest zijn begonnen,
maar bij de blanke, want die heeft de verkeerde huidskleur.

Het indoctrinatiefeest start volgende week op sinterklaas-
avond met Sunny Bergman, die in haar documentaire genaamd
Ik Heb Aandacht Nodig! alle blanke Nederlanders gaat beschuldigen van racisme en kindermishandeling. Want kinderen

leren zwarte mensen te haten omdat Zwarte Piet cadeautjes brengt! Je moet toch wat als de tolerante werkelijkheid niet in je haatvolle wereldbeeld past.

Vrijheid, gelijkheid en democratie zijn geen linkse idealen, maar al sinds de slag bij Thermopylae de fundering van westerse beschaving. Te veel migranten blijven echter generaties lang vastgeroest in primitieve stammencultuur die tot geen enkel zelfinzicht uitnodigt. Ze stemmen PvdA of SP, niet voor socialisme of sociaaldemocratie, maar voor het infuus van de verzorgingsstaat.

We beoordelen mensen in dit land natuurlijk helemaal niet op huidskleur, maar op gedrag, opleiding en ondernemerschap—en of je de principes van onze beschaving omarmt en doorgeeft aan je kinderen. Dat heeft gevolgen: Poolse gelukszoekers, Turkse Grijze Wolven, Black Power-racisten, islamisten en Arabische supremacisten hebben hier helemaal niets te zoeken. De racisme-test voor autochtonen is overbodig zolang integratie weigerende migranten en hun linkse vrienden zakken voor de beschavingstest.

2

Volk in opstand

Dood aan de politieke correctheid!
Dit is ons land, wij gaan niet weg

4 juni 2016

De idee dat blanke heteromannen schuldig zijn aan onderdrukking van vrouwen, het slavernijverleden, kolonialisme, xenofobie, islamofobie, oorlog of zelfs de dreiging van een nieuwe Holocaust berust op niets anders dan racistische afgunst jegens diezelfde groep. Pas wanneer we beseffen dat onze aanklagers ons willen breken, kunnen we ophouden voor ze te buigen. Laten we daarom een offensief beginnen tegen deze klasse zeikerds. Want als we dat niet doen, dan stort onze beschaving in, niet door verovering van buitenaf, maar van binnenuit door verzwakking, door aangeleerde gevoelens van minderwaardigheid.

Politieke correctheid is het ware fascisme, ontworpen om onze levens volledig te beheersen. De wilskrachtige man is de grootste nachtmerrie van links. Achter de schermen streeft de linkse kaste ernaar om de cultuur van de autochtone meerderheid uit te wissen door onze tradities en waarden te saboteren. Op school moeten jongetjes bijvoorbeeld zittend plassen, want staand plassen zou ze wel eens gevoelens van mannelijke superioriteit kunnen aanleren. Tenminste, zo denken prettig gestoorde feministen.

Maar dat vrouwen zittend moeten plassen, is omdat ze zo zijn geboren. En als man houd ik nu eenmaal van vrouwen die zich in bed aan mij onderwerpen en die mij overdag niet aan mijn kop komen zeuren. Ik weet dat ik niet voor vrouwelijke werkgevers wil werken. Als Hillary Clinton in Amerika aan de macht komt, hoop ik dat ze van hartfalen omvalt. Vrouwen en homo's kunnen volgens mij geen land leiden. Daarom vind ik dat premier Rutte moet aftreden, dus niet alleen omdat hij een sociopaat is. Volgens mij is niet alleen islam achterlijk, maar zijn moslims dat ook.

Tja, wat ik hier schrijf is allemaal zo strafbaar als de neten. Maar ik doe niet meer mee met de politieke correctheid. Ik doe niet aan zelfcensuur. Zwarte mensen zijn negers, witte mensen zijn blank. Nuance is voor mietjes. Allemaal. In hun pogingen om autochtone mannen op de knietjes te dwingen, hebben linkse fascisten termen als Het Fatsoen, De Dialoog en Groepsbelediging verzonnen om iedere hen onwelgevallige mening te onderdrukken. Zelf voeren ze een beleid van nationale zelfmoord. Ze haten iedereen die zich weigert over te geven aan de ondergang van Nederland.

De massamigratie naar onze wijken is hun favoriete wapen om de autochtone bevolking mee te vervangen—genocide als beleid. Om ons tot onderdanigheid te bewegen, gebruiken de "progressieven" schuld en schaamte als gevechtstactieken. Maar afgezien van directe nakomelingen van VOC-aandeelhouders draagt eigenlijk geen enkele Nederlander schuld aan slavernij of kolonialisme. Dan hadden die zwarten zich maar niet moeten laten vangen. Wat mij betreft schaffen we de multiculturele samenleving af, want buiten bus of tram bestaat zij toch niet. We gaan niet met elkaar om. We leven in een staat van ontkenning.

Ik had me zojuist genuanceerder en verfijnder kunnen uitdrukken, maar dat maakt voor de linkse kliek toch niets uit. Als mens ben ik te min om hun gesprekspartner te kunnen zijn. Iedere opmerking die van de politiek correcte agenda afwijkt, brandmerken ze onmiddellijk als onfatsoenlijk. De enige manier om te bewijzen dat je fatsoenlijk bent, is door het met ze ééns te zijn. Ze verstikken het debat. Deze fatsoenselite wil helemaal niet dat ik me eloquenter uitdruk, maar dat ik me conformeer en mijn bek houd. Wie zich niet aan het goedgekeurde taalgebruik houdt is een nazi; liefst schaffen ze Artikel 7 van de grondwet af.

Nu deze progressieven de islam als partner in huis hebben gehaald om de autochtone meerderheid verder te kunnen onderdrukken, maken ze ook van iedere kritiek op islam een gedachtemisdrijf. Had de islam niet bestaan, dan had de PvdA haar zelf uitgevonden. Islam is de stok om de verderfelijke blanke man mee te slaan, net zo lang tot hij zich onderwerpt. Wie in opstand komt tegen het verlies van zijn eigen identiteit is islamofoob, en dus een racist. Er is altijd wel een onderzoeker te vinden die dat voor geld wil aantonen.

Maar de linkse goegemeente weet helemaal niets van de gemiddelde Nederlander. Ze gaan er niet mee om, komen niet op verjaardagen, praten niet mét ons, maar óver ons, en doen alles waar we aanspraak op menen te maken af als xenofobie. Wij zijn "racistische Tokkies," aldus de premier en zijn vicepremier, "en daar praten we niet mee." Ze bouwen asielzoekerscentra doelgericht in wijken van eenvoudige modaalverdieners, die de middelen niet hebben om juridisch bezwaar aan te tekenen. Voor deze Haagse kliek liggen Limburg en Friesland een miljoen culturele kilometers van ze vandaan. Daardoor kunnen ze het fenomeen Wilders alleen verklaren vanuit zwartbruine theorieën.

Er is een oorlog gaande in dit land, en in heel Europa. De linkse bestuurskaste koos als oorlogsstrategie de intimidatie van gewone burgers, de onderdrukking van het vrije woord, demon-isering, dreiging met economische en juridische sancties, en via het klaslokaal de indoctrinatie van onze kinderen. Maar ook het tegenoffensief is begonnen. We moeten onophoudelijk verzet laten zien tegen deze miezerige bureaucraten, die ons denken te mogen vertellen wat we mogen zeggen en doen. Dit is ons land, wij gaan niet weg.

Op, op, ten strijde, Europa bevrijden!
Pleidooi voor een nieuwe kruistocht tegen de islam

8 oktober 2016

"Maar wat meer dan merkwaardig is—inderdaad, tot op ze-kere hoogte pikant—is dat een oude god van storm en razer-nij, de lang rustig gebleven Wodan, zou ontwaken, als een uitgedoofde vulkaan die opnieuw actief wordt, in een be-schaafd land dat de middeleeuwen al lang had moeten zijn ontgroeid."

Na een concilie met zijn bisschoppen hield paus Urbanus II op 27 november 1095 een toespraak op een veld bij het Franse stadje Clermont. Europeanen moesten hun geweldda-dige broederstrijd staken en de wapens opnemen tegen de oost-erse heidenen—Turken en andere moslims die tot het hart van Europa waren doorgedrongen. De misdaden die deze barbaren tegen de Oost-Europese bevolking pleegden rechtvaardigden volgens de paus een nieuw soort oorlog, een gewapende pel-grimstocht. Onder leiding van Godfried van Bouillon zouden deze eerste kruisvaarders alles in hun pad verslaan tot en met de bevrijding van Jeruzalem.

Vandaag zijn alle grote West-Europese steden Jeruzalem. Onze steden worden bezet door de soldaten die tevoorschijn kwamen uit het hoogzwangere Trojaanse Paard, de Mekkaanse Kameel van de grenzeloze massamigratie. De rollen tussen het geïslamiseerde West-Europa en het nog christelijke Oost-Europa zijn intussen omgedraaid. Willen we de Afrikaanse en Arabische dreiging nog verslaan, dan zullen we ditmaal onze Oost-Europese broeders om hulp moeten vragen, zoals de Byzantijnse keizer Alexos I destijds een beroep deed op het Westen.

Anders dan Amerikanen zijn Europeanen met hun vele talen als de familie die elkaar nooit spreekt, totdat de erfenis moet worden verdeeld. Die erfenis van christelijke cultuur en moderne beschaving staat nu meer dan ooit op het spel. De nalatenschap waar onze voorouders 2500 jaar lang voor hebben gevochten dreigt in handen te vallen van een barbaarse bezetter die zelfs de herinnering aan ons bestaan wil uitwissen.

De kruisvaarders vochten uit piëteit, in naam van Christus, tegen de islam en vóór de vrijheid van Europese volkeren. Onzelfzuchtig voegden ze zich bij Gods bataljons. Wordt het niet tijd om ons weer als één vuist achter zulke hogere idealen te verzamelen? Als we de culturele diversiteit die ons continent rijk is tegen islamitische homogenisering willen beschermen, dan zullen ook wij een nieuw soort oorlog moeten beginnen, een guerrilla-oorlog met beslissende veldslagen op de straten van Parijs, Amsterdam, Wenen, Londen en Berlijn.

Onze steden zijn onze steden niet meer. De massa-immigratie die ver buiten Europa op gang kwam, verving op sommige plaatsen in Europa al meer dan 30% tot 50% van de oorspronkelijke stadsbevolking. In minder dan een halve eeuw veranderden complete volkswijken in islamitische of Afrikaanse getto's. Rotterdam en Londen kregen een islamitische burgemeester, allebei loyaal aan de fascistische Moslimbroederschap.

Autochtone arbeiders, zoals de Cockneys die sinds het Industriële Tijdperk de Londense arbeiderswijken bevolkten, stierven al bijna uit. Maar wie zich zorgen maakt om zichtbare autochtone teloorgang wordt als racist weggezet. Anders gezegd: de blanke mens is zijn voortbestaan niet waard en zelfs rouwen om zijn ondergang is verboden. Het is beleid. Volgens de progressieve goegemeente moet de blanke man koste wat koste worden gestopt, omdat "de toekomst van de mensheid ervan afhangt".

En welk wapen kunnen globalistische elites daarvoor beter inzetten dan de massamigratie? Na de gastarbeidersmigraties van de jaren zestig en zeventig, na een halve eeuw van gezinsherenigingen en explosieve aanwas, bevestigde de Europese Commissie in 2007 nogmaals dat Europa tussen nu en het jaar 2050 meer dan 60 miljoen arbeidsmigranten moet binnenlaten (rapport 2008/2331, punt 13). Tegen die tijd zullen autochtone Duitsers, Zweden, Nederlanders, Belgen, Fransen en Britten veruit de minderheid in eigen land zijn.

Maar als zo veel arbeidsmigranten werkelijk nodig zouden zijn om de vergrijzing tegen te gaan, waarom stimuleert de politiek autochtone vrouwen dan niet om zelf meer kinderen op de wereld te zetten? Dat het ook anders kan, bewijzen landen als Hongarije, waar de regering getrouwde stellen 30.000 EUR belastingvrij schenkt als ze binnen tien jaar drie kinderen nemen. Zulke kosten stellen bovendien weinig voor in vergelijking met de bodemloze integratietrajecten en taalcursussen voor miljoenen asielzoekers.

Al die 'vluchtelingen' die vandaag te land, ter zee en in de lucht Europa binnen dropten zijn overwegend alleenstaande mannen. Ze zijn het zoontjesoverschot van primitieve culturen dat naast een baan, een huis en een auto ook een vrouw komt opeisen. De kinderloze Merkel, dochter van een dominee, diende een generatie Duitse vrouwen handig als strenggelovig voorbeeld om de geplande vervanging straks zo 'soepel' mogelijk te laten verlopen.

West-Europese bestuurders kiezen bewust voor vervangingspolitiek. Ze noemen de migranten niet voor niets vluchtelingen in plaats van arbeidsmigranten, want zo omzeilen ze alle Europese en nationale wetgeving die economische migratie bij de grens had kunnen stoppen. Een vluchteling mag niet worden gedeporteerd en kan op humanitaire gronden aanspraak maken op bed, bad en brood. Én op een permanente verblijfsvergunning, want het is helemaal niet de bedoeling dat de nepvluchtelingen weer teruggaan om hun land op te bouwen.

Als we nu niet in verzet komen tegen onze geplande genocide, dan maakt onze beschaving plaats voor het islamitische vergif dat onze erfenis zal verteren. De massamigratie die ons economisch voordeel had moeten brengen, bracht ons miljoenen uitkeringsafhankelijke kamelenherders. De nieuwkomers kwamen voornamelijk uit de plattelandsgebieden van Noord-Afrika en het Midden-Oosten, mensen die, uitgekotst door hun eigen buren, hun achterlijkste leefwijze in ons rijke Europa willen voortzetten, tot aan sharia-rechtbanken aan toe.

Dat islam een gevaar voor westerse vooruitgang vormt, begreep de toen vijfentwintigjarige Winston Churchill al in 1899, toen hij in zijn boek The River War harde kritiek op de islam uitte. Die kritiek is nog steeds actueel, want sinds Churchill zijn observatie deed stond de islam volledig stil:

"Hoe vreselijk is de vloek die [islam] over haar aanhangers uitspreekt! Afgezien van dweepzieke razernij, die zo gevaarlijk is in een mens als hondsdolheid in een hond, is er deze vreselijke, fatalistische onverschilligheid. De gevolgen zijn zichtbaar in vele landen. Ondoordachte gewoonten, slordige landbouwsystemen, trage handelswijzen en eigendomsonze-

kerheid komen overal voor waar de volgelingen van de pro-
feet heersen of leven."

Historisch gezien investeren moslims hun energie wel in groot nageslacht, in massamigratie en veroveringsoorlogen, maar niet in de economische instituten nodig om hogere bes-chaving te stichten. Churchill waarschuwde zijn lezers dat wanneer ze islam, "de meest achteruitgaande kracht ter wereld", in Europa zouden binnenlaten "de beschaving van modern Europa [zou] kunnen vallen, zoals de beschaving van het Oude Rome".

Vorig jaar reisde ik door heel Europa, kronkelend als een slang door tientallen landen. In gesprekken viel het me op dat Oost-Europeanen—Bulgaren, Hongaren, Roemenen en andere volkeren die de islamitische overheersing al eens hadden meegemaakt—veel helderder en veel minder politiek correct over het thema massamigratie durfden nadenken. Ze lopen wat dat betreft ver vooruit op hun westerse buren.

Ja, de Oost-Europeanen migreerden onlangs zelf in groten getale naar West-Europa. Roemenië stond bijvoorbeeld meer dan 20% van haar bevolking, vooral jongeren, af aan andere EU-landen om hun de arbeidstekorten aldaar aan te vullen. Omgekeerd schuiven we zo de gevolgen van vergrijzing door naar het Oosten, een tijdelijke doch zinloze oplossing. Ook de integratie van Oost-Europeanen draaide op problemen uit, zeker wanneer zij, zoals de Polen, vooral alleenstaande mannen stuurden.

Maar Oost-Europeanen bieden een duidelijke meerwaarde boven niet-westerse migranten. Ze zijn doorgaans gelovige christenen die Europese waarden aanhangen, en ze zijn bereid die te verdedigen. Vijfhonderd jaar onderwerping aan de Otto-manen, zoals de Bulgaren meemaakten, of anderhalve eeuw cul-turele verwoesting, zoals de Hongaren weten te vertellen, staan nog vers in hun collectieve geheugens geprent. Schrijver Imre

Kertész, socialist en Nobelprijswinnaar, kende de waarheid toen hij enkele jaren geleden schreef:

> "Ik zou in herinnering moeten roepen hoe de moslims Europa overspoelden om haar later te veroveren, of, anders gezegd, haar te vernietigen; ... over zelfmoordliberalisme en hersenloze democratie; democratie en kiesrecht voor chimpansees. Dit is waar de conclusie altijd op uitdraait: de beschaving bereikt een doorgefokte toestand waarin het niet alleen niet in staat, maar ook niet bereid is zichzelf te beschermen; wanneer, schijnbaar zonder na te denken, het haar eigen vijanden begint te aanbidden."

West-Europese elites zijn inderdaad de eigen vijand gaan aanbidden, het teken van hun intellectuele onderwerping aan de dominante indringer. Oost-Europeanen worden terecht bang wanneer op kruistochten lijkende hordes Arabische en Afrikaanse indringers als zogenaamde 'vluchtelingen' langs hun steden marcheren, plunderend en verkrachtend op weg naar Duitsland en andere naïeve verzorgingsstaten.

Maar actie leidt tot reactie. Er is een storm op komst in Europa, de slapende beer ontwaakt. Het is tijd voor een nieuw soort oorlog, een pelgrimstocht langs de grote steden van West-Europa, een oorlog die een toekomst voor ons nageslacht moet verzekeren. Als we nu de strijd met de islam op eigen grond aangaan, dan zal de overwinning misschien wel dertig jaar op zich laten wachten. Doen we niets en steken we als fatsoensmens onze kop in het zand, dan zullen er zeker vijf eeuwen slavernij voorbijgaan voordat we onze vrijheid weer terugkrijgen.

Opstand der onderdrukten:
Patriotten zullen progressieve toegeefpolitiek verslaan

17 februari 2016

"Het geloof in een heilige zaak is tot een zekere hoogte een vervanging voor het verloren geloof in onszelf," schreef de Amerikaanse havenarbeider Eric Hoffer.1 Ook vandaag ontvluchten door welvaart bedorven mensen liever de werkelijkheid dan dat ze moeten toegeven dat migranten onze beschaving in gevaar brengen. Het geloof in progressieve toegeefpolitiek is een vervanging geworden voor het verloren geloof in onszelf.

Hoffer, een eenvoudige, arme arbeider, verwierf met zijn inzichten bekendheid in intellectuele kringen. President Dwight Eisenhower zou hem tijdens een toespraak citeren.

In de jaren zestig van de vorige eeuw zocht een zwarte man de confrontatie op. Hij was woedend op het ongelijke Amerika dat hem tot slachtoffer van discriminatie zou hebben gemaakt, maar Hoffer torpedeerde hem: "Meneer, het is makkelijk om vol woede te zitten. Het is niet makkelijk om naar je werk te gaan en iets op te bouwen."

Vanwege deze uitspraak werd Hoffer publiekelijk van racisme beschuldigd. Maar Hoffer had gelijk. Het is makkelijk om je over te geven aan woede en tegenslag. Het is moeilijk om er iets aan te doen. Omgekeerd is het makkelijk om veeleisende anderen alles te geven wat ze maar willen hebben. Maar het is moeilijk om "nee" te zeggen en voor jezelf op te staan.

Als gevolg van progressieve toegeeflijkheid zag de hele wereld dat Europa haar grenzen niet kon verdedigen tegen het Trojaanse paard van de vluchtelingenstroom. In asielzoekerscentra knokken inmiddels Eritreeërs en Syriërs elkaar de tent uit—omdat ze elkaars ras haten. Vrouwen en kinderen die een veilige haven zochten, werden het slachtoffer van seksueel geweld door dezelfde mannen die ze probeerden te ontvluchten. En Europeanen doen helemaal niets.

De hele wereld weet nu dat het loont om zich in Europa zo agressief mogelijk te gedragen. Migranten hebben door dat de blanke sukkels noch voor hun geschiedenis durven opstaan, noch voor hun toekomst durven vechten. In Keulen werden duizenden jonge vrouwen slachtoffer van berovingen, intimidaties, aanrandingen en verkrachtingen. Maar Duitse mannen deden helemaal niets.

Westerse vredespolitiek is capitulatiepolitiek geworden. Van 11 september via Madrid, Londen, Charlie Hebdo tot Bataclan weten islamitische migranten het Westen met sadistisch geweld te intimideren. Om de confrontatie uit de weg te gaan, geven onze leiders de terroristen en hun 'gematigde' aanhang alles wat ze willen hebben. De aangevallen burgers doen echter helemaal niets.

Het is heel erg makkelijk om 'progressief' te doen. Dan hoef je niets meer te verdedigen en kun je met een Stockholmsyndroom beste vrienden worden met de mensen die ons haten. Het is heel makkelijk om een stap opzij te doen om migranten ten koste van de eigen bevolking te huisvesten. Het is heel makkelijk om de sarcastische pen neer te leggen uit angst voor belediging. Het is heel makkelijk om jezelf over te geven aan de vijand.

Maar islam, massamigratie en multiculturalisme nodigden zichzelf niet uit. Dat deden zelfhatende bestuurders, die de toekomst van hun kleinkinderen verkochten aan barbaren en het geld aan de bezetters van hun landen gaven.

Wanneer komen wij, onderdrukten, eindelijk in opstand?

Beschaving verdedigen we door in de confrontatie tussen onszelf en anderen voor onze eigen waarden te kiezen, juist wanneer dat moeilijk is. Westerlingen—Europeanen, Amerikanen,

Canadezen, Australiërs, Zuid-Afrikanen en anderen—mogen het conflict met de rest van de wereld niet uit de weg gaan.

Om het Westen te redden, zullen we eerst onszelf moeten overwinnen. Het lot geeft ons geen andere keus.

De weg naar zelfbestuur:
De mens en zijn lange klim van lijfeigenschap naar vrijheid

13 februari 2017

Sinds de dag dat de mens uit de wildernis ontwaakte, heeft hij over de vraag lopen peinzen hoe met anderen in een samenleving te leven. Wat we vandaag samenleving noemen dook meer dan vijfduizend jaar geleden op in het oude Mesopotamië,[1] het gebied gelegen tussen de rivieren Eufraat en Tigris in huidig Irak.

Maar afgezien van snelle ontwikkelingen op het gebied van wetenschap en technologie zijn de basispijlers van beschaving vrij weinig veranderd. Net als de oude Soemeriërs, Akkadiërs en Babyloniërs vertrouwen hedendaagse samenlevingen op landbouw, veehouderij, kinderonderwijs, het bouwen van steden en het plannen van economieën. Duizenden jaren lang heeft het vooruitzicht van drank en vrouwen jonge mannen verleid om in de grote stad te komen werken[2] waar regerende families ofwel hun arbeid zouden uitbuiten, ofwel bij gelegenheid een mannenoverschot zou wegsturen om in oorlogen te vechten.

In tegenstelling tot ons democratische tijdperk heersten oude koningen en farao's vroeger over hun onderdanen als hun bezit. Heersende families rechtvaardigden hun geprivilegieerde levens vaak door een of andere goddelijke afstamming te veinzen. Gilgamesj, heerser van de Soemerische stad Uruk, geloofde dat hij een halfgod was.[3] Koning Hammurabi van Babel beweerde dat God hem had uitgekozen als "Herder der Verlossing" om zijn volk te besturen.[4] Lang voor het christendom de deuren van de hemel voor alle gelovigen openzette behielden de oude Egyptenaren de wedergeboorte van een overledene in het hiernamaals aan leden van welvarende families voor.[5]

In een tijd dat sommige verveelde Egyptische koningen zin hadden in feestjes met harems maagdelijke meiden gekleed in visnetten[6] werden gewone mensen wijsgemaakt dat ze "uit klei waren vervaardigd met slechts één doel: om de goden te dienen door hen van drinken, voedsel en onderdak te voorzien, zodat zij hun vrije tijd aan hun goddelijke bezigheden konden besteden."[7]

De geschiedenis laat zien dat bestuurselites, bovenklassen en anderen zelfverklaarde royalty altijd makkelijk in staat waren om zichzelf te verrijken door de goedgelovigheid van hun onderdanen te misbruiken. En net als Gilgamesj en Hammurabi praktiseren de rijkste leden van onze eigen samenlevingen deze donkere kunst van goddelijke zelfverheerlijking nog steeds, omdat mensen er nog steeds intrappen.

Vanachter fluwelen koorden pronken BN'ers hun faraonische persoonlijkheden voor hysterische menigten gewone stervelingen die hopen een glimp van de hemel op te vangen. Sommige Amerikaanse kapitalisten, bijvoorbeeld, verwijzen naar zichzelf als *job creators*, banenscheppers, een schaamteloze poging om zich met Gods scheppende macht te vereenzelvigen.[8]

In de laatste paar eeuwen zijn dingen echter begonnen te veranderen. Een steeds hoger opgeleide en mondige burgerbevolking doet afstand van haar dienstbaarheid aan machtige rijken. Een collectief zelfbewustzijn heeft in de geesten van gewone mannen en vrouwen wortel geschoten, die hen wegdrijft uit lijfeigenschap en slavernij. Los geworsteld van autocratische heerschappij eisen 's werelds democratische volkeren hun eerlijke deel van vooruitgang en welvaart op.

Voor het eerst in de geschiedenis doet *het volk* ertoe. Op hen neergekeken als boeren, plebs, proletariaat, *hoi polloi*, de massa's en de menigten hebben mensen zich nu ofwel met succes op gelijke voet geplaatst met hen die zij geschikt achten om te regeren, ofwel zijn ze actief bezig zij die ze ongeschikt vinden af te zetten. Als mensen van het moderne tijdperk verwachten ze dat hun behoeften worden voldaan, hun stem wordt gehoord en dat hen het onvervreemdbare recht op een waardig en betekenisvol leven wordt gegund.

Nooit eerder hebben zoveel mensen hun ogen geopend voor de waarheid dat koningen, farao's en ayatollahs nooit Gods afgezanten waren, maar slechts mensen gedreven door een misleidingsdrang. Tot frustratie van deze kaste parasieten zijn gewone mensen hun gelijkwaardigheid aan elkaar gaan herkennen en omarmen, terwijl ze de oneerlijke verdeling van welvaart, macht en status tussen welke groep mensen dan ook zijn gaan verwerpen.

Sinds de Tweede Wereldoorlog heeft een progressieve beweging die ernaar streeft gelijke behandeling en eerlijke rechtspraak voor iedereen te bewerkstelligen aanzienlijk momentum opgebouwd. Deze beweging heeft de eigenlijke betekenis van het begrip samenleving al veranderd. Niet langer verwachten mensen als schapen voor hun herders te leven, maar als vrije individuen onder gelijken.

Maar de progressieve beweging representeert maar een deel van de het hele verhaal. Pas met de uitvinding van het kapitalisme kon de middenklasse de economische middelen verwerven om zich van zijn slavenmeesters te bevrijden. Enkel door haar economische onafhankelijkheid kon de ontluikende middenklasse vervolgens de armen uit armoede verheffen, alsook de macht die heersende klassen over hen konden hanteren inperken.

De overgang van lijfeigenschap naar vrijheid is verre van volledig. Zelfs in moderne democratieën blijft *het volk* afhankelijk van bureaucratische overheden en gekozen ambtenaren die vermoedelijk dag en nacht voor onze belangen zouden werken. Doen ze dat echt? En waarom kunnen we niet zonder hen? Dankzij hun economische afhankelijkheid zijn de middenklassen nu gepositioneerd om hun overheid op te geven ten gunste van zelfbestuur.

Met behulp van hedendaagse internet- en communicatietechnologieën zouden 's werelds middenklassen de middelen om zich van de overheid los te breken al moeten bezitten. En als het volk *nu* handelt dan zal deze volgende stap in de evolutie van beschaving niet nog eens vijfduizend jaar hoeven duren.

Waarom we voor vrijheid vechten: Ter verdediging van westerse waarden

9 maart 2016

Na de aanslagen van 11 september verzekerde President Bush de wereld dat Amerika niet in oorlog was met islam. Maar de aanslagen in Madrid, Londen, Parijs en ook de Keulse massa-aanrandingen toonden opnieuw dat islamitisch terrorisme wel degelijk in oorlog is met het Westen.

Islam is geen religie, maar een onderdrukkende ideologie die zich als religie voordoet. Geworteld in traditionalisme veracht islam alle uitingen van vrijheid, brengt het vooruitgang tot stilstand en begraaft het kritisch denken. De islamitische doctrine verwerpt alles wat Europa en het Westen de afgelopen 2500 jaar sinds de stichting van de Griekse democratie hebben opgebouwd.

Wie zijn wij om een duurbetaalde erfenis van democratie, vrijheid en gelijkheid te onderwerpen aan totalitarisme? Westerlingen hebben een lening van hun voorouders gekregen om vandaag in vrede te kunnen leven. Maar we hebben de plicht om die lening af te lossen door onze waarden voor ons nageslacht te verdedigen.

Islamitisch terrorisme is slechts de zoveelste golf van collectivistische dreiging waartegen Europese volkeren altijd zo dapper hebben gevochten. Koning Leonidas en zijn Spartanen hielden de Perzische horden tegen bij de Slag om Thermopylae in 480 voor Christus. De navolgende gebeurtenissen gaven geboorte aan de Griekse democratie, die voor het eerst de mens als individu erkende. Als individuen verlost van het juk van de massa zouden Europeanen de rijkste en machtigste beschaving gaan stichten, het moderne Westen.

Voor het zover kwam, verenigde Arminius—de Duitse Hermann—in het jaar 9 na Christus voor het eerst de Germaanse stammen die in het Zwarte Woud de Romeinse draak zouden verslaan. De 'barbaren' stopten zo verdere Romeinse expansie. Later zouden Alarik en zijn Visigoten in 410 uiteindelijk Rome binnenvallen, het begin van het einde van het Romeinse Rijk.

Omdat moslims christenen op bedevaart aanvielen, voerden Europese ridders vanaf de elfde eeuw kruistochten om de weg naar de heilige stad Jeruzalem weer veilig te maken. De eerste kruistocht slaagde, maar de opzet als geheel mislukte, omdat de heilige oorden telkens opnieuw in handen van de vijand vielen. Toch boezemden de kruisvaarders moslims voldoende angst in om Europa de komende eeuwen met rust te laten.

De gedeelde ervaring van de kruistochten bracht Europeanen dichter bij elkaar. De ervaring liet een diepe culturele indruk achter die lang doorwerkte. In de dertiende eeuw vochten Europeanen samen tegen de Mongoolse indringers, de oosterse krijgers geleid door Djengis Khan en zijn opvolgers. Later, ondanks dat ze sterk in de minderheid waren, decimeerden Europese soldaten de islamitische legers van het Turks-Ottomaanse Rijk. Dat deden ze twee keer, eerst bij het Beleg van Wenen in 1529 en in 1683 tijdens de Slag bij Wenen.

Ondanks alles kwamen Europeanen uit de zogeheten donkere Middeleeuwen tevoorschijn als overwinnaars. Westerse technologie, beproefd tijdens vele broederoorlogen, bleek inmiddels de meest geavanceerde ter wereld. En dus stonden de nu onoverwinnelijke Europeanen in de startblokken om de wereld te veroveren: het begin van het koloniale tijdperk. Overal waar ze beschaving zouden stichten, verspreidden ze de moderne geneeskunst, introduceerden ze de rechtsleer en bevorderden ze het algemeen onderwijs. De Europeaan verlichtte zichzelf en daarna de wereld.

In de twintigste eeuw stonden we oog in oog met het slechtste in onszelf, maar we versloegen met succes beide totalitaire ideologieën, het fascisme en het communisme. Er is niets waar Europeanen van de 21ste zich voor hoeven schamen. Ze hebben hun plaats in de wereld eerlijk verdiend.

Islamitische terroristen haten het Westen niet om veronderstelde wandaden, maar omdat de islamitische cultuur in vergelijking tot westerse vooruitgang er maar bekaaid vanaf komt. Anders gezegd: islam is stik jaloers op het christelijke Westen.

Volgens het wereldwaardenonderzoek (*World Values Survey*) hechten islamitische landen sterker aan onkritisch traditionalisme dan aan zelfstandig denken. Ook waarderen ze primitief survivalisme meer dan het individuele recht op zelfuitdrukking. De islamitische cultuur staat diagonaal tegenover alles wat Europa en het Westen in de loop der eeuwen hebben opgebouwd.

Ondanks dat vele 'progressieven' onterecht geloven dat "de behoefte aan vrije keus en autonomie een universeel menselijk streven is", verwerpen de collectivistische moslimvolkeren hun eigen vrijheid. Moslims willen geen vrijheid, maar collectieve onderwerping aan kritiekloze gehoorzaamheid. Schrijver en ex-islamist Hamad Abdel-Salam herkent daarin het "oer-fascisme van de islam".

Het is niet verwonderlijk dat geen enkele van de meer dan vijftig landen die onder een islamitische meerderheidsbevolking lijden erin slaagde om een democratie te stichten, laat staan een welvaartsstaat. Turkije, ooit de enige uitzondering onder het seculiere regime van Kemal Atatürk, viel onder Erdoğan ten prooi aan islamisten die de vooruitgang weer snel de nek omdraaiden.

De traditionalistische islam haat moderniteit. De naam van de Nigeriaanse terreurgroepering Boko Haram betekent bijvoorbeeld dat "niet-islamitisch onderwijs onrein is". Islam verwerpt niet alleen westerse kennis en wetenschap, maar álle niet-islamitische kennis. Met als gevolg dat islam zichzelf heeft ingegraven in een 7de-eeuwse leegte waaruit ze nooit meer kan ontsnappen.

Maar hoe bereiken islamisten, die alle vooruitgang verwerpen, dan westerse welvaartsniveaus? Het antwoord is cynisch, maar daarom niet minder waar: door verovering.

De afgelopen halve eeuw absorbeerde het Westen, Europa in het bijzonder, vele miljoenen migranten. De migranten zijn voornamelijk laaggeschoolde mensen uit de islamitische wereld. In tegenstelling tot het hardnekkige geloof onder progressieven assimileren deze moslimmigranten hun sociale, culturele en religieuze waarden niet. Moslims blijven moslims, passen overal het survivalistische woestijnrecht toe en richten hun levens in naar voorbeeld van een 7de-eeuwse krijger.

Dat we westerse waarden niet superieur mogen noemen, betekent niet dat we onze waarden moeten verkwanselen. Als we het idee van gelijkwaardigheid niet alleen uitstrekken naar mensen, maar ook naar hun denkbeelden, dan zijn we het eind zoek. Dan vervaagt de grens tussen zin en onzin. Als Europa haar eigen waarden niet meer wil verdedigen, dan veranderen de naïeve verzorgingsstaten spoedig in vruchtbare voedingsbodems voor antiwesters gedachtegoed.

Westerlingen moeten daarom hun waarden nog eens kritisch bekijken, om ze vervolgens in beton te gieten. Ten eerste is vrijheid niet iets wat je voor jezelf in gijzeling neemt, maar dat wat je anderen gunt. Migranten die als ondankbare honden hun 'vrijheid' om andersdenken te discrimineren denken te kunnen opeisen, hebben nog niets van vrijheid begrepen. Ten tweede zijn tolerantie en gelijke behandeling tweerichtingsverkeer. Wie niet aan de uitwisseling van gelijke behandeling wenst deel te nemen, verdient haar niet. Ten derde diskwalificeren mensen die hun democratische rechten misbruiken om onze democratie te saboteren zich van verdere deelname.

Kortom, we hoeven onze waarden helemaal niet aan te passen aan mensen die ons haten. Wel moeten westerlingen toekomstige generaties de stevigste fundering blijven bieden die ze nodig zullen hebben voor hun overleving, want de wereld is niet "lief", maar wreed en bedrieglijk.

We maken een bijzondere tijd mee. Voor het eerst in de geschiedenis verenigt een gezamenlijke vijand alle vrije volkeren van de wereld. Samen zullen we ten strijde trekken, omdat we licht verkiezen boven duisternis. We vechten voor westerse waarden, omdat de mensheid niet zonder kan.

Vechten of vluchten: Politiek correct zelfbedrog helpt mensen hun ondergang te verwerken

13 november 2015

Mensen zijn in staat zich tot de laatste seconden van hun ondergang voor de gek te houden dat alles heus wel goed komt. Terwijl de bommen op Berlijn vielen, dansten Eva Braun en haar vriendinnen tot in de laatste dagen van de Tweede Wereldoorlog op de tafels van de Hitlerbunker. Ze zongen, zopen champagne, en toastten op de overwinning. Verlamd door een onoverwinnelijke tegenslag vluchtten ze in zelfbedrog.

Ook fatsoenlijke burgers doen dat. De psychologie heeft er een term voor: coping-gedrag. We vluchten in zelfvernietigend gedrag, zodat we ondanks nadelige gebeurtenissen in een valse waarheid kunnen blijven geloven. Door te doen alsof we verliefd zijn geworden op de nieuwkomers, bespoedigt ons collectieve Stockholmsyndroom een gehoopt pijnloos einde. We delen onze vrijheid en onze welvaart met de wereld in de hoop genoeg tijd te rekken voor een laatste feestje, maar diep van binnen weten velen dat het feest al lang is afgelopen.

Het Westerse zelfbedrog uit zich vooral in politieke correctheid. We maken onszelf wijs dat de onophoudelijke migrantenstromen vanuit Arabische en Afrikaanse landen een verrijking voor onze toekomst zijn. De maatschappelijke liefde voor het multiculturele project verdoezelt dat geen enkel gecombineerd Europees leger nog in staat is de grenzen van haar beschaving te bewaken.

Het toppunt van naïviteit zijn de welkomstcomités die de islamitische kruisvaarders feestelijk omarmen. De meerderheid van de vluchtelingen is alleenstaande man van militaire leeftijd. We verwelkomen in de regel geen hongerige vrouwen en kinderen, maar divisies van een georganiseerd beroepsleger. De vrijheid die we van onze voorouders erfden, wisselen we spoedig in voor sharia.

Maar vrijheidlievende Europeanen hoeven zich niet mee te laten sleuren in het zelfbedrog van hun overheden, nagepapegaaid door nationale media. Juist in het licht van onoverwinnelijke tegenslag staan we vrij onze houding te kiezen.

We kunnen ons laten inspireren door de geschiedenis. In het jaar 9 na Christus verpletterden de Noord-Europeanen tijdens de slag bij het Teutoburgerwoud het zich onverslaanbaar wanende Romeinse leger. Die nederlaag luidde het begin van het einde van Rome in. Als een 'stelletje barbaren' de Romeinen kon verslaan, kunnen we anno nu op zijn minst de EU-bureaucraten naar huis sturen.

Regels voor rechtsradicalen: Hoe de linkse tegenstander te vernietigen door zijn eigen tactieken tegen hem te gebruiken

15 februari 2017

In zijn boek *Rules for Radicals* (Regels voor radicalen), schreef de activist Saul Alinsky in 1971: "Organisatie voor actie zal zich nu en in de komende eeuw op Amerika's blanke middenklasse centreren. Dat is waar de macht ligt."[9] Deze zin kwam van dezelfde man die de Amerikaanse radicaal definieerde als "die unieke persoon die ... oprecht en volledig in de mensheid gelooft".[10]

Hij bedoelde vast zijn narcistische zelf. En raad eens wie een jonge bewonderaar van Alinsky en zijn subversieve werk was? Hillary Diane Clinton. In haar Bachelor thesis uit 1969 voor Wellesley College presenteerde ze een analyse van Alinsky's methoden, maar nam ze geen afstand van de anti-blanke retoriek van haar ideologische mentor.

In haar thesis sloeg Clinton een strijdlustige toon aan met een citaat van bekende antisemiet T.S. Eliot[11] dat "er alleen de strijd is om datgene terug te krijgen wat verloren en gevonden en opnieuw en opnieuw verloren was",[12] wat de titel van haar thesis inspireerde, *"Er is enkel de strijd"*.

Laat je niet voor de gek houden door uiterlijke verschijningen. Het loutere feit dat Alinsky's volgelingen, zoals Hillary Clinton, bij gelegenheid een antisemiet citeren, openlijk Israël bekritiseren of publiekelijk de rol van vrome Christen spelen,[13] spreekt hen er niet van vrij dat zij zich met wraakfantasieën bezighouden over het van binnenuit vernietigen van de westerse beschaving.

Wat hun persoonlijke motieven ook mogen zijn, Clinton, Alinsky en vele anderen, waaronder filosoof Karl Popper,[14] taalkundige Noam Chomsky, financieel terrorist George Soros,[15] zelfs voormalig Amerikaanse Minister van Buitenlandse Zaken Henry Kissinger zijn allen gaan geloven dat niet alleen Nazi-Duitsland, maar de gehele westerse beschaving verantwoordelijk is voor de Holocaust.

Zij geloven dat het Westen de Holocaust liet gebeuren door er niets tegen te doen, een geloof dat geen rekening houdt met de miljoenen Amerikanen, Europeanen en Russen die hun levens opofferden om tegen Hitler te vechten. Jammer genoeg sturen juiste zulke overtuigingen de progressief-linkse beweging aan: een diepgewortelde haat jegens blanke mensen.

Linkse radicalen preken het einde van 'wit privilege' door positieve discriminatie; de deconstructie van 'witheid' door diversiteit; de ineenstorting van blanke landen door open grenzen en massa-immigratie. Geen van deze dingen zijn toevallig. Ze zijn geen historische onvermijdelijkheden. Ze zijn doelgericht beleid. Progressieve politici dromen van de volledige uitroeiing van Europese volkeren—en het is geen samenzwering meer als zij openlijk voor al het bovenstaande pleiten.

Nu begrijpt u waarom Hillary Clinton vindt dat de helft van alle blanke Amerikanen in een *mandje sneue mensen* thuishoort. Waarom willen deze "racistische, seksistische, homofobe, xenofobe, islamofobe"[16] belastingbetalers zichzelf maar niet de armoede in stemmen? Hoe dan ook, de radicalen van de jaren zeventig zijn vandaag de status quo geworden. Zij zijn erg invloedrijk geworden. Ze zijn globalisten, ze manipuleren de media en ze waken als waakhonden over academische instituten.[17]

Als we van ze af willen, zullen we Clintons advies ter harte moeten nemen:

"Zij die de macht bezitten willen het behouden en vaak de grenzen ervan uitbreiden. Zij die een verandering van de machtsbalans wensen, bezitten over het algemeen niet over de gevestigde criteria van geld of status en moeten dus mensen mobiliseren."[18]

Inderdaad, als rechts-radicalen zich de kunst mensen te mobiliseren eigen zouden kunnen maken, geloof ik dat ze progressief links voor het einde van het volgende decennium kunnen verpletteren. Om mijn steun voor de komende opstand uit te spreken heb ik hieronder alvast Alinsky's dertien regels voor radicalen[19] herschreven. Of eigenlijk, om terug te pakken, heb ik er tien van gemaakt:

1. Laat de vijand denken dat je machtiger bent dan je eigenlijk bent.
2. Baseer toekomstige acties op ervaringen uit het verleden. Mensen kunnen nieuwe dingen alleen in termen van oude dingen begrijpen. Hetzelfde geldt voor politieke actie. Als je te ver van de ervaringen van je mensen afdwaalt, dan zul je ze in verwarring brengen en zal de missie falen.
3. Bij twijfel, breng de vijand in verwarring. Door dingen te doen die de vijand nooit eerder heeft ervaren, zul je hem in verwarring brengen.
4. Maak de vijand onvermoeibaar belachelijk en wijs op zijn gebreken. Maar al te vaak proberen conservatieven hun tegenstanders met goede argumenten op andere gedachten te brengen, maar de linkse vijand heeft lak aan feiten. Linkse mensen weten dat de waarheid niemand overtuigt.
5. Blijf jezelf en je tactieken steeds opnieuw uitvinden. Toen Hitler Frankrijk binnen dreigde te vallen, bouwden de Fransen hun verdedigingen op dezelfde plek waar

ze de Eerste Wereldoorlog hadden gevochten. Hitler reageerde door zijn troepen opdracht te geven een omweg door België te nemen en de Fransen van achteren aan te vallen. Wees niet zoals de Fransen, wees inventief.

6. Als je je dreigement met geweld kunt onderbouwen, bedreig dan de vijand. Het dreigement is vaak angstaanjagender dan het ding zelf.

7. De waarheid is kneedbaar. Buig alles wat de vijand zegt in je eigen voordeel om. Als linkse tegenstanders je van racisme beschuldigen omdat je de grenzen wilt sluiten, wijs er dan op dat je met Nederlands belastinggeld meer voedsel en onderdak in de regio kunt kopen dan bij ons. Alleen linkse racisten zijn dus tegen opvang in de regio.

8. Dwing de vijand te handelen door continu druk uit te oefenen.

9. Wanneer je de plannen van de vijand aanvalt, bereid dan eerst een constructief alternatief voor.

10. Maak duidelijk wie de vijand is door zichtbare doelwitten van alle problemen te beschuldigen. Het is de schuld van Hillary Clinton dat vluchtelingen naar Europa komen, omdat zij het Midden-Oosten heeft gebombardeerd en ISIS heeft gefinancierd. Het maakt niet eens uit of het wel of niet waar is. Blijf de beschuldiging net zo lang herhalen tot mensen erin geloven.

Samenvatting van het boek 'De neergang' door professor David Engels

7 februari 2017

Binnen twintig tot dertig jaar zullen er door heel Europa burgeroorlogen uitbreken, vergelijkbaar met oorlogen die Spartacus voor de val van de republiek tegen Rome voerde. Dat voorspelt professor David Engels van de Vrije Universiteit Brussel in een (zoals gewoonlijk) onderbelicht boek *Le Déclin* (*De neergang*) dat in 2014 ook in het Duits werd vertaald als *Auf dem Weg ins Imperium* (*Op weg naar het keizerrijk*).

Volgens de Brusselse geschiedkundige zijn de gelijkenissen tussen het verval van de huidige Europese Unie en de val van de Romeinse republiek zó groot, dat burgeroorlog ook bij ons onvermijdelijk is geworden. Landen als Duitsland en Frankrijk zullen dan ophouden te bestaan. In plaats daarvan zullen gewapende paramilitaire groeperingen eigen staten uitroepen.

Professor Engels verwacht dat de periode van burgeroorlogen pas stopt wanneer er een keizer opstaat die het Europese volk weer sociale zekerheid belooft, zoals de eerste Romeinse keizer Augustus.

De professor trekt zijn conclusies op basis van gedetailleerde, feitelijk onderbouwde vergelijkingen tussen Rome en de huidige EU. Hij analyseert in zijn boek een aantal 'politiek incorrecte' thema's zoals de multiculturele samenleving, massamigratie, vergrijzing en omvolking, maar ook het verval van het gezin als hoeksteen van de samenleving en de verschuiving van traditionele naar abstracte idealen als gelijkheid, tolerantie en persoonlijke ontwikkeling.

In de volgende paragrafen vat ik de eerste drie van twaalf hoofdargumenten uit zijn boek samen.

Doorgeschoten tolerantie (§2.1) Ondanks dat de blanke huidskleur lange tijd de Europese identiteit heeft bepaald, vinden inwoners van de EU-tolerantie voor de 'ander' nu een teken van beschaving. Het racisme van de twintigste eeuw heeft hen getraumatiseerd. Uitsluiting, vinden ze, leidt tot vijandigheden. Maar ze hebben tolerantie zo sterk geïdealiseerd dat ze hun eigen etnische identiteit weg hebben gerelativeerd.

Europeanen geloven nu in universele waarden en sluiten iedereen uit de hele wereld in hun armen. Maar in plaats van te kiezen voor kwaliteit, hebben ze de grenzen op humanitaire gronden opengezet. Bijna 20% van de Duitse bevolking bestaat inmiddels uit (nageslacht van) mensen die pas na 1950 zijn geïmmigreerd. Bijna 25% van de Fransen heeft een migrant als ouder of grootouder. Dat heeft gevolgen gehad: in 2006 pleegde 9% van de Duitse bevolking bijna een kwart van alle misdaden—criminele allochtonen.

Net als in de EU vonden soortgelijke ontwikkelingen in het oude Rome plaats. Professor Engels schrijft dat autochtone bewoners zich hierdoor beginnen te vervreemden van de samenlevingen die hun voorouders hadden gebouwd. Door de omvolking verliezen oorspronkelijke bewoners langzaamaan hun loyaliteit voor een land dat steeds minder het hunne is.

Geboorte en vergrijzing (§2.2) "Met de massale integratie van vrouwen in het maatschappelijke leven hebben Europeanen weinig tijd om aan hun gezinnen te besteden," schrijft professor Engels. Als gevolg daarvan is de autochtone bevolking op catastrofale wijze begonnen te vergrijzen: er worden nauwelijks kinderen meer geboren.

Daarentegen houden mensen van Afrikaanse of Arabische afkomst hun gezinnen wel degelijk groot. In Zwitserland krijgen autochtone vrouwen gemiddeld 1,7 kinderen, maar migranten krijgen er 2,8; Turkse en Marokkaanse migranten zelfs 3,4. Wanneer de autochtone babyboomgeneratie eenmaal is uitgestorven, zal een op drie Duitsers een migrant zijn, voornamelijk moslim. De vrees voor een *Eurabië*, een Europa bevolkt door Arabieren, wordt daarmee werkelijkheid.

Een vergelijkbare demografische catastrofe vond in Rome plaats. Op den duur werden de Romeinse slaven de meerderheid en de 'vrije' burgers de minderheid. Maar ook het kritieke verschil tussen een grote generatie oudere Romeinen en een kleine generatie jongeren leidde tot een wederzijds wantrouwen. De Romeinse elite was hoe dan ook meer geïnteresseerd in het bevredigen van haar hedonistische behoeftes dan in het voortbestaan van het vrije volk.

Gezin en individualisme (§2.3) Door de lage geboortes zijn Europeanen hun gezinnen anders gaan inrichten. Inmiddels groeit bijvoorbeeld een kwart van alle Franse kinderen niet meer met beide biologische ouders op. Ook zijn we homohuwelijk of adoptie uit het buitenland, zelfs door homoparen, collectief normaal gaan vinden. De rechten van het kind staan in Europese samenlevingen niet meer op de eerste plaats, maar op de tweede plaats achter de behoeftes van de ouders.

Professor Engels noemt het zorgelijk dat het gezin als hoeksteen van de samenleving uiteenvalt, onder andere door het groeiende aantal scheidingen. Hoe kan een mens loyaal blijven aan zijn maatschappij, wanneer de stabiliteit en de veiligheid van het eigen gezin continu door 'progressieve' veranderingen wordt ondermijnd?

Opvallend: ook in de laatste dagen van de Romeinse republiek werden vrouwen steeds financieel onafhankelijker. Niet de eigen man, maar de Staat en de werkgever hielden de vrouw voortaan staande. Een Romeins schrijver klaagde dat de stad enkel nog slaven hield om de bevolkingsaantallen kunstmatig op te krikken, terwijl de oorspronkelijke Romeinen "hun ras en hun naam" ten onder zouden willen zien gaan.

Volgens professor Engels is het verval van Europa een wereldwijd fenomeen dat zich ook in de voormalige koloniën in Noord-Amerika, Zuid-Amerika, Australië en Zuid-Afrika afspeelt. Ook daar vergrijst de blanke bevolking. Overal zijn de tekenen hetzelfde, namelijk dat het verval van binnenuit komt:

"In feite compliceren en belemmeren het toenemende kosmopolitisme en het uiteenvallen van het gezin en het huwelijk de identificatie [met de eigen cultuur]. Vanwege het stedelijke isolement en het ongebreidelde materialisme dat dat schept, blijkbaar gerechtvaardigd door het recht op persoonlijke ontwikkeling, ontmantelt het carrièrisme de sociale cohesie tussen burgers, het identiteitselement van het allergrootste belang."

Kortom, we werken steeds meer voor steeds meer geld, maar krijgen er minder leven en minder kinderen voor terug. Dat kweekt jaloezie, wantrouwen en boosheid jegens anderen. Als gevolg daarvan verliezen burgers hun vertrouwen in de rechterlijke macht, die hen met haar universalistische trekken sowieso niet meer kan of wil beschermen.

Daarmee sluit Engels het boek af, tenminste in de hoedanigheid van historicus. In een naschrift gaat hij een stapje verder: kunnen we lessen trekken uit de overeenkomsten tussen Rome en de EU, en zo ja, wat betekenen die lessen dan? Allereerst benadrukt hij dat het Romeinse Keizerrijk de in verval geraakte democratische republiek opvolgde. In Rome kwam keizer Augustus aan de macht die van 27 voor Christus tot 14 na Christus zou regeren.

Het volk steunde Augustus, omdat hij een spoedig herstel van de maatschappelijke orde garandeerde, evenals een efficiënt sociale bijstandssysteem. Indien Europa inderdaad uiteenvalt, dan ligt het voor de hand dat moderne Europeanen eveneens een sterke leider zullen kiezen, net zoals het ooit voor Napoleon of Hitler koos. Om te overleven zullen Europeanen het risico accepteren voor een radicale partij te stemmen die de volledige macht opeist.

Professor Engels verwacht dat het Europa van de toekomst zeker niet progressief en kosmopolitisch zal zijn. Een toekomstige keizer of president zal het gezin en zijn traditionele waarden weer omarmen om de eigen bevolkingsomvang terug op pijl te brengen: een Europa van *law and order*.

Wel of geen afstand nemen?
Islam voorkomt dat moslims betere moslims worden

24 maart 2016

Mogen we moslims vragen om afstand te nemen van aanslagen gepleegd door moslimterroristen? Na iedere aanslag wijst het belerende vingertje dat we dat niet mogen. Het zou moslims stigmatiseren. Volgens die logica hoeven katholieken geen afstand te nemen van schandalen in de Kerk. En moeten Noren ophouden afstand te nemen van Breiviks terreurdaden. Stel je voor dat het ze zou stigmatiseren.

Neem dan een voorbeeld aan voormalig Minister van Justitie van Noorwegen, Anne Holt. Zij riep na Breiviks daden alle Noren op de hand in eigen boezem te steken. Ze verklaarde publiekelijk dat Breivik een van ons is. In de Wall Street Journal schreef ze:

> "Anders Breivik is de som van het leven dat hij onder ons heeft geleefd, ... Het is in onze cultuur waarin deze man is geëvolueerd van een verlegen en beleefde jonge jongen in een ijskoud monster ..."

Anne Holt zei niet dat Breivik geen echte christen was. Ze zei niet dat Breiviks aanslagen daarom niets met het christendom te maken zouden hebben. Ze zei ook niet dat Breiviks daden niets met westerse cultuur te maken hadden. Integendeel. Holt toonde met haar *mea culpa* een staaltje zelfkritiek dat we na Parijs en Brussel nog nergens bij moslims zagen.

Maar moslims zien dat anders. Islamitische terreur ligt niet aan islam, maar aan discriminatie. Discriminatie door wie eigenlijk? Door alle niet-moslims natuurlijk. En daar neem ik afstand van, want door zelfkritiek onmogelijk te maken, voorkomt islam dat moslims betere moslims worden.

3

Vechten voor het Westen

De verdediging van Europa: Indien niet nu, wanneer wel?

21 februari 2016
De Arabieren, de hoeders van de islam met haar anderhalf miljard aanhangers, weten dat hun olie ooit zal opraken. Dan verdwijnt hun enige bron van inkomsten, omdat Arabische landen verder niets produceren wat de wereld nodig heeft. Maar om de islamitische macht op het wereldtoneel veilig te stellen, moeten Arabische leiders op zoek naar een nieuwe inkomstenbron.

Die bron werpt Europa hen gewillig voor de voeten: een vergrijzend, economisch verzwakt en in slaap gevallen continent bewoond door naïeve sukkels. Als nú niet het moment is om Europa te veroveren, wanneer wel?

De hele wereld heeft kunnen toekijken hoe Europa letterlijk en figuurlijk de grenzen van haar beschaving niet kon verdedigen tegen de vluchtelingenstroom. Naar verwachting maken zich nog eens tientallen miljoenen migranten op om een beter leven op te eisen. Dat wordt de ondergang van Europa, de dood van haar beschaving.

Tegenover Europa's naïeve leiders staat het islamitische Paard van Troje: een leger alleenstaande Arabische mannen van gevechtsklare leeftijd. Ze kwamen naar Europa als vluchtelingen, maar van de een miljoen die Duitsland bereikten, verdween driekwart in de anonimiteit. Ze zijn vijandelijke soldaten in burgerkledij. Toch blijven corrupte Europese media alle nieuwkomers "vluchtelingen" noemen.

Onder de migranten bevinden zich meer dan vijfduizend ISIS-terroristen die slechts op signaal van hogeraf wachten om Europa in brand te steken. Intussen stichtten de eerste moslimkolonisten in het Franse Calais al hun eigen 'jungle'-kalifaat. Duizend kalifaten zullen volgen, roepen anderen. Maar terwijl asielzoekerscentra volstromen met testosteronbommen, slaat de politie ieder gezond burgerprotest hardhandig neer.

Het grootste gevaar zijn echter Europa's politieke leiders. Deze 'oude denkers' roepen in koor dat de NATO Europa toch wel zal beschermen. Want wie zou er nou zo gek zijn om een kernmacht aan te vallen? Leuk bedacht, maar dankzij open grenzen is de vijand al binnen. Kernwapens zijn bovendien niet effectief tegen een guerrilla-oorlog in eigen steden, tenzij men op kamikaze uit is.

En wanneer de Arabieren tot de aanval overgaan, dan volgen ook de Russen, die dromen van een terugkeer naar de oude Sovjet-Unie, en de Turken, die het Ottomaanse Rijk in ere willen herstellen. De Turken hoeven niet eens naar Europa te marcheren, want dankzij massamigratie zijn ze er al. Ze hoeven enkel hun uniformen aan te trekken.

Nog nooit eerder in de geschiedenis vochten alle Europeanen voor hun gezamenlijke overleving. Maar ze kunnen inspiratie putten uit de rijkste heldengeschiedenis. De Spartanen hielden de Perzen tegen bij de slag om Thermopylae. Arminius verenigde de Noord-Europeanen tegen het oprukkende Romeinse leger.

Godfried de Bouillon heroverde Jeruzalem. Europeanen bestreden de oosterse hordes van Djengis Khan. Vlad Țepeș jaagde de Turken de schrik van hun leven aan. Jan Sobieski versloeg ze bij Wenen. En laten we een voorbeeld nemen aan de Bulgaren. Zij leefden vijfhonderd jaar onder het juk van de islam, maar gaven het verzet nooit op.

Europeanen moeten de geflopte multiculturele utopie achter zich laten en een Heilig Europa stichten. De tijd van zelfhaat en zelfverachting is voorbij. Europeanen zullen hun toekomst heroveren. *Deo volente*—als God het wil.

Erasmus' oorlog tegen de Turken: Wat u niet mag weten

1 juni 2016

Om een volk tot slaaf te maken, moet men eerst de herinnering aan de eigen geschiedenis uitwissen. Zo slaagden de Europese kolonialen erin om hele Afrikaanse volkeren tot het christendom te bekeren. De onderworpenen verloren daarbij niet alleen hun oudere natuurgeloof, maar vergaten in veel gevallen zelfs hun moedertaal. Nu nog spreken honderden miljoenen Afrikanen bijvoorbeeld Frans, Engels, Nederlands, een eigen mengsel of een afgeleide van een Europese taal. Als gevolg daarvan verloren velen hun mondelinge overleveringen en de herinnering aan een oorspronkelijke, eigen identiteit.

Uit deze koloniale witwaspraktijk vloeit wellicht het progressieve geloof in de maakbare mens voort: de mens die door zijn overwinnaars met nieuwe taal en cultuur kan worden geprogrammeerd om iemand te zijn die hij eigenlijk niet is. Met als verschil dat maakbaarheidsactivisten deze tactieken vandaag op de eigen bevolking toepassen. Europa moet 'multicultureel' worden—om plaats te maken voor tientallen miljoenen vreemdelingen die onze waarden afwijzen. Europeanen moeten 'tolerant' zijn—om te buigen voor intolerante ideologieën die onze identiteit voor altijd zullen veranderen.

Wat dat betreft begon de islamisering van Nederland niet met de bouw van moskeeën, noch met de acceptatie van gesluierde vrouwen in het straatbeeld. De islamisering die tot doel heeft de herinnering aan onze identiteit uit te wissen begon al eind jaren zestig, begin jaren zeventig van de vorige eeuw. Zij begon met herinterpretaties van onze grootste schrijvers en denkers. Nieuwe lezingen van bijvoorbeeld de werken van Erasmus, Spinoza of dichter des vaderlands Joost van den Vondel veranderden ze in zogenaamd vroege voorstanders van de multiculturele samenleving, in wereldburgers die het nationalisme al verwierpen voor het bestond.

Op menig middelbare school draaft bijvoorbeeld laatstgenoemde gewillig op in multiculturele propaganda. De van oorsprong Vlaamse Van den Vondel vluchtte immers naar de Republiek der Nederlanden om er "een beter leven" te vinden, zoals dat heet. In het naar hem vernoemde Amsterdamse Vondelpark komen groepjes asielzoekers, waarvan de meesten uit moslimlanden, wel eens bloemen of kransen bij zijn standbeeld leggen, als ware het een heus eerbetoon aan een man die miljoenen moslimmigranten toch persoonlijk zou hebben verwelkomd.

Kinderen slikken dat verhaal als zoete koek, maar wie durft moslims te vertellen dat diezelfde Vondel een sterk en mannelijk christendom voor ogen had om Europa met veel geweld tegen islam te verdedigen? Ook onze Spinoza was helemaal niet tolerant. Hij noemde islam de meest bedrieglijke religie op Aarde. Erasmus gaf op zijn beurt ronduit steun aan nieuwe kruistochten tegen de Turken, die in zijn tijd aan de poorten van Wenen klopten. Hij bewerkte zijn lange brief aan Johann Rinck over dit onderwerp tot een heel boek: *De bello turcico*, oftewel Over oorlog tegen de Turken (1530).

"Heel de wereld is je vaderland," zo staat het, toegeschreven aan Erasmus, in neonletters op het gebouw van de Centrale

Bibliotheek Rotterdam, zijn geboortestad. Desiderius Erasmus, schrijver, filosoof, humanist en vooral christen, had zelf 'mijn vaderland' geschreven, maar de man van duizenden brieven leende het op zijn beurt weer van een Griekse orakelspreuk: "De hele aarde is het vaderland".[1] Wel schreef hij na een aanbod burger van Zürich te kunnen worden geïrriteerd: "Ik wil wereldburger zijn, niet burger van één stad."[2]

De stad Rotterdam, evenals het linksgeoriënteerde Nederlandse intellectuele circuit, pronkt graag met Erasmus als een soort vroege anti-nationalist, een multiculturele wereldburger die voor open grenzen pleitte, een pacifist die tegen oorlog was, en een tolerant mens die vreemdelingen uit den verre met al hun culturen en geloven in zijn hart verwelkomde. Hij moest toch iemand zijn geweest die bij ons PvdA, D66 of GroenLinks zou hebben gestemd. Die Erasmus toch, wat een fatsoensmens!

Dat beeld is, recht voor zijn raap gezegd, compleet gelul. Volgens Jan Papy, een onderzoeker die Erasmus' werken daadwerkelijk las, reikt "Erasmus' blikveld nooit verder dan het christendom; een interesse of waardering voor vreemde culturen en religies is hem vreemd." Erasmus beweegt zich ten allen tijden door de christelijke wereld van middeleeuws West-Europa. Als hij zich al een wereldburger noemde, een kosmopoliet, dan benadrukte hij daarmee slechts zijn eigen intellectuele onafhankelijkheid.[3]

Maar nergens in zijn geschriften beweert Erasmus dat Europa haar grenzen wagenwijd zou moeten openzetten om massa's vreemde volkeren binnen te laten. Erasmus steunde een vrij verkeer van gestudeerde personen, maar zeker geen vrije migratie van hele volkeren. Nergens zet Erasmus zijn denkbeelden over nationalisme of wereldburgerschap uiteen. Het onderwerp speelde niet.[4] En als pacifist beargumenteerde hij weliswaar krachtig dat christelijke Europeanen hun onderlinge oorlogen moesten stoppen, maar hij was "geen naïef voorstander om christelijk Europa aan de Turken over te leveren."[5]

In een tijd dat 'Turken' een verzamelnaam voor alle moslims was, maakte Erasmus zich zorgen over het gevaar dat van hen uitging. In de brief aan Johann Rinck van 30 mei 1530, dus geschreven in het jaar na het Beleg van Wenen, zet hij eerst uitgebreid zijn bezwaren tegen oorlog uiteen, maar vervolgt dan:

"Misschien denkt iemand op dit punt dat ik me heb opgeworpen als pleitbezorger tégen de oorlog met de Turken. Absoluut niet! Het is veeleer mijn streefdoel dat we met succes tegen hen strijden en echt mooie triomfen voor Christus behalen. ... [Telkens] trof het me dat men in onze landen, ja zelfs in Duitsland zo onverschillig blijft, alsof wat zich afspeelt niets met ons te maken heeft. We beperken onze troepen en we spenderen aan onze genoegens en aan onbetekenende dingen wat we weigeren te spenderen aan de verdediging van de christenen."[6]

Volgens Erasmus moesten Europeanen eerst betere christenen worden voordat ze de Turken, "een ras verzacht door losbandigheid",[7] konden verslaan. Hij verzandt in wij/zij-denken en heeft geen hoge dunk van de tegenstander:

"Het is makkelijk om te zien hoe hun valse religie [de moslims] van dienst is geweest, net zoals wij de plicht van ware vroomheid hebben verzaakt. Terwijl wij vanwege een of ander nutteloos stuk grond eindeloze gevechten met elkaar hebben gevoerd, nog erger dan burgeroorlogen, hebben de Turken hun rijk enorm uitgebreid, of beter gezegd, hun terreurbewind."[8]

Erasmus gaat nog een stap verder en vergelijkt de Turken met de tien plagen die God op de Egyptenaren had afgestuurd:

"Hoeveel nederlagen hebben de christelijke volkeren geleden door toedoen van dit ras barbaren, wiens afkomst zelfs obscuur is? Wat voor gruweldaden hebben ze ons wel niet aangedaan? ... [Er] kan geen twijfel bestaan dat de Turken een immens rijk hebben gewonnen, [maar] minder door hun eigen merites dan door onze zonden ... We zijn vaak ten strijde getrokken tegen de Turken, maar tot dusverre met weinig succes; ofwel omdat we ons nog steeds hebben vastgeklampt aan al de dingen die God boos hebben gemaakt, als gevolg waarvan hij ons de Turken heeft gestuurd, net zoals hij de kikkers, luizen en sprinkhanen lang geleden op de Egyptenaren afstuurde ... [We] gedroegen onszelf als Turken tegen de Turken."[9]

Toegegeven, Erasmus moest niets hebben van op geweld beluste oorlogshitsers en herinnerde zijn geadresseerden aan hun plicht tot zelfonderzoek. Maar ondanks de gruweldaden die christenen andere christenen wel niet hadden aangedaan, zag hij daarin toch geen reden voor dogmatisch pacifisme, "want er zijn diegenen die beweren dat christenen het recht om oorlog te voeren volledig is ontzegd. Ik vind dit idee te absurd om te moeten verwerpen. ... Mijn boodschap is dat oorlog gevoerd moet worden als laatste redmiddel wanneer het niet anders kan."[10]

Wat betreft de Turken maakte Erasmus zich meer druk om de corruptie die berooide christelijke soldaten tot plunderen dwong dan om de gevoelens van moslims: "Wat valt er te zeggen over mensen die de verderfelijke en criminele mens Mohammed verkiezen boven Christus?"

We moeten dus vaststellen dat Erasmus noch multicultureel noch tolerant was. Dat zijn de prettige etiketten die maakbaarheidsactivisten hem pas in de 20ste eeuw opplakten. In werkelijkheid beperkte Erasmus' tolerantie zich tot de verschillen tussen Europese mensen onderling. Hij wenste vrede in Europa voor alle christenen, maar had geen moeite met oorlog tegen moslims. Hij was een wereldburger van de christelijke wereld, niet van die daarbuiten.

Begin onze eeuw zijn we mogelijkerwijs aangekomen op het punt dat we, als laatste redmiddel om het vrije Europa te redden, tot oorlog zullen moeten overgaan. Erasmus zou een oorlog tegen de islamitische bezetter niet hebben afgekeurd. Sterker nog, in zijn boek over het huwelijk adviseert hij wat te doen tegen de Turken:

"Dezelfde individuen die zulke warme pleitbezorgers voor maagdelijkheid zijn, zijn geen tegenstanders van oorlog tegen de Turken, die ons met zo velen in aantal overtreffen; als hun oordeel juist is, volgt daaruit dat we het bijzonder goed en eerbaar moeten achten om met alle macht te streven naar het produceren van kinderen, en daarmee genoeg jonge mannen aan te leveren om in oorlog te dienen, tenzij ze misschien denken dat artillerie, kanonnen en schepen geen mankracht nodig hebben."[11]

Voor zulke oorlogstaal tegen Turken en moslims worden we vandaag veroordeeld wegens racisme en islamofobie. Gelukkig leefde Erasmus in vrijere tijden, toen Europese economieën nog niet afhankelijk waren van Arabische oliecontracten. Ondanks al zijn nuances en zelfkritiek waarschuwde Erasmus zijn publiek voor de dreiging van een vijandelijke bezetting. Het is tijd om zijn waarschuwing weer ongefilterd te horen.

Toen politieke correctheid nog niet bestond:
De strijd om Europese cultuur

8 juni 2017

In 1953 besloot de Albanese regisseur Yutkevich het leven van zijn lands grootste held te portretteren, George Skanderbeg, een waargebeurd verhaal. Vernoemd naar de Turkse naam voor Alexander de Grote uit Macedonië werd Skanderbeg als kind door de Ottomaanse Turken ontvoerd. Hij zou als moslim en als slaaf worden opgevoed.

Twintig jaar lang zou hij de meest gevreesde strijder worden, zelfs in gevechten tegen de Albanezen. Hij verzekerde vele overwinningen voor het Ottomaanse Rijk als leider van de Janitsaren, een elite-eenheid bestaande uit gevangengenomen buitenlanders.

Maar Skanderbeg kreeg heimwee en keerde uiteindelijk terug naar zijn volk. Hij omarmde de tradities van zijn geboorteland en bekeerde zich weer tot het christendom. De volgende dertig jaar tot zijn dood zou hij de Albanezen verenigen en de Ottomanen ervan weerhouden Albanië in te nemen.

Islam kon noch Skanderbegs Europese ziel uitwissen noch die van het Albanese volk. Zijn campagnes tegen de machtige Turken hielpen Europese cultuur te beschermen. In de film legt een ondersteunende acteur uit waarom:

"Wat doen de Turken überhaupt in Albanië? Het is voor hen de brug. De sprong van hier brengt hen naar Europa."

Vandaag zou de film niet langs de censuur komen. Het is een uiterst politiek incorrecte film, zonder een greintje van Hollywoods zelfhaat. Bij zijn thuiskomst in Albanië spreekt Skanderbeg tot zijn volk, terugblikkend op zijn tijd bij de Turken:

"Ik zou jullie iets willen vertellen. Vandaag is de gelukkigst dag van mijn leven. Twintig jaar lang heb ik onder honden geleefd alsof ik zelf een hond was. Nu mag ik eindelijk weer een mens zijn."

Kun je een Europese leider voorstellen die dit zegt over opgroeien met diversiteit? Vijftig jaar lang hebben open grenzen Europeanen en Amerikanen gedwongen als migranten onder migranten te leven in de landen van hun voorouders.

Wanneer begon dit, dit geloof dat we allemaal gelijk zijn? Onze progressieve leiders hebben zo hard geprobeerd om Afrikaanse en Aziatische migranten onze gelijken te maken, maar ze bereikten het omgekeerde. Ze maakten ons gelijk aan de migranten.

Yutkevich schilderde moslims af als schuimbekkende barbaren die Griekse beelden kapotslaan. Maar het was niet alleen zijn vooroordeel. In onze tijd hebben we gezien hoe ISIS de historische stad van Palmyra verwoestte. We hebben gezien hoe moslims hun energie verkwisten aan het kapotslaan van westerse kunst.

Als je je ooit hebt afgevraagd waarom zoveel Griekse en Romeinse kunstwerken hun gezichten kwijt zijn geraakt, nou dat komt omdat moslimse indringers ze door de eeuwen heen inderdaad kapot hebben geslagen. Waarom komt toch deze haat voor menselijkheid vandaan?

Opgevoed door gezichtsloze moeders achter de sluier maakt misschien niets een moslim kwader dan de blik op het gezicht van een Europese vrouw. Ondanks vrouwen in islam waren de vrouwen in Albanië geen slaven van hun mannen. Nadat ze Skanderbeg een zoon heeft gegeven, speelt de vrije vrouw Mamitsa de rol van een Wagneriaanse Walkure. Tot de tanden gewapend trekt ze met de mannen ten strijde tegen de moslims.

Ze sterft, maar de Albanezen leven voort. Europese geschiedenis zit vol met zulke opofferingsgezindheid.

Net als Skanderbeg werd een Duitse jongen genaamd Arminius gevangengenomen door de Romeinen rond de tijd van Christus. Hij ontving Romeins burgerschap en werd lid van de lagere Romeinse adel. Maar zoals een historicus uitlegt, voelde hij zich waarschijnlijk nooit een van hen.

Ook Arminius keerde terug naar huis. Ook hij verenigde zijn mensen. Nadat hij generaal Varus voor de gek had gehouden om een kortere route door het Teutoburgse woud te nemen, vernietigden de Germaanse geallieerden zijn legioenen, wat de Romeinse expansie naar het noorden tot een halt bracht.

Massamigratie heeft het Westen multicultureel gemaakt, maar het is slechts een kwestie van tijd voor mensen van Europese afkomst zichzelf weer zullen doen laten gelden.

We zullen nooit Afrikanen of Aziaten worden. Wij zijn Europeanen. Met geduld zullen we onze steden van het multiculturalisme en van diversiteit bevrijden. En wanneer we dat doen, dan zullen toekomstige historici het mooiste verhaal ooit opschrijven.

Europa eerst: Trans-Atlantische beschaving en de wet van de verminderde meeropbrengst

10 maart 2017
Atlantisme is het geloof in een enkelvoudig Europees-Amerikaans wereldbeeld, zoals vastgelegd in de NAVO en vele trans-Atlantische handelsakkoorden. Maar de relatie tussen Europa en Amerika is verre van gelijk. Sinds de Amerikaanse legers als overwinnaars uit de Tweede Wereldoorlog tevoorschijn kwamen, hebben de Europeanen als vazallen geleefd die de belangen van Amerikaans kapitalisme dienen.

In ruil voor NAVO-bescherming had een militair verzwakt Europa weinig andere keus dan de relatie te accepteren. Maar terwijl Amerikanen de vruchten van de globalisering plukken, betalen Europeanen de rekening, gedwongen om hun continent te laten volstromen met Afrikaanse en Arabische immigranten. Waarom? Om de Amerikaanse markt te vergroten.

Is het tijd dat Europeanen zich losbreken van de NAVO ten gunste van Europese onafhankelijkheid? De geschiedenis leert ons dat een breuk tussen Amerika en Europa onvermijdelijk lijkt.

Toen Julius Caesar en latere Romeinse generaals Drusus, Varus en Germanicus tussen 52 v.C. en 16 n.C. de gebieden ten noordoosten van de rivier de Rijn binnenvielen, verlieten de arme Germaanse stammen die er woonden hun lemen hutten en vluchtten ze voor hun veiligheid de bossen in. Geconfronteerd met een onoverwinnelijke vijand zagen de barbaren niets eervols in een betekenisloze dood.

Volgens geschiedkundige Christoph Pantle is het aannemelijk dat Caesars legers ruim een miljoen Noord-Europeanen—mannen, vrouwen en kinderen—langs de Rijn afslachtten in schrikwekkende slachtpartijen. Zwangere vrouwen werden niet gespaard. Zulk bloedvergieten zou de Germaanse stammen de komende eeuwen in hun strijd tegen Rome verenigen.

Ondanks de Galliërs, een rijker volk dat de goudsmidkunst beheerste, had *Germania* de Romeinse veroveraars weinig rijkdom te bieden om mee naar huis te nemen. Om de bloedige invallen in Germaans gebied te financieren moesten de Romeinse legers mannelijke gevangenen als slaven nemen. De slavenhandel floreerde. Blonde meiden leverden veel geld op als prostituees en slavinnen.

Rome zou de verovering van Noord-Europa uiteindelijk laten varen. Het loonde niet. De arme Germanen bezaten geen welvaart. In economische termen werden de Romeinen gecon-

fronteerd met wat we nu de wet van de verminderde meeropbrengst noemen.

Volgens Wikipedia:

"Indien aan een constant gehouden hoeveelheid van een pro-
ductiefactor successievelijk eenheden van een variabele pro-
ductiefactor worden toegevoegd, zal de productie eerst meer
dan evenredig stijgen, maar voorbij een bepaald punt minder
dan evenredig en mogelijk zal deze ten slotte zelfs dalen."

De honger naar rijkdom van de Romeinse elites dwong
Rome om haar territorium continu te vergroten op zoek naar
meer rijkdom, maar de veroverde gebieden leverden het keizerrijk steeds minder opbrengsten op. De stijgende kosten voor
de verdediging van haar uitdijende grenzen dwongen Rome
bovendien om een steeds groter aandeel van haar rijkdom aan
militaire verdediging uit te geven.

Zodra de kosten van Romes verdediging boven de baten
van haar veroveringen uitstegen, begon het Romeinse Rijk een
verliesgevende propositie te worden. Terwijl het economisch
verval inzette, brokkelden Romes verdedigingswerken af en
trokken haar legers terug. Gedurende de volgende paar eeuwen
zouden dezelfde Germaanse stammen die Rome had proberen
te onderwerpen haar voormalige onoverwinnelijke vijand omverwerpen.

De afstammelingen van deze West-Germaanse stammen
zouden hun eigen rijken gaan stichten, de kruistochten voeren,
tegen de Mongoliërs strijden, het Industriële Tijdperk aan-
wakkeren, moderne beschaving stichten en de vele koloniale
veroveringen van Europa leiden.

Vandaag zijn zij de Duitsers, Zweden, Nederlanders, Belgen,
Oostenrijkers, Zwitsers, Noren, Denen, IJslanders, en ook vele
Engelse en Schotse mensen. Hun koloniale nageslacht bestaat

uit de Boeren van Zuid-Afrika, evenals grote delen van de blanke Australiërs, Nieuw-Zeelanders, Canadezen en Amerikanen.

Samen hebben deze volkeren de grootste hoeveelheid rijkdom in de geschiedenis van de mensheid verzameld. Maar net als Rome zal het Westen evenmin aan de wet van de verminderde meeropbrengst kunnen ontsnappen. Op een zeker moment zullen wereldhandel en technologische vooruitgang niet langer de gewenste opbrengsten kunnen opleveren.

Dan zullen de verdedigingswerken van het Westen (de grenzen van Europa, bijvoorbeeld) afbrokkelen, haar economieën krimpen, haar bevolkingen vergrijzen—en de nieuwe barbaarse hordes zullen er misschien in slagen om Europa's grondgebied te voet te veroveren. De West-Germaanse volkeren zijn de nieuwe Romeinen geworden.

Het zou dwaas zijn om te denken dat een of andere maatregel of actie de ondergang van het Westen op een of andere magische manier zou kunnen voorkomen. Zulke waandenkbeelden liggen ten grondslag aan progressief-links gedachtegoed en aan de samenzweerders van de Nieuwe Wereldorde (George H.W. Bush). In plaats daarvan zullen westerlingen moeilijke keuzes moeten maken. Europeanen moeten zich de vraag stellen: *Wat zijn we bereid om op te offeren in ruil voor onze overleving op de langere termijn?*

Als ze zich lossnijden van hun Amerikaanse eigenaren, dan zullen West-Europeanen meer speelruimte hebben om hun welvaart met naburige volkeren in Oost-Europa, het Midden-Oosten en Noord-Afrika te delen in plaats van met Starbucks en McDonald's. Door atlantisme af te bouwen ten gunste van Europese onafhankelijkheid zouden Europeanen hun eigen grenzen weer kunnen verdedigen en economische immigratie tegenhouden.

Eenmaal geen vazal van Amerikaanse belangen meer zou Europa zichzelf effectiever kunnen verdedigen tegen Saoedische, Turkse en Russische agressors. Als Europeanen hun onafhankelijkheid niet omarmen, dan betekent het alternatief dat zij zullen moeten meevechten met Amerika's eindeloze oorlogen, die ongetwijfeld miljoenen van Europa's sterkste mannen en vrouwen de dood in zullen jagen.

Ik zie geen eer in zulk betekenisloos bloedvergieten. Het is tijd dat Europa weer een werkelijk onafhankelijk continent wordt. Het is tijd dat Europa haar banden met Amerika doorsnijdt. Inderdaad, het verlies van de Europese consumentenmarkt zou zeker het einde van Amerika inluiden, evenals de ondergang van haar Midden-Oosterse voorpost, Israël. Het tijdperk van Europees kolonialisme komt daarmee definitief tot een einde. *Europa eerst.*

Eindstrijd: Europa tegen de wereld

17 november 2015
Europa en de Arabische wereld bevinden zich in de eindfase van twee processen die als in een dodelijk ongeluk zullen samenkomen.

Het ene proces ontwikkelt zich vanuit de economisch mislukte Arabische wereld, die weinig tot niets produceert wat de rest van de wereld wil hebben, en die ook nauwelijks onderling handeldrijft. Desondanks groeiden Arabische bevolkingen explosief. Terwijl de Nederlandse bevolking van 1935 tot 2015 zich verdubbelde tot iets meer dan 17 miljoen mensen (met inbegrip van 2 miljoen niet-westerse allochtonen), vervijfvoudigde de Turkse bevolking zich in dezelfde periode van 15 miljoen tot 75 miljoen inwoners. Dezelfde explosieve groei tekende zich in de gehele moslimwereld af. Al deze mensen willen net als iedereen een betekenisvolle toekomst, die de mislukte Arabische economieën hen echter onmogelijk kunnen bieden.

Het andere proces voltrekt zich in het economisch succesvolle doch sterk vergrijzende Europa. Europese volkeren kennen een al decennialang stagnerende bevolkingsgroei. Maar voor Arabische moslims en andere Derdewereldbewoners, waarvan twee-derde jonger is dan dertig jaar, ligt in Europa juist de welvaart die zij nodig zullen hebben om een bestaan op te bouwen, om gezinnen te stichten en hun kinderen te kunnen voeden. De vluchtelingencrisis liet zien dat Europa voor hen niet ver weg ligt. Ons rijke walhalla ligt figuurlijk en letterlijk op loopafstand.

De Europese economieën lopen vast. Sommige landen als Griekenland zijn al bankroet. Politicus Rinnooy Kan van D66 spreekt terecht van een 'Japanisering' van Europa, alhoewel hij de ware oorzaak niet begrijpt. De globalisering die onze winsten lang aanjaagde, bereikt, zoals de Club van Rome voorspelde, haar natuurlijke groeilimiet. Daarbij speelt een rol dat de groei van de menselijke wereldbevolking voor het eerst in tienduizenden jaren is begonnen af te remmen.

We bevinden ons aan het begin van een onvermijdelijke economische eindstrijd tussen volkeren. Die eindstrijd draait niet om een *clash of civilizations*, een strijd der beschavingen zoals Samuel Huntington die voorstelde, maar om een *clash of populations*, een ordinaire strijd om leefruimte zoals ecoloog Paul Colinvaux deze begreep in zijn boek *The Fates of Nations* (1980).

Omdat de Arabische wereld haar onderdanen op eigen kracht onmogelijk een toekomst kan bieden, moeten moslims de benodigde welvaart goedschiks of kwaadschiks elders bemachtigen. Dat kan goedschiks door bijvoorbeeld gastarbeidersmigratie, zoals we de afgelopen decennia meemaakten, omdat het vergrijzende Europa stond te springen om goedkope arbeid. We namen de multiculturele samenlevingen op de koop toe, maar goedkoop blijkt ook nu duurkoop.

Buitenstaanders kunnen onze welvaart echter ook kwaadschiks bemachtigen door bijvoorbeeld een veroveringsoorlog—de gewapende jihad die islam niet geheel toevallig predikt.

Alhoewel moslims tot nu toe vooral de soepelste weg kozen, langs de migratieroute, kent Europa's economische absorptievermogen net als de wereldeconomie natuurlijke grenzen. Ondanks dat die grenzen niet in cement vastliggen, maar veranderlijk zijn als water, kampen migranten op zoek naar een beter bestaan in Europa wel degelijk met de wet van de verminderde meeropbrengst. Vonden in de jaren '70 van de vorige eeuw nog tien op tien gastarbeiders een baan, ligt die ratio vandaag heel anders en belandde een groot percentage migranten in uitkeringen en werkloosheid. Progressieve politici zoeken daarin vervolgens de verklaring voor de radicalisering van sommige moslimjongeren, maar de meeste moslims die radicaliseerden, leven buiten Europa.

Op een bepaald moment slaat het weer om. De goedweerpolitici krijgen dan te maken met de donder en bliksem van 's werelds grootste bevolkingenconflict aller tijden. Europeanen hebben daarin een vrije keus: ofwel ze staan hun welvaart af en laten zich vervangen, ofwel Europeanen slaan terug en eisen de wereldheerschappij op.

Moslims die onze welvaart nodig hebben, hebben daarentegen geen enkele keus. Europeanen leven met vrijheid, blijheid, maar de armen van de wereld leven in een alles-of-niets werkelijkheid. Zij zullen de meest vastberaden strijders zijn die ooit oog in oog stonden met Europeanen. Ze zullen weten dat welvaart, luxe en leefgemak de Europese strijdlust hebben verzwakt tot dat van een grijze oude slak. Het Westen, met Europa voorop, kan al binnen tien jaar ten onder gaan aan binnendringers zoals het Romeinse Rijk ten prooi viel aan de barbaren. Dan is het over en uit. Dan schrijven we geen geschiedenis meer, maar zijn we geschiedenis.

Zullen Europeanen de kracht vinden om te vechten voor hun zelfbehoud?

Globalisering: Europa's laatste strijd

18 april 2017

De jonge Macron heeft de Franse verkiezingen gewonnen. De oude Fransen hebben zich in de armen van een Rothschild-bankier gestemd die zich voordeed als een communist. Media slikten het voor zoete koek en schilderden Macrons tegenstanders af als lafaards. De andere partij zou zogenaamd uit een irrationele angst voor de islam op rechtse mededinger Marine Le Pen hebben gestemd.

Maar past die beschuldiging van angst de linkerflank niet beter? Heeft Macron zijn overwinning niet te danken aan een collectieve angst voor terroristische aanslagen? Frankrijk heeft de politiek van *appeasement* nieuw leven ingeblazen, precies wat de terroristen wilden. Een vergrijzend cohort van autochtone Franse 40-plussers heeft gestemd voor het openzetten van 's lands grenzen voor miljoenen immigranten, wiens goedkope arbeid, hopen ze, hun blanke pensioenen zal financieren.

Dat is geen daad van progressieve dapperheid. Dat is een laffe daad van egoïsme. Het grootste gevaar voor de westerse beschaving is niet de islam, maar een stelletje ouwe zakken die voor zelfbehoud stemmen ten koste van de jongere generaties. Dat is het ware gezicht van Europese globalisering: een politieke leer ontworpen om de status quo te beschermen door de broodnodige autochtone verjonging tegen te houden.

Terug in Duitsland heeft Bondskanselier Merkel nieuwe partnerships tussen Duitsland en Saoedi-Arabië aangekondigd. Saudi-Arabië is *booming business*. Honderden miljarden opgespaarde oliedollars hebben een doel nodig. Saoedische leiders hebben ervoor gekozen in moderniteit te investeren, en in moderne legers. De hightech steden van Saoedi-Arabië laten Europa eruitzien als de Derde Wereld.

Maar de media zullen iedereen die zich afzet tegen dit Arabische fascisme voor "Nazi's" blijven uitmaken. Geld regeert. Anders dan conservatieven, die bereid zijn voor hun principes te betalen, verhandelen progressieven hun waarden sneller dan handelaren op de beurs.

En trouwens, tegen het jaar 2070 zal niemand de Holocaust nog herinneren. Tegen die tijd zijn er niet genoeg autochtone Duitsers meer dat het iemand nog wat kan schelen.[12]

Globalisten hebben wereldwijde plannen voor Europa. Een lid van de Europese Commissie, de Zweedse Federica Mogherini, heeft onlangs verklaard dat het tijd is voor Europa om zich de rol als wereldleider aan te meten. Ze wil de Verenigde Staten naar de tweede plaats demoveren.

Natuurlijk zullen Europeanen de heropleving van Europese wereldmacht verwelkomen, maar ze moeten begrijpen dat types als Mogherini en haar globalistische samenzweerders al minstens een eeuw lang de totale onderwerping van de gehele mensheid aan collectivistische heerschappij nastreven.

In de Europese Unie zien globalisten het begin van een wereldregering die uiteindelijk de gehele mensheid moet representeren. Ze denken op de lange termijn, op de zeer lange termijn. Voorlopig vormt Rusland nog een groot obstakel voor Europa's oostwaartse expansie, maar oorlogen in Syrië en Iran dienen al om de falende Russische economie van haar inkomstenbronnen los te maken. Dan zal het land bankroet gaan. Net als Oekraïne na de Maidan Revolutie zal Rusland zich dan bij de EU willen aansluiten.

Politicoloog Zbigniew Brzezinski zinspeelde bijna twintig jaar geleden al op Europa's agressieve wereldverovering in zijn boek *The Grand Chessboard*.[13] Inderdaad, de Europese Unie is nooit opgericht om Europeanen te dienen en te beschermen. Na de Verenigde Naties dient de Europese Unie als het volgende vehikel waarmee globalisten zichzelf in het zadel van de wereldmacht proberen te hijsen.

Net als de oude Sovjet-Unie heeft de nieuwe Europese Unie een collectivistische grondslag. De *wereldstaat* zal worden "geanimeerd door een gemeenschappelijke wil",[14] bestuurd door een "verziende, doelmatige elite"[15] en bewoond door een "toekomstig Euraziatisch-negroïde ras [dat] de diversiteit van de mensen zal vervangen ....".[16] In naam van uw gelijkheid bevelen wij u om voortaan dezelfde dromen als uw buurman te dromen.

Het valt te betwisten of 'globalisme' wel een ideologie is. Globalisme bestaat al in de vorm van despotisme sinds het begin van de beschaving in het oude Mesopotamië vijfduizend jaar geleden. Globalisme is slechts een modern woord voor een oud vergrijp, namelijk een volk aan collectivistische heerschappij te onderwerpen onder een despotische heerser. Vroege voorbeelden zijn Gilgamesj van Uruk en Koning Hammurabi van Babylonië.

De despoten van vandaag hebben nieuw vocabulaire uitgevonden om mensen te onderwerpen. Ze noemen hun wereldstaat de 'wereldwijde open samenleving', eentje waar niemand uit kan ontsnappen, tenzij je naar de maan vliegt. 'Gelijkheid' ontkent iemands vrije recht om ongelijk te zijn. 'Vooruitgang' heet eigenlijk jouw voortschrijdende slavernij. Als globalisten over 'diversiteit' spreken, dan bedoelen ze het vermengen van alle rassen tot iedereen er hetzelfde uitziet—als schapen.

Wie zijn de globalisten nu werkelijk en waar geloven zij in? "Zij" zijn niet een of andere duistere samenzwering. Hun werk is openbaar en ze verbergen hun bedoelingen niet. Intellectuele voorstanders van globalisering zijn er al een tijdje. Ze hebben een groot volume aan gedetailleerde boeken over hun wereldbeeld gepubliceerd, dus kunnen we van ze leren door hun eigen gedachten te bestuderen.

Begin jaren '20 van de vorige eeuw, toen de stad Parijs de vruchten van de industrialisering plukte, schreef filosoof Henri Bergson er zijn invloedrijke werk *The Two Sources of Morality*. In het boek noemde hij als eerste de frase *open society*. Hij had een samenleving voor ogen die door een universele open moraliteit zou worden geregeerd. Hij introduceerde de valse, maar krachtige tegenstelling tussen open-en-gesloten en baseerde zijn gehele wereldbeeld op de volgende valse aanname:

"Wie kan ontkennen dat sociale cohesie grotendeels bestaat vanwege de noodzaak van een gemeenschap om zichzelf tegen alle anderen te beschermen, en dat we de mensen met wie we samenleven voornamelijk liefhebben ten koste van alle anderen?"[17]

Bergson maakte een denkfout door aan te nemen dat mensen zichzelf alleen kunnen beschermen "ten koste van alle anderen". In werkelijkheid bevinden alle mensen zich schouder aan schouder in de strijd tegen de kille natuur. Het is in die gezamenlijke strijd dat mensen ook oorlogsslachtoffers incasseren. Maar de oplossing voor het probleem van oorlog ligt niet in universalisme. Het was juist pluriformiteit die de mensheid hielp te overleven.

In een pluriforme wereld kunnen mensen met alle andere mensen samenwerken tegen de natuur, maar tegelijkertijd hoeven mensen niet *zoals alle andere mensen* te zijn. Ze zijn vrij. Ware diversiteit verslaat universalisme. Daarentegen wordt een universalistische wereld geregeerd door bureaucraten die iedereen die de Waarheid ontkent naar de Goelag sturen. Bergsons totalitaire filosofie heeft ongetwijfeld een groot aantal denkers en despoten uit de 20ste eeuw geïnspireerd.

Een ding hebben globalisten met elkaar gemeen, hun perverse drang om alle menselijke verschillen samen te smelten tot één. Globalisten willen de menselijke diversiteit niet waarborgen, maar uitwissen. In hun manier van denken volgen zij het principe van 'velen tot één', of ook *E Pluribus Unum*, de door Amerikanen zo geliefde slogan. Het is eigenlijk een globalistische strijdkreet, anti-diversiteit en anti-menselijkheid.

Bijvoorbeeld, de ideologische vader van het idee van een Europese unie, Richard von Kalergi-Coudenhove, die 49 jaar lang als president van de Paneuropese Unie werkte, vond ook dat alle blanke Europeanen moesten worden gedwongen met Aziaten en "negers" (zijn woorden) kinderen te krijgen om zichzelf zo uit te roeien en te vervangen door een homogeen wereldras.

De filosoof Karl Popper en financieel terrorist George Soros borduurden beide voort op Henri Bergsons ideaal voor een open samenleving. In Poppers eigen woorden was hij eropuit "om dat wat meest schadelijk was aan Plato's filosofie te vernietigen".[18] Popper maakte duidelijk dat hij de gehele westerse filosofische traditie vanaf Plato wenste uit te wissen, omdat hij deze verantwoordelijk hield voor fascisme, Nazisme en de Holocaust.

Het moderne progressieve geloof dat christendom slecht is, dat blanken privileges genieten en dat westerse mannen slechte patriarchen zijn, of dat wereld beter af zou zijn zonder mensen van Europese afkomst, begon met Karl Popper.

Volgens George Soros, de beursspeculant, "belichaamt de Europese Unie het principe van de open samenleving, die zou kunnen dienen als een kracht voor een wereldwijde open samenleving."[19] Het is een principe dat Soros zelf heeft helpen ontwerpen, toen hij student van Karl Popper was. In de Verenigde Staten zien globalisten inmiddels een mislukt experiment, omdat deze "meest succesvolle open samenleving ter wereld, de V.S., het eerste principe van een open samenleving niet begrijpt."[20]

Regel 1. Trek globalisme nooit in twijfel.

Regel 2. Trek regel 1 nooit in twijfel.

Politicoloog Hans Morgenthau schreef het standaardwerk *Politics among Nations*, populair onder studenten geopolitiek. In het boek bevorderde Morgenthau het idee voor de oprichting van een wereldstaat. Deze wereldstaat, geloofde hij, kan op dezelfde manier worden bereikt waarop de Verenigde Staten tot stand kwam. Door de publieke opinie te manipuleren middels propaganda, oorlog en bedrog.

Om een wereldstaat te stichten moesten alle mensen ter wereld volgens Morgenthau één gezamenlijke wereldopinie leren omarmen, "De gemeenschap van het Amerikaanse volk kwam voor de Amerikaanse staat, dus moet een wereldgemeenschap ook voor de stichting van een wereldstaat komen."[21] Maar omdat Amerika de 'belofte' van een open samenleving niet is nagekomen, hebben globalisten zich op Europa gericht als vliegen op een rottend lijk.

De lijst met globalistische intellectuelen, ondernemers en politici gaat maar door. Zelfs de Katholieke Paus Franciscus lijkt zich te hebben bekeerd. De Paus wil islam vermengen met christendom om zodoende een enkele wereldreligie te creëren. Hij steunt de massamigratie naar Europa en dus ook Coudenhoves plan om Europeanen met Arabieren en Afrikanen te vermengen, een geloof ook geuit door Duitslands Minister van Financiën, Wolfgang Schäuble.[22]

De aanrandingen van Keulen waren geen ongeluk. Zij waren beleid en een voorproefje van wat nog komen gaat.

Geconfronteerd met deze machtige vijand hebben wij, Europeanen, geen andere keus dan de verkrachting van ons continent tegen te houden. We moeten op zeer agressieve wijze het globalisme een halt toeroepen. We moeten opstaan en vechten voor een vrije mensheid, vrij van collectivisme en despotisme.

Het is niet te laat. In het licht van een onoverwinnelijke tegenslag kunnen we altijd nog onze houding aanpassen. De komende halve eeuw zullen Europeanen de kans krijgen om hun traumatische geschiedenis te veranderen in een menselijke triomf. We zullen voor de goede zaak strijden, voor vrijheid en verlossing.

Laat ons daarom een wereldwijde verzetsbeweging beginnen. Zij aan zij met miljarden van vrijheidslievende mannen en vrouwen zullen we de uitdaging aangaan. We zullen marcheren met een geloof in ons hart, een plan in ons hoofd en een wapen in de hand. We zullen de globalistische vijand trotseren zoals we alle eerdere vijanden hebben getrotseerd: met onverschrokken vastberadenheid.

Toen het Romeinse Rijk zich tot aan de Rijn in het noorden had uitgebreid, kwam een kleine doch militair krachtige Germaanse stam uit het zuiden van Nederland in verzet. Rond het jaar 69 na Christus riep de eenogige leider van de Bataven, ons bekend onder zijn Romeinse naam Julius Civilis, op tot een opstand:

"Want [de Romeinen] beschouwen ons niet langer als bondgenoten, zoals we ooit waren geweest, maar als slaven. ... We worden overgeleverd aan prefecten en Centurions. ... We worden bedreigd met een heffing die kinderen van hun ouders scheidt en broers van broers, als in de dood. ... Hef gewoon je ogen op en wees niet bang voor de lege naam van legioenen. Maar aan onze kant staan onze sterke infanterie en cavalerie, onze bloedverwanten de Duitsers, en de Gallische provincies die dezelfde verlangens als wij koesteren. Zelfs de Romeinen zullen deze oorlog verwelkomen ..."[23]

Civilis' woorden gelden vandaag nog steeds. De globalisten behandelen ons niet langer als vrije burgers, zoals we ooit waren, maar als slaven. Hef gewoon je ogen op en wees niet bang voor de lege naam van globalisme. Aan onze kant staan de vrijheidslievende bloedverwanten de Amerikanen, de Canadezen, de Australiërs, de Nieuw-Zeelanders en de Zuid-Afrikanen, evenals een meerderheid van de mensheid. Zij koesteren allen dezelfde verlangens die wij koesteren.

Onze strijd tegen globalisme is het mythische gevecht tussen goed en kwaad. Laat ons onze zielen hard maken om de strijd die we niet mogen verliezen te winnen. In naam van vrijheid, laat ons de vieze tentakels van het globalisme overal uitroeien waar we ze vinden.

Westenhaat:
De voortschrijdende verachting van westerse waarden

11 januari 2016

Buiten het Westen gunt geen enkel werelddeel haar inwoners het recht op een vrije mening, geloofsvrijheid, gelijke behandeling en een democratische staatsinrichting. Maar rechten zijn niet absoluut. Ze bestaan enkel bij de gratie van de mensen die de bijbehorende lasten dragen.

Dankzij westerse welvaart gunnen we onze rechten zelfs mensen die ons haten. Maar deze superioriteit leidt snel tot een blinde arrogantie die armere volkeren, die zich de westerse waarden simpelweg niet kunnen veroorloven, schoffeert. We nemen die schoffering dagelijks waar, zoals wanneer EU-leiders Claude Juncker of Martin Schulz vingerwijzend Oost-Europese landen van conservatievere waarden beschuldigen. Juncker en Schulz zien hun ivoren toren niet.

Progressieve politici bouwden het idee voor de multiculturele samenleving op de aanname dat mensen die bij ons komen wonen onze basiswaarden zullen overnemen. Immers, mensen van verschillende geloofsovertuigingen kunnen alleen met elkaar samenleven wanneer zij anderen hun recht op geloofsvrijheid gunnen. Voor dit recht sloegen protestanten en katholieken elkaar de hersens in.

Maar de recente geschiedenis vertelt een heel ander verhaal. Van de vele migranten die gedurende de laatste halve eeuw in Europa kwamen wonen, uit niet-westerse en overwegend islamitische landen, bleef de meerderheid trouw aan het eigen land, de eigen cultuur, het eigen geloof, de eigen groep en zelfs de eigen rechtsleer. De nieuwkomers namen onze waarden niet over. Ze veranderden niet in ons.

Als gevolg van dit mislukte beleid garandeert een steeds kleiner wordende groep lastendragers de rechten van een groeiende groep eisers. De multiculturele samenleving blijkt eenrichtingsverkeer. De westerse bestuurders gedragen zich daarbij als de sukkel die verliest van een spelletje balletje-balletje, maar in plaats van de truc door te krijgen koppig het spel blijft doorspelen in de naïeve hoop zijn geld terug te winnen. Met zulke sukkels aan de macht heeft het Westen haar hand overspeeld.

De progressieve machthebbers weigeren de bittere pil te slikken dat de recente nieuwkomers helemaal nooit van ons zullen gaan houden. In paniek, omdat de werkelijkheid niet met de linkse fantasie overeenkomt, zoekt men naar excuses om de som kloppend te maken. Ze veronderstellen dat discriminatie of uitsluiting door 'racistische blanken' de nieuwkomers ervan weerhoudt onze waarden over te nemen, in plaats van andersom: de weigering van nieuwkomers om te assimileren, leidt tot hun uitsluiting.

Om deze veronderstelde discriminatie te voorkomen, dromen progressieve bestuurders ervan het 'blanke-mannen-bolwerk' aan te vallen, het 'blanke ras' te deconstrueren of bijvoorbeeld 'boze witte mannen' te breken. Daarmee ontmaskeren ze zichzelf als racisten, seksisten en complotdenkers. Deze progressieve doelstellingen karikaturiseren de stuiptrekkende waandenkbeelden van een hard achteruitrennende bestuurselite.

Intussen lachen de nieuwkomers onze vervallen rechtsorde uit. Na 'Keulen' blijkt het ooit zo machtige Westen een oase van onmacht. Wie het incompetent geworden Europa wil veroveren, moet nú toeslaan.

De ware reden dat veel nieuwkomers niet kunnen wortelen, vinden we in het inzicht dat alle samenlevingen, inclusief de westerse, een bovengrens kennen aan economische draagkracht en sociale absorptiecapaciteit. Die bovengrens rekt zich weliswaar uit door economische groei, maar krimpt door malaise. Om een mogelijke krimp op te vangen moeten samenlevingen dus altijd voldoende buffer inbouwen, maar de progressieve verspilpolitiek putte die buffers uit.

Als wij onze eigen waarden niet meer kunnen verdedigen, omdat de koek op is, waar kunnen wij in geval van malaise dan asiel aanvragen? Azië is overbevolkt, daar is geen plaats voor ons. Afrika heeft niet genoeg welvaart om ons op te vangen. Democratie bestaat niet in de Arabische wereld, evenmin de scheiding van moskee en staat. Geen enkele christen maakt in de islamitische wereld aanspraak op bescherming van zijn geloof. Geen enkele blanke maakt in derdewereldlanden kans op een gelijke behandeling.

Wij kunnen nergens heen, dus zullen wij moeten vechten. Verdedigt het Westen zijn waarden niet, slachtofferen we onze waarden aan de erosieve werking van roekeloos opengrenzenbeleid, uitgevoerd door narcistische politici die zowel zichzelf als de nieuwkomers overschatten, dan gaan we allemaal ten onder, inclusief de nieuwkomers.

"Een volk dat voor tirannen zwicht, zal meer dan lijf en goed verliezen, dan dooft het licht." (H.M. van Randwijk)

Opstand van het Westen

20 november 2017

"Naargelang het christelijke wereldbeeld haar autoriteit verliest zal het 'blonde beest' des te dreigender gehoord worden,
patrouillerend in zijn ondergrondse cel, op ieder moment
paraat om met verwoestende gevolgen los te barsten." (Carl
Jung)

Het lot van de westerse beschaving rust enkel op de schouders van mensen die bereid zijn haar te verdedigen. Na het koloniale tijdperk, de ontdekking van de Nieuwe Wereld, de Industriële Revolutie en de stichting van moderne beschaving is de
westerse mens bij een crisis aanbeland. Heeft hij zichzelf uitge-
put als Goethes *Faust*? Moet hij zijn zoektocht naar grootsheid
staken? Moet hij het leiderschap over de wereld die hij zelf heeft
geschapen aan anderen overlaten? Of moet hij, na lang aarzelen,
eindelijk zijn onderdrukte potentieel ontketenen?

De blanke man staat in de beklaagdenbank, maar het enige
waar hij werkelijk schuld aan heeft is het feit dat hij de mensheid te veel heeft gegeven. Welvaart en luxe hebben de mens
gecorrumpeerd. Onze planeet gedraagt zich als een levend or-
ganisme. De Aarde reageert op menselijke overproductie door
gif uit te scheiden. Bedwelmd door een cocktail van suiker, nic-
otine, cafeïne, alcohol, antidepressiva, Ritalin en andere drugs
heeft de mens zich verloren in een collectieve trance. Zoals het
licht aan het einde van de tunnel denken de dronken massa's
dat ze het eeuwige paradijs op Aarde naderen. In werkelijkheid
marcheren we recht op de afgrond af.

Weinig mensen willen deze waarheid horen, omdat het
horen van de waarheid betekent te moeten ontwaken uit een
prettige droom. Het betekent de nachtmerrie die onze werke-

lijkheid is geworden recht in de ogen te moeten aankijken. Het betekent te moeten zeggen: "ik ben bereid om te vechten". Als mensen niet spoedig ontwaken, dan zullen de waandenkbeelden van de doodcultus genaamd progressief liberalisme de mensheid over de rand duwen. Alleen de verziende zielen die de moed hebben hun volkeren terug te brengen naar traditionelere levensstijlen, alleen zij die bereid zijn om zich van de massamens los te weken, alleen zij zullen kans zien de afgrond te overbruggen en de dans van het lot te ontspringen.

Eerlijk gezegd is er helemaal niets mis met de westerse beschaving. Sinds het einde van de Tweede Wereldoorlog hebben onze vijanden geprobeerd de veronderstelde ziekte van het Westen te aan te tonen, maar hun argumenten vallen stil op lege fictie. Progressieve liberalen zijn gevlucht in de utopie van de Franse mysticus Henri Bergson, die het geloof in een open wereldsamenleving predikte. De open samenleving verwelkomt alle mensen, maar blijkt een gevangenis waaruit niemand meer mag ontsnappen. De filosoof Karl Popper borduurde voort op Bergsons idee. Hij beschuldigde Plato ervan het communisme en het fascisme te hebben aangewakkerd. Rechtsgeleerde John Rawls, wiens ideeën werden uitgevoerd door de Amerikaanse president Bill Clinton, wilde de rechtstheorie van Aristoteles verbeteren, maar Rawls' eigen opvatting van 'recht als eerlijkheid' (*justice as fairness*) veronderstelt een vals geloof in gelijke uitkomsten. Het zijn waandenkbeelden, maar ze genieten grote aanhang in progressieve kringen.

Er is evenmin iets mis met blanke mannen. We zijn niet aangeboren slecht, ook al wil de Volkskrant ons dat laten geloven. Cultuurmarxist Theodore Adorno wilde na de laatste wereldoorlog het antisemitisme genezen. Dat deed hij door 'wit nationalisme' te vergelijken met een geestelijke stoornis. De zieke witte geest kon volgens Adorno en zijn collegae alleen worden genezen door de witte man te deconstrueren, dus door hem ieder besef van zijn geslacht, ras, geschiedenis, geloof en traditie te ontnemen. Niettemin zal noch de Nieuwe Man van het socialisme, noch Nietzsches bovenmens iets kunnen repareren wat helemaal niet stuk is. Elk van deze oplossingen eist dat we onszelf veranderen ten gunste van een of andere geïdealiseerde mensheid. Maar waarom vinden we onszelf niet goed genoeg?

Het antwoord is dat het de shock van de Tweede Wereldoorlog was die ons tam heeft gemaakt. Ook het joodse christendom heeft Germaanse geesten lang en breed getemd en aan een oosters beschavingsconcept onderworpen, maar het christendom heeft onze ziel nog steeds niet weten te domesticeren. Psychiater Carl Jung geloofde dat de Germaanse noorderling "nog steeds een authentieke barbaar in zich draagt die niet met zich laat spotten".[24] Inderdaad. Het enige wat de barbaar in ons nodig heeft is provocatie.

Activist Michael Moore gelooft dat Amerikanen zich nooit hebben verlost van hun "twee erfzondes: de slavernij van zwarte mensen en de genocide van de Indianen".[25] Europa's erfzonde is natuurlijk de genocide van de Joden. Moore heeft deels gelijk. We moeten ons van deze zonden verlossen, namelijk door ze te vergeten. De geschiedenis van Noord-Europa begon niet met de Holocaust, en eindigde er ook niet mee. Amerikanen, Europeanen en hun koloniale neven zullen deze negatieve ontstaansmythe moeten vervangen door een positieve.

Het moderne Westen werd gesticht door de nazaten van mannen en vrouwen die tegen het Romeinse Rijk vochten, en overwonnen. De voorouders van de Nederlanders deden dat rond het jaar 70 na Christus onder leiding van Julius Civilis, leider van de Bataven. De vroege Duitsers deden het al eerder rond het jaar 9 onder Arminius. De liefde van zijn vrouw Thusnelda gaf hem de moed zijn volk te verdedigen tegen de Romeinse legioenen. Hun dapperheid bevrijdde heel Noord-Europa van het juk van economische uitbuiting. Westerlingen hebben het recht hun landen en hun tradities te verdedigen. We hebben het recht schaamteloos heldendaden en intellectuele prestaties na te jagen.

De oprichters van moderne beschaving zijn Europese mensen van Angelsaksische, Keltische of Germaanse afstamming. We zijn echter niet de kinderen van het oude Rome en Athene. Ja, tijdens de Renaissance adopteerden we een klassieke nalatenschap als de onze, maar het is tijd om aan een eigen nalatenschap te werken. Het moderne Westen is wat dat betreft nog een jonge beschaving, eentje die zich nog moet wortelen om tot bloei te komen. Als Martin Heidegger onze Heraclitus was, dan hebben we nog ruim tweeduizend jaar intellectueel werk te verzetten. Donald Trump is bovendien geen keizer Augustus. Ons Rome moeten we nog stichten. Het is nog veel te vroeg om op te geven.

De islam kan ons niet verrijken. Islam is een belabberde kopie van hetzelfde jodendom dat aan Europeanen als christendom werd verkocht. Islam zou onze aandacht niet hebben weten te trekken als de massamigratie geen vijftig miljoen moslimmigranten plus nakomelingen naar Europa had gebracht. Paus Franciscus kan publiekelijk wel doen alsof hij katholiek is, maar privé heeft hij zich al lang tot de globalisering bekeerd. Zijn persoonlijke doel is het oorspronkelijke doel van het katholicisme, namelijk het stichten van een universele religie voor de gehele mensheid. De Paus omarmt islamitische immigratie daarom als wapen om dit 'hogere' doel te bereiken. Als we de joods-christelijk-islamitische Chimaera willen doden, dan zullen terug moeten gaan naar onze heidense wortels en eens flink moeten zwaaien met Donners hamer.

We moeten focussen op doelen, niet op middelen. Middeleeuwse architecten wisten dat zelfs kleine gemeenschappen met relatief weinig middelen grootse werken konden stichten. Het kostte 424 jaar om de kathedraal van Straatsburg te bouwen, van 1015 tot 1439. Stel je dat eens voor—vier eeuwen gecoördineerde menselijke activiteit om een helder omlijnd doel te bereiken. Werkend met technologie uit de tiende eeuw slaagden middeleeuwse architecten erin hun bouwsels verspreid over heel Europa achter te laten. Onverschrokken door gedachten aan onmogelijkheid belichaamden deze architecten de wil van hun volk. Daar kunnen wij wat van leren.

Onlangs kondigde China het *Belt and Road* initiatief aan, een visie voor een nieuwe zijderoute tussen oost en west. Ze willen havens en treinsporen van Peking tot Madrid bouwen. De slome reactie van de Europese Unie toonde pas hoe hard de crisis bij ons is ingeslagen. In plaats van zo'n project te steunen, in plaats van er zelf aan deel te nemen, klaagde de EU dat het initiatief de Chinezen te veel zou kunnen verrijken. Waarom bouwen we dan zelf geen nieuwe zijderoute? Europeanen hadden dit plan moeten bedenken. Wat is het nut van de EU als we de wereld niet in durven trekken uit angst voor kolonialen te worden versleten? We lieten een grote kans liggen, omdat we zo druk bezig zijn met de gevoelens van minderheden.

Als je nog Europeaan wilt zijn een wereld waar de economische kansen zich tegen je hebben gekeerd, dan vraag ik je om niet langer weg te kijken. Toegegeven, deze deprimerende boodschap loopt vooruit op gebeurtenissen die nog komen gaan, maar ik vraag de lezer het volgende alvast ter harte te nemen: jullie overheden zijn op de vlucht geslagen, jullie economieën kwakkelen, de wereld om jullie heen anticipeert jullie val. Politie en leger hebben een gevaarlijk tekort aan manschappen en materieel. En denk maar niet dat media of politiek jullie de waarheid gaan vertellen. Het doel is jullie koest te houden, zodat de rijken betere overlevingskansen hebben.

Bereid jezelf voor. Bewapen jezelf. Verdwijn ondergronds. Bouw lokale steungroepen. Bouw het verzet. Kom weer boven met een miljoen aanhangers om naar je hoofdstad te marcheren.

In zijn boek over guerrillaoorlog schreef Ernesto 'Che' Guevara dat het "niet nodig is om te wachten tot alle voorwaarden voor een revolutie zijn voldaan: het verzet kan ze zelf creëren."[26] Jullie zijn het verzet. Jullie zijn de revolutie. Jullie kunnen de voorwaarden voor jullie overleving zelf creëren. Geef niet op. Laat je niets wijsmaken. En als je het nog steeds moeilijk vindt om te geloven dat politici op een dag een deal met de vijand zullen sluiten om hun eigen huid te redden, herinner jezelf er dan iedere dag aan dat alleen hyena's verliefd worden op hyena's.

De wolf keert terug naar Europa. De Germaanse barbaar barst los uit zijn ondergrondse cel. In tijden van crisis zegeviert de wilde mens.

Hoogverraad: Hoe 15 jaar Amerikaanse militaire interventie in het Midden-Oosten Europa overgaf aan de islam

20 augustus 2016
Onlangs begon Rusland weer aan een reeks aanvallen om "ISIS naar de maan te bombarderen", zoals Donald Trump zou zeggen. De vraag is waarom het Kabinet-Obama niet hetzelfde heeft gedaan? Als de Verenigde Staten de Islamitische Staat wilden uitschakelen, hadden ze dit makkelijk kunnen doen. Zit er misschien iets van waarheid in Trumps bewering dat President Obama en toenmalig staatssecretaris Hillary Clinton door hun handelen hebben bijgedragen aan het ontstaan van ISIS?

Het antwoord op die vraag ligt in de reactie van de Verenigde Staten op de aanslagen van 11 september. Op die dag vermoordden 19 gijzelnemers, de meesten van hen voetsoldaten begin twintig, duizenden onschuldige Amerikaanse burgers. Van de terroristen waren er 15 in het bezit van de Saoedi-Arabische nationaliteit. Volgens 28 recent vrijgegeven pagina's van de 9/11 Commission wisten Amerikaanse inlichtingendiensten al snel dat hooggeplaatste Saoedi-Arabische ambtenaren de terroristen hadden gesteund, zelfs van binnen de Verenigde Staten. De Verenigde Staten waren dus aangevallen door Saoedi-Arabië, maar het Kabinet-Bush besloot om ieder mogelijk verband met de Saoedi's te verdoezelen en in plaats daarvan de Taliban te beschuldigen.

Bijna onmiddellijk na 11 september verschoof het Amerikaanse leger zijn *War on Terror* naar Afghanistan, maar het Talibanvolk, hoe achterlijk zij ook zijn, had geen enkele rol in 11 september gespeeld. Het VS-leger viel het land toch binnen, onder de zwakke aanname dat Afghaanse aanhangers Osama Bin Laden in het Kandahar-gebergte verborgen zouden houden. Vanaf dat moment begon het Amerikaanse leger bijna tien jaar lang zijn activiteiten in het Midden-Oosten uit te leggen als een nationale klopjacht op de altijd ongrijpbare Bin Laden.

Het is duidelijk dat het geen economische of militaire zin had om biljoenen dollars aan belastinggeld, en tienduizenden Amerikaanse levens, op te offeren aan een klopjacht die tien jaar lang zou duren om één bebaarde boeman te vangen en te doden. Toen ze Bin Laden eenmaal hadden gevonden, bleek hij zich voor iedereen zichtbaar te hebben verstopt in een Pakistaanse villa, waar hij met zijn vrouwen en kinderen woonde.

Sta er maar niet te lang bij stil dat Bin Laden in eerste instantie iedere betrokkenheid had ontkend, pas totdat vanaf 13 december 2001 VS-legerpersoneel plots audio- en video-opnamen met verlate bekentenissen begon te "vinden". Denk er ook maar niet over na dat Bin Ladens medische gegevens aantoonden dat hij aan orgaanfalen leed—hij reisde met een mobiele nierdialysemachine rond. En vergeet ook maar dat het overlijdensbericht van de boeman in een Egyptische krant werd gepubliceerd op 26 december 2001.

Bin Ladens veronderstelde lichaam werd vervolgens uit een vliegtuig de zee in gegooid, terwijl het Navy Seals-team dat vermoedelijk Bin Laden had gedood later zelf in een helikopterongeluk omkwam. De crash doodde toevallig de enige ooggetuigen van wat er werkelijk in Bin Ladens villa had plaatsgevonden. Vandaag is het enige bewijs van Bin Ladens dood een serie foto's waarvan Amerikaanse rechtbanken bepaalden dat ze nooit aan het publiek mogen worden getoond.

Tuurlijk, ik geloof alles, want wie nog steeds twijfels heeft over 11 september gelooft in samenzweringstheorieën, moderne ketterij. Maar of 11 september nu een samenzwering, een *inside job* of puur opportunisme was, de Verenigde Staten adopteerden gretig het Bin Laden-verhaal als rechtvaardiging om tien jaar lang regimes in het Midden-Oosten omver te werpen—zonder ooit Saoedi-Arabië aan te vallen.

Het is vrij simpel. Je kunt de vijand die je bij de ballen heeft niet bestrijden. Saoedi-Arabië beheerst zo veel van de olie die zowel de Amerikaanse economie als het Amerikaanse leger aandrijft dat het Washington van na 11 september geen andere keuze had dan een vazalstaat van de Saoedi's te worden. Sinds 2001 heeft het Amerikaanse leger effectief de regionale conflicten voor Saoedi-Arabië uitgevochten. Het enige wat de Saoedi's daarvoor hoefden te doen was de brandstof voor Amerikaanse wapens en troepen aan te leveren, terwijl ze zichzelf gemakkelijk achter "Amerikaans imperialisme" konden verbergen en alle schuld voor sociale onrust in westerse schoenen konden schuiven.

Desalniettemin valt het niet te ontkennen dat de Verenigde Staten Saoedi-Arabië actief hebben gesteund om hun fascistische, wahabbistische vorm van islam naar de gehele moslimwereld te exporteren. Als gevolg daarvan heeft het Amerikaanse leiderschap "regime change" gesteund die ertoe leidde dat seculiere, democratische of anderzijds prowesterse leiders met islamitische marionetten werden vervangen. Inderdaad, in dit licht gezien hebben George W. Bush, Barack H. Obama en Hillary R. Clinton samen ISIS geschapen—omdat ISIS Saoedi-Arabië is.

Net zoals iedere breuklijn tussen twee beschavingen, in dit geval tussen de Europese en de Arabische wereld, ligt er een grijze zone waar beide beschavingen elkaar ontmoeten, met elkaar handelen en relatief vredig met elkaar kunnen samenleven. In het bijzonder bestond deze grijze zone ooit uit Turkije, Syrië, Egypte en Libië. Maar nu niet meer.

Allereerst, eenmaal terug uit de oorlog in Afghanistan, begon het VS-leger Irak aan te vallen. Vermoedelijk zou de Iraakse dictator Saddam Hoessein massavernietigingswapens hebben verborgen die een bedreiging voor het Westen zouden vormen. Uiteindelijk moest ook George W. Bush bekennen dat Saddam niets met 11 september te maken had. Echter, Hoessein, hoe slecht hij als mens ook is geweest, was ook een Ba'athist en de leider van een seculiere beweging die streefde naar een Arabische Verlichting. Als gevolg van het door de VS geïnstalleerde nieuwe regime dat de sociale orde in Irak verstoorde, beheersen nu verschillende strijdende moslimpartijen de regio. Bovendien zijn al deze partijen islamistisch, anti-Verlichting en vaak gelieerd aan de fascistische islam uit Saoedi-Arabië.

Vervolgens culmineerde de zogeheten Arabische Lente, die tot grote onrust in de gehele Arabische wereld leidde, tot het omverwerpen van de democratisch gekozen, seculiere Egyptische President Hosni Moebarak. Hij was een vazal van het Westen en een dictator voor zijn volk, maar zijn heerschappij verdedigde Egypte ook tegen de fascistische, door de Saoedi's gesteunde Moslimbroeders. Precies zij namen na Moebaraks val de boel over toen Mohamed Morsi van de Moslimbroeders tijdelijk de macht greep. Toen het Egyptische volk in 2011 op het Tahrirplein samenkwam, demonstreerden zij niet voor vrijheid.

Zij demonstreerden voor de islamitische herovering van Caïro. Kort daarna begonnen de Arabische Egyptenaren de Koptische christenen—de ware erfgenamen van het Oude Egypte—etnisch te zuiveren

Hetzelfde gebeurde nog een keer in 2011 toen de Verenigde Staten op een gewelddadige manier het regime van Muammar Gadaffi ten einde brachten. Net als Hoessein en Moebarak was Gadaffi een vazal en een waanzinnige despoot, maar hij verdedigde ook de Noord-Afrikaanse, sjiitische wortels van zijn volk, een Perzische variant van islam, tegen dat van de fascistische Saoedi's. Daarmee werkte Libië ook als een soort bufferzone, de grijze zone tussen het liberale Europa en de meer fundamentalistische islam. Maar Hillary Clinton en President Obama besloten om Gadaffi bij het oud vuil te zetten toen ze Libië bombardeerden ten gunste van een overname door de Moslimbroeders. Niet ontoevallig is Libië nu een populaire doorvoerhaven naar Europa geworden voor miljoenen Afrikaanse 'vluchtelingen'.

Rond ongeveer dezelfde tijd implodeerde Syrië. Alweer werd een seculiere, democratische, prowesterse leider Bashar al-Assad gedumpt ten gunste van een door de Saoedi's gesteund ISIS en de Moslimbroeders. Vandaag is Syrië een bron van vluchtelingen die Europa volstromen.

Tot slot, Turkije. De Amerikaanse steun aan Turkijes islamistische President Erdoğan rond het verhaal af door hem de ooit door Kemal Atatürk gestichte Turkse seculiere democratie van binnenuit te laten verroesten—de enige en laatste democratie in een land met een moslimmeerderheid. Terwijl Erdoğan nu de Gülen-beweging beschuldigt van een grootschalige coup, ligt het veel meer voor de hand dat Erdoğan de coup zelf in scène heeft gezet om Turkije van zijn laatste seculiere, democratische elementen te zuiveren. Een zelfverklaard bewonderaar van Hitlers Derde Rijk lijkt Erdoğan Hitlers voetstappen te volgen in zijn eigen klim naar de macht.

Kortom, alle door de VS geleide inspanningen in het Midden-Oosten hebben uiteindelijk tot de opoffering van Europa's regionale veiligheid geleid, waardoor het nu hoogst kwetsbaar is voor een door de Turken geleide, door de Saoedi's gefinancierde islamitische invasie. Europa kan zich beter voorbereiden op oorlog, of op een eigen "regime change". Toevallig is Saoedi-Arabië al bezig Amerikaans militair materiaal ter waarde van $130 miljard dollar uit te proberen, aan hen verkocht door Hillary Clinton en President Barack Obama. De aanhoudende oorlog van de Saoedi's in Jemen lijkt namelijk niets anders dan een proef-oorlog om soldaten op te leiden en materieel te testen.

Evenzo pronkt Turkije, nadat het de gehele internationale gemeenschap voor de gek wist te houden een betrouwbare NAVO-bondgenoot te zijn, toevallig met het op één na grootste NAVO-leger achter de VS. Geen wonder dus dat er wordt gesproken over een leger van de Europese Unie. Maar Europa's leiders zijn ofwel te laat, te naïef of te incompetent om iets te doen aan wat komen zal. Als Europa deze eeuw overleeft dan zal dat niet zijn vanwege haar politici, maar vanwege de wil van haar volk om te vechten.

Misschien zullen Amerikanen binnenkort ook hun eigen regime change krijgen. Als de Amerikanen Donald J. Trump als hun President kiezen, kan hij zijn heerschappij misschien beginnen door de meest prominente politieke architect en militaire strateeg, Henry Kissinger, op te hangen wegens hoogverraad.

"Iedereen die onze vijand niet bij naam kan noemen is niet geschikt om ons land te leiden. Iedereen die de haat, de onderdrukking en het geweld van de radicale islam niet veroordeelt, ontbeert de morele helderheid om als onze President te dienen." (Donald Trump)

Waarom Europeanen zich tegen de islam verzetten

17 december 2015

Stelt u zich voor, zuiver hypothetisch, dat in de toekomst alle autochtone Duitse vrouwen gemiddeld vier kinderen per persoon zouden baren, terwijl ze wisten dat ze niet meer dan twee van hun kinderen konden verzorgen en opleiden. Noodgedwongen zou bondskanselier Merkel dit gehele bevolkingsoverschot wegens gebrek aan bestaansmiddelen bijvoorbeeld naar Turkije sturen, eerst als gastarbeiders, daarna in het kader van een soort familiehereniging, daarna als zogenaamde vluchtelingen. De eerste en tweede generaties Duitse asielzoekers, die grotendeels zouden weigeren om Turks te leren spreken, eisten vervolgens speciale Christelijke scholen, werkloosheidsuitkeringen, huursubsidie, pensioenen, een allochtonenquotum voor Duitsers aan Turkse universiteiten, en dankzij Europese subsidies de bouw van meerdere duizenden kerken door heel Turkije.

De Turkse bevolking zou in geen enkel geval tegen deze misdrijven mogen protesteren. Iedere goed opgevoede Turk die de moed had om deze absurde eisen van de Duitse migranten überhaupt te bekritiseren, zou daarmee een zogenaamd 'klimaat van haat' creëren. Hij zou de rest van zijn leven gestigmatiseerd worden alsof hij een aangeboren racist was, en verloor bovendien zijn kansen op promotie in zijn carrière, terwijl zijn zogenaamd fatsoenlijke medeburgers hem op internet met de dood bedreigden.

Wie zouden dan, zo gezien, de ware fascisten zijn—de bezorgde Turkse burgers tegen de kerstening van het Ochtendland, of het fatsoenlijke goedemensenvolk dat hen het zwijgen wil opleggen?

Historicus Yuval Harari schrijft in zijn boek Een kleine geschiedenis van de mensheid:

"Als u ... de moslims wilt begrijpen, ... dan moet u niet naar een perfect systeem van waarden zoeken die alle moslims aan het hart liggen. Zoekt u liever naar conflicten en tegenstrijdigheden waarmee moslims voortdurend worstelen en die niemand kan oplossen. Een vraag waarop geen moslim een antwoord weet is een sleutel tot het begrijpen van zijn cultuur."[27]

Zo'n vraag luidt misschien: Waarom bestaat er wereldwijd geen enkele democratie en geen enkele welvaartsstaat met een islamitische meerderheidsbevolking, terwijl moslims in groten getale hun islamitische utopieën omruilen voor de immigratielanden van het 'verdorven' Westen? Een moslim kan deze vraag waarschijnlijk niet beantwoorden zonder over zelfhaat te beginnen. Deze zelfhaat van de moslims verbindt hen evenwel met de zelfhaat van de Europese elites: zowel de gearriveerde nieuwkomers als onze autochtone politici zijn het erover eens dat Europa, Duitsland voorop, slecht zou zijn en dus haar ondergang zou verdienen.

Een andere vraag luidt: Waarom verachten islamisten, en ook te veel 'gematigde' moslims, precies die maatschappijen die hen als hun gelijken hebben begroet? Bijna vijftig jaar geleden begreep de Amerikaanse havenarbeider en filosoof Eric Hoffer waarom. In zijn boek *The Ordeal of Change* (Angst voor verandering) schrijft hij: "We kunnen de zwakkeren niet winnen door onze welvaart met ze te delen. Ze ervaren onze vrijgevigheid als onderdrukking."[28] Bovendien: "Mensen die net als wij worden houden niet noodzakelijk van ons. De impuls van de imitators is om het model dat zij imiteren te overwinnen—het te overstijgen, het achter zich te laten, of nog beter, het volledig uit te roeien."[29] Wie zichzelf haat zal enkel vrienden worden met mensen die hem ook haten.

Een alternatief antwoord op beide vragen luidt echter dat het niet werkelijk om multiculti-vriendelijke arbeidsmigratie gaat, maar grof gezegd om de uitbreiding van Arabische leefruimte (Lebensraum) door de verovering en kolonisatie van Europa. Wie zegt dat wij moslims toch niet anders mogen behandelen alleen maar omdat zij moslim zijn heeft volledig gelijk. De kolonisatie van Europa heeft inderdaad niets met religie te maken, maar met oorlog. Dat observeerde ecoloog Paul Colinvaux ook al:

"De uitbraak van krijgers uit de woestijn, die Mohammed als een geest uit zijn Arabische fles ontkurkte, was nog een van de vele aanvalsoorlogen die werd begonnen omdat het volk land nodig had."[30]

De Arabieren hebben weliswaar olie, maar de droge woestijn, ook die in Noord-Afrika, biedt de Arabisch-islamitische volkeren geen verdere kansen voor bevolkingsgroei. Colinvaux verheldert dat wanneer volkeren veel meer kinderen op de wereld zetten dan ze zich kunnen veroorloven zij slechts op drie manieren een toekomst voor hun nageslacht kunnen verzekeren, namelijk door handel, kolonies of oorlogen.[31] Ja, oorlogen voerde het gehate Westen ook altijd, maar de verouderende Europese naties maken het de huidige veroveraars bijzonder gemakkelijk—met open grenzen. Wie Europa vandaag verovert krijgt zowaar huursubsidie, terwijl het de autochtone Europeanen ondanks hun welvaart niet meer lukt om vervangende generaties kinderen te produceren, omdat ze te duur zijn geworden.[32]

Islamcritici hebben gelijk—als woestijnleer roepen de oorspronkelijke bronnen van de islam op tot onophoudelijke oorlog. Wat de anti-islambeweging ook heeft begrepen is de hoofdrol die de elitaire zelfhaat speelt in de zelfvernietiging van

Europa. In de kern betalen alle mensen met zelfhaat voor hun misplaatste superioriteitsgevoelens. Dat is de zogeheten 'cognitieve dissonantie' van islamisten, maar ook die van de fatsoenlijke, westerse elites.

Wat verbroedert echter vaderlandslievende Europeanen tegen de Europese zelfmoord? Hun liefde voor de eigen cultuur, voor de zelfbeschikking van haar volkeren en de vooruitgang van de mensheid middels vrijwillige samenwerking in plaats van commerciële dwang.

Islamcritici zijn niet de wortel van het kwaad, maar een antwoord op de zelfhaat van haar politieke kaste.

4

Omvolkingsbeleid

Olie voor immigratie:
De gevolgen van de Resolutie van Straatsburg

13 oktober 2016
De beruchte Resolutie van Straatsburg van 7 juni 1975, aangenomen door de toenmalige Europese Economische Gemeenschap (EEG), verkocht de open grenzen van het Europese continent in ruil voor olie aan de Arabieren. Zodoende verruilde de EEG de toekomst van alle (huidige) vijfhonderd miljoen autochtone Europeanen voor die van moslimse migranten.

De Resolutie werd afgedrukt in het tijdschrift *Eurabia* nr. 2, van juli 1975, en werd in meerdere talen uitgegeven door de pro-Arabische lobbyclub *European Coordinating Committee of Friendship Societies with the Arab World*, geleid door Lucien Bitterlin. De Franstalige versie werd al eens eerder opgerakeld door wijlen islamcritica Oriana Fallaci, maar bij deze eindelijk ook een Nederlandse vertaling.

Historische documenten dienen in de juiste context te worden begrepen. Door de snelle economische wederopbouw na de Tweede Wereldoorlog steeg de Europese vraag naar olie. Die groei dreigde te eindigen met de oliecrisis van 1973, twee jaar voor de Resolutie werd aangenomen. Over die periode schreef de Volkskrant in 2000 het volgende:

> "Nederland zong 'Kiele, kiele Koeweit' en Wim Kan bespeurde in zijn oudejaarsconference kamelen op het behang. Het was 1973. De wereld ging ook toen gebukt onder een oliecrisis. In Nederland leek het leed dubbelhard, want we hadden ook nog eens te kampen met een heuse olieboycot. De Arabische staten vonden onze pro-Israëlische standpunten zo onduldbaar dat de oliekraan zonder pardon werd dichtgedraaid."

We werden politiek gechanteerd en zongen er spontaan liedjes bij. Om het volk koest te houden, verkochten politici de oliecrisis met 'autovrije zondagen', want wat was het toch leuk dat kinderen op snelwegen mochten rolschaatsen. Maar Arabieren hadden door dat ze hun olie als wapen konden inzetten om pro-Israëlische, voornamelijk West-Europese regeringen op de knieën te dwingen.

Door de dekolonisatie van Noord-Afrika en het Midden-Oosten waren Europeanen hun macht kwijtgeraakt, en dus ook hun controle over de olieaanvoer. Bovendien beschikte Amerika, dat als winnaar uit de oorlog was gekomen, over het sterkste leger. Dus waren Europeanen de klos. Als we onze economieën nog langer wilden laten draaien, dan moesten we voortaan verregaande culturele, economische en politieke invloed van de Arabieren accepteren.

En zo is het gekomen dat Europeanen al meer dan vijftig jaar lang vooroverbukken voor olie. De massa-immigratie vanuit voornamelijk moslimlanden, de gebrekkige integratie van de nieuwkomers, de multiculturele media-propaganda, de islamitische enclaves in Europese steden, de juridische schaduwmaatschappijen tot sharia-rechtbanken aan toe... Het is geen toeval, maar staat allemaal in subtiele bewoordingen beschreven in deze Resolutie van 1975.

De Resolutie beslaat drie onderdelen. Het eerste onderdeel, het politieke stuk, slaat een arrogante toon aan en dicteert alle Europese overheden hoe ze met Israël en de Palestijnen moeten omgaan. De vertegenwoordigers van de Arabische wereld eisen onder andere dat Israël zich uit alle bezette 'Palestijnse' gebieden terugtrekt als voorwaarde voor vrede. Dit blijkt ook anno nu het EU-standpunt.

In het tweede onderdeel, het culturele stuk, legt de Arabische lobby haar eisen voor de verregaande kolonisatie van Europa op. Europese overheden moeten Arabische cultuur en taal actief verspreiden en promoten. Die zou grootse bijdragen aan Europese beschaving hebben geleverd. Tegelijkertijd is enige kruisbestuiving niet gewenst, want het stuk veroordeelt alle joods-Israëlische invloed op het Midden-Oosten. Europese media doen vandaag inderdaad niets anders dan Arabische cultuur verheerlijken.

Het derde en laatste stuk bevat het economisch dreigement dat de Arabische wereld voortaan ten eerste zelf wel bepaalt wat ze met haar grondstoffen doet (lees: wel of niet aan Europeanen verkoopt) en ten tweede dat petrodollars voor verdere Arabische ontwikkeling moeten worden aangewend. De huidige EU voert de resolutie dan ook kritiekloos uit.

Tussen haakjes [] heb ik hier en daar eigen commentaar toegevoegd.

De Resoluties van Straatsburg

De Parlementaire Vereniging voor Euro-Arabische Samenwerking bestaat uit meer dan 200 leden van West-Europese parlementen van zeer uiteenlopende politieke stromingen. Bij haar Algemene Vergadering in Straatsburg van 7 op 8 juni [1975] nam de Parlementaire Vereniging de volgende resoluties unaniem aan:

1. *Slotresolutie van het politieke comité*
De Algemene Vergadering van de Parlementaire Vereniging voor Euro-Arabische Samenwerking roept Europese overheden op terstond initiatieven te nemen die de terugtrekking van Israel uit alle in 1967 bezette gebieden zullen helpen veiligstellen.

Een dergelijk terugtrekken wordt geïmpliceerd door Resolutie 242 en vereist door Resolutie 338 van de Veiligheidsraad van de Verenigde Naties en de principes van Internationaal Recht, die het met geweld verwerven van grondgebied categorisch verbieden.

De Vereniging benadrukt dat er geen rechtvaardige en duurzame vredesregeling kan zijn zonder erkenning van de nationale rechten van het Palestijnse volk. Er is al een bijna unanieme aanvaarding van dit principe door de Internationale Gemeenschap geweest, die Israël ook moet gaan accepteren.

De hele Arabische wereld heeft besloten dat de PLO [*Palestine Liberation Organization, de Palestijnse Bevrijdingsorganisatie*] de enige vertegenwoordiger van de Palestijnse natie is en dat deze beslissing door een overweldigende meerderheid van de landen die de Verenigde Naties representeert is bekrachtigd.

De Parlementaire Vereniging verzoekt de Europese overheden met klem om dit fundamentele punt te erkennen in de initiatieven die zij nu zouden moeten nemen.

Ten eerste zouden zij Israël moeten oproepen om de onteigening en inbeslagname van Arabisch eigendom in Israël en de bezette gebieden te stoppen. In het bijzonder moet Israël het proces van "judaïsering" van Jeruzalem beëindigen, wat het op illegale wijze heeft geannexeerd, alsook de bouw van Joodse nederzettingen in de bezette gebieden. [*Omgekeerd is onze is-*

lamisering geen probleem en bouwen we Europa rustig vol met moskeeën, al meer dan 500 in Nederland.]

Ten tweede zouden Europese overheden alle geïnteresseerde partijen, inclusief Israël en de PLO, rond de vergadertafel moeten proberen krijgen, voor zover dat mogelijk is binnen de context van de Conferentie van Genève. Europa zou zelf, hetzij door middel van haar lidstaten, hetzij door middel van de EEG, een waardevolle rol in zo'n conferentie kunnen spelen indien verzocht om dit te doen. Het zou redelijk zijn te verwachten dat alle betrokkenen tijdens de duur van de onderhandelingen geen toevlucht tot militaire actie nemen.

Ten derde zouden zij zowel bij de Israëli's als bij de PLO moeten aandringen discussie aangaande ultieme oplossingen op te schorten en zich te richten op de onmiddellijke en praktische taak om een *modus vivendi* te vinden die vereist dat Israël de rechten van de Palestijnse natie en van het bestaan van een Palestijnse staat op de Westbank van Gaza accepteert, als de Palestijnen besluiten er een te stichten, en wederkerig de acceptatie van het bestaan van Israël binnen haar grenzen van 1967.

Tot slot zouden Europese regeringen bij alle betrokkenen moeten aandringen op het cruciale belang van een effectieve vredeshandhavingsmachinerie en zouden akkoord moeten gaan om zelf een actieve rol in zulke regelingen te spelen.

De Parlementaire Vereniging erkent het probleem dat wordt veroorzaakt door het feit dat sommige media en uitgeverijen nalatig zijn om feiten over de Arabische wereld te verspreiden en is voornemens haar invloed te gebruiken om dit probleem te overwinnen. [*Hier roept de Resolutie op tot het soort pro-Arabische propaganda dat we in Nederland inmiddels al tientallen jaren gewend zijn van de Volkskrant, het NOS-journaal en de vele linkse uitgeverijen.*]

De Parlementaire Vereniging erkent de gedane hulp om het begrip van de Arabische kwestie en de groeiende sympathie er-

voor in West-Europa te vergroten door de liberaliseringsmaatre-
gelen die in verschillende Arabische landen werden genomen en
door de gemakkelijkere toegang door de nieuwsmedia, zakenlui
en andere bezoekers uit Europa.

De Vereniging roept alle Europese overheden op tot het verbeteren van wettelijke bepalingen aangaande vrij reisverkeer en
het beschermen van de fundamentele rechten van immigrantenarbeiders in Europa, die gelijk zouden moeten zijn aan die van
de burgers van de betreffende landen.

De Vereniging is van mening dat het politieke akkoord omtrent het Israëlisch-Arabische conflict [*dus niet alleen het Palestijnse!*] een absolute noodzaak is voor de oprichting van een
oprechte Euro-Arabisch samenwerking. Desalniettemin is de
Vereniging van mening dat het politieke aspect van de samenwerking zich niet tot slechts dit punt beperkt, en heeft bijvoorbeeld de vrije circulatie van ideeën en mensen in de wereld in
gedachten als randvoorwaarde voor de vredeshandhaving, ter
ondersteuning van vrijheid, en in het bijzonder voor een harmonieuze ontwikkeling van samenwerking tussen West-Europa
en de Arabische naties. [*De Arabieren eisen letterlijk onbeperkte
immigratie, namelijk "vrije circulatie van mensen", in ruil voor
een "harmonieuze samenwerking", oftewel olie.*]

De Vereniging gelooft dat de vooruitzichten van langdurige
Euro-Arabische samenwerking op alle vlakken nog nooit zo
gunstig zijn geweest, maar dat ze afhangen van een vredesregeling gebaseerd op rechtvaardigheid in het Midden-Oosten.

2. Slotresolutie van het culturele comité

De Algemene Vergadering van de Parlementaire Vereniging
voor Euro-Arabische Samenwerking, bijeengekomen in Straatsburg op 7 juni 1975, hebbende overwogen de culturele resoluties aangenomen door de voorbereidende conferentie voor
Euro-Arabische parlementaire samenwerking, gehouden in Da-

mascus van 12 tot 17 november 1974, die de huidige resolutie bevestigt,

- is ervan overtuigd dat significante uitkomsten op het culturele vlak van de Euro-Arabische dialoog haalbaar zijn;
- erkent de historische bijdrage van Arabische cultuur aan Europese ontwikkeling;
- benadrukt de bijdrage die Arabische cultuur nog steeds aan Europese landen kan geven, in het bijzonder op het vlak van menselijke waarden [*Europeanen moesten zich eens verdiepen in de humane sharia-wetgeving...*];
- betreurt dat de culturele betrekkingen tussen Europese en Arabische landen nog steeds infrequent en beperkt in omvang zijn;
- betreurt de relatieve verwaarlozing van het onderwijzen van Arabische cultuur en het Arabisch in Europa betreurt en kijkt uit naar zijn ontwikkeling [*dit is een verkapte oproep tot de islamisering/Arabisering van Europa*];
- hoopt dat Europese overheden Arabische landen zullen helpen om de middelen te creëren nodig voor de deelname van immigrantenarbeiders en hun families aan Arabische cultuur en een Arabisch religieus leven [*gastarbeiders moeten vooral niet assimileren, maar Arabier blijven*];
- vraagt de Europese pers een gevoel van verantwoordelijkheid te tonen, zodat zij de publieke opinie objectief en meer volledig over de problemen van de Arabische wereld informeert [*oproep tot pro-Arabische propaganda*];
- erkent de belangrijke rol die vriendschapsgroepen en toerisme kunnen spelen in het verbeteren van wederzijds begrip.

[De Vereniging] roept de Negen overheden op het culturele aspect van de Euro-Arabische dialoog op constructieve wijze aan te pakken en het populair maken van Arabische cultuur in Europa een hogere prioriteit te geven.

[De Vereniging] roept Arabische overheden op om de politieke effecten van actieve samenwerking met Europa te erkennen.

[De Vereniging] nodigt haar nationale groepen uit om de inspanningen nodig in ieder land om het in Damascus en vandaag in Straatsburg voorgestelde doel te bereiken te vergroten en vraagt hem om het Secretariaat over de behaalde resultaten te informeren.

Gezien het schadelijke effect van de politieke situatie op de Palestijnse ontwikkeling,

- veroordeelt [de Vereniging], terwijl het Israëls bestaansrecht erkent, de Zionistische intentie om op Palestijnse grond Arabische door Joodse cultuur te vervangen om het Palestijnse volk van haar nationale identiteit beroven [*Europa moet multicultureel worden, maar Arabische landen moeten Arabisch blijven!*];
- van mening zijnde dat Israël, bij het uitvoeren van opgravingen binnen de heilige plaatsen van islam in bezet Jeruzalem, ondanks UNESCO-waarschuwingen internationaal recht heeft geschonden;
- van mening zijnde dat deze opgravingen enkel de onvermijdelijke vernietiging van bewijs van Arabische cultuur en geschiedenis teweeg kan brengen;
- betreurt zij dat UNESCO's beslissing om Israël niet in haar Europese Regionale Groep op te nemen soms met een groot gebrek aan objectiviteit is uitgebuit.

3. Slotresolutie van het economische comité

De Algemene Vergadering van de Parlementaire Vereniging voor Euro-Arabische Samenwerking bevestigt het nut en de noodzaak van een innige economische samenwerking tussen Europa en de Arabische Wereld in het belang van hun volkeren.

De Vergadering uit haar ongenoegen over de trage voortgang in de Euro-Arabische dialoog en is bezorgd over op politieke motieven gebaseerde gebeurtenissen die in het verloop van de afgelopen maanden de Euro-Arabische samenwerking hebben bewapend, namelijk het opzetten van het *International Energy Agency* en de handtekening op een akkoord tussen de EEG en Israël, voordat onderhandelingen tussen de EEG en Arabische landen zijn voltooid. In dit verband dringt [de Vergadering] erop aan dat de economische samenwerking tussen de EEG en Israël niet op de bezette gebieden van toepassing mag zijn [*intussen lopen geüniformeerde moslims door onze supermarkten om op 'joodse' producten te controleren*].

De Vergadering is van mening dat er geen belangenconflict bestaat Europa en Arabische landen, op voorwaarde dat het mercantilistische stadium wordt achtergelaten en een oprecht economisch partnerschap kan worden aangegaan. Dit is het uitgangspunt vanwaaruit het probleem van de te recyclen petrodollars het best kan worden opgelost. Deze petrodollars zouden boven alles moeten worden gebruikt ten behoeve van Arabische ontwikkeling [*in Europa dus*].

De Vergadering vestigt de aandacht op de rol en status van multinationale bedrijven en het potentiële gevaar dat van sommige van hun activiteiten uitgaat. Het drukt de hoop uit dat stappen worden genomen om deze gevaren te vermijden.

De Vergadering benadrukt het recht van iedere natie om haar eigen nationale hulpbronnen naar eigen inzicht aan te wenden, inclusief het recht van nationalisatie. [*Nationalisatie betekent onttrekking aan de vrije markt, dus zullen Europeanen voortaan aan de politieke eisen van de Arabieren moeten voldoen om nog langer olie te kunnen bemachtigen.*]

De Vergadering drukt haar wil uit om alles in haar kunnen te doen om Euro-Arabische samenwerking op nationaal niveau te promoten, binnen de EEG en met behulp van internationale organisaties.

Meer of minder Marokkanen? De zin en onzin van massa-immigratie

27 februari 2016

Iedereen wil een beter leven. Maar wanneer we de roze bril afzetten, zien we dat bijna alle massamigratie gedwongen migratie is. Als gevolg van falend populatiebeleid en grenzeloze globalisering dreigen overheden ook vandaag grote groepen eigen burgers te ontheemden. Het Openbaar Ministerie zou daarom niet de uitspraak "minder Marokkanen", maar de oproep tot meer migratie moeten vervolgen.

Bij wijze van experiment verhuisden in 1845 ongeveer 400 Oost-Nederlanders naar Suriname. Hoge heren hadden vanachter hun bureaus besloten dat deze armoedige Drentenaren en Gelderlanders elders maar een leven moesten zoeken. De verschoppelingen zouden zich boeroes gaan noemen. Ze werden rasechte Surinamers.

Even leek het een briljant plan. Stuur de armste plattelanders op weg naar verre kolonies en laat ze daar zelf "een beter leven opbouwen". Dan ben je van ze af en kun je de armensteun voortaan aan leukere projecten besteden. Maar het experiment mislukte. Kort na aankomst stierf bijna de helft van de boeroes aan tropische ziekten, de hitte en ondervoeding. De malariamug prikt door gelijkwaardigheid heen.

Het verhaal van de boeroes lijkt op dat van de Marokkaanse Berbers die als gastarbeiders naar Nederland kwamen. De Berbers, de autochtone bevolking van Marokko, vertrokken niet zomaar en vanzelf. Tot 1973 voerde Nederland een actief wervingsbeleid om goedkope arbeidskrachten in huis te halen. Marokkaanse politici (onder hen voornamelijk afstammelingen van de Arabieren die het land eind zevende eeuw hadden veroverd en geïslamiseerd) grepen de kans om hun Berberoverschot elders te dumpen.

Ook dit project mislukte, maar media zwijgen tot op de dag van vandaag over de keerzijde van de gastarbeidersmigratie: een mensonterend ontheemdings- en uitbuitingsbeleid, gekenmerkt door de opportunistische moraal van koloniale slavendrijvers. De VOC-mentaliteit verkoopt zich vandaag weliswaar als 'progressief', maar de winsten maakten onze leiders ziende blind voor de menselijke gevolgen van moderne massamigratie.

Massa-immigratie is een zielenvisserij. Rijke landen omarmen de nieuwkomers die ze economisch het meest bruikbaar achten. Maar echte hulpbehoevenden laten ze verdrinken. Bovendien, zo klinkt de bekrompen mening van menig 'denker', wie tegen massamigratie is haat eigenlijk mensen "vanwege hun huidskleur", en is dus extreemrechts.

Wars van zulke demonisering formuleerde ik tien argumenten tegen de massa-immigratie. Ik liet me inspireren door het genuanceerde boek *Mexifornia* (2003) van professor Viktor Hanson, over de 'Mexicanisering' van Californië.[1]

1. *We kunnen de nieuwkomers niet integreren*
   Migranten die tijdens de Gouden Eeuw naar Nederland trokken, kwamen uit omringende gebieden, meestal buurlanden. Zij deelden onze christelijke normen en waarden. Het enige verschil zat in de nieuwe taal die ze moesten leren. Maar vandaag komen migranten uit een geheel andere beschaving met geheel andere waarden.

Die waarden botsen met de onze. Ze sluiten elkaar uit, wat integratie onmogelijk maakt. De multiculturele samenleving verkeert in een staat van apartheid.

2. *De nieuwkomers willen niet integreren*
Niet alleen kunnen we nieuwkomers niet integreren, ze willen het niet. Daarom verschoof het publieke debat onlangs van integratie naar 'acceptatie': we moeten maar accepteren dat allochtonen onze waarden nooit zullen uitdragen. Dat heet eigenlijk geen acceptatie, maar kolonisatie, namelijk van Nederland. We zien het terug in het dagelijks leven. Terwijl Amsterdam opschept over haar wereldrecord van 180 nationaliteiten, klonteren de meeste groepen samen, de blanken ertussen verstopt in hun duurdere enclaves.

3. *De massamigratie kent geen bovengrens*
Eerdere migrantenstromen, zoals die van de Hugenoten, de Hongaren of de Italianen, kenden een tijdelijk karakter. Ze begonnen, kwamen op gang, en stopten. Dat maakte ze kleinschalig en behapbaar. Het gunde ons genoeg tijd om nieuwkomers te integreren. Maar de gastarbeiders bleven ook na 1973 binnenstromen, zij het onder andere namen als asielzoekers, vluchtelingen, gezinsherenigers of economische migranten. Omdat we met de kraan open dweilen, lost het draagvlak onder de ontvangende bevolking zich vanzelf op.

4. *Migranten verstoren de sociale verhoudingen met een hogere geboorteratio*
Autochtone vrouwen krijgen niet alleen minder kinderen, 1 à 2 per moeder, maar ook op veel latere leeftijd. Allochtone vrouwen krijgen hun eerste kind begin twintig en baren er gemiddeld 3 à 4. Ecologen kunnen uitleggen dat het dan maar een halve eeuw hoeft te duren voordat migranten de meerderheid zijn geworden. Nog

tegen het eind van deze eeuw zullen autochtone Nederlanders, Duitsers, Britten, Fransen en Zweden minderheden in hun eigen landen zijn. Gezien het gebrek aan integratie zal dat ieder idee van sociale en politieke samenwerking zwaar op de proef stellen. Langdurige burgeroorlogen zijn niet uitgesloten.

5. *Migranten verrijken Nederland, terwijl het land van herkomst verpaupert*
   Het 'Gouden Eeuw-argument' stelt dat migranten ons land met hun productiviteit hebben verrijkt. Maar dat argument ziet twee belangrijke kanttekeningen over het hoofd. Ten eerste hadden autochtone vrouwen zelf meer kinderen kunnen baren. Dan hadden onze eigen kinderen die welvaart zelf verdiend en waren migranten niet nodig geweest. Ten tweede verrijken migranten weliswaar het gastland, maar dus niet hun thuisland. Waarom laten getalenteerde migranten hun herkomstlanden verpauperen?

6. *Herkomstlanden melken hun onderdanen uit*
   Nadat zich eenmaal grote groepen Turken, Marokkanen en anderen in Nederland hadden gevestigd, begrepen buitenlandse overheden dat ze het rijke Europa via hun onderdanen konden leegzuigen. Zo kochten al vele Nederlandse Turken voor duizenden Euro's hun dienstplicht af. Migranten vragen massaal kinderbijslag en uitkeringen aan voor families in het thuisland. De massa-immigratie werd daardoor een economisch infuus: welvaartsoverdracht in plaats van eigen welvaartsschepping.

7. *Landen van herkomst chanteren de nieuwe gastlanden*
   Met honderdduizenden onderdanen in den verre kunnen de thuislanden gemene geopolitieke spelletjes spelen. Ze kunnen religieuze demagogen inzetten om hun onderdanen op te hitsen tegen het gastland. Vele hon-

derden haatimams preekten al duizenden malen in Nederlandse moskeeën. Met dit Paard van Troje kunnen de herkomstlanden onze regering permanent chanteren.

8. *Emigratielanden exporteren wanbeleid*
   Emigratielanden als Turkije en Marokko, maar ook EU-landen als Roemenië en Bulgarije, weten dat ze hun eigen wanbeleid altijd op het buitenland kunnen afwentelen. Met hun uittredende bevolking exporteren ze immers ook de eigen verantwoordelijkheden. Ze maken ontvangende gastlanden verantwoordelijk voor de zorg van een onrendabele onderklasse. Met als gevolg dat deze regeringen geen enkele reden hebben om zich te beteren: anderen lossen hun problemen wel op. Nederland broedt op een koekoeksei.

9. *Bedrijven buiten nieuwkomers uit als werkvee*
   Zoals eerder aangegeven buiten kapitalisten de nieuwkomers uit als laagbetaald werkvee. Ze schaden daarmee de werkgelegenheid van autochtone werknemers. Baanzekerheid smelt als sneeuw voor de zon. Zelfs migranten weten: na ons komen nóg goedkopere migranten.

10. *Politici buiten nieuwkomers uit als stemvee*
    Op wellicht de PVV en de SGP na buiten alle politieke partijen nieuwkomers uit als stemvee. Het CDA omarmt de moslim als medestrijder tegen de seculiere staat. De PvdA wint bij een eeuwig arme achterban die ze naar hartenlust kan blijven importeren. VVD en D66 vertegenwoordigen aandeelhouders die aan goedkope arbeid verdienen. De SP verwelkomt de nieuwe werklozen. Enkel de PVV durft hardop te zeggen: wij verkopen ons land niet aan migranten.

Het is tijd voor een migratiestop. Het is tijd voor minder Turken, minder Marokkanen en minder mensen van andere grote groepen niet-westerlingen die naar Nederland willen komen. Als gevolg van eindeloze massamigratie staan we voor de ineenstorting van ons sociaaleconomische systeem. Niet de uitspraak "minder Marokkanen", maar de roep om meer migratie brengt onze toekomst in gevaar.

Het Turkse vraagstuk: Nederturkse steun aan Erdoğan beklinkt het failliet van de multicultuur

24 april 2016

Onlangs juichten Turkse Nederlanders massaal de arrestatie van GeenStijl-columniste Ebru Umar toe, omdat de verwesterde Umar 'hun' president Erdoğan zou hebben beledigd. Als door NSB'ers werd ze verklikt en van haar bed gelicht door de politie in Turkije, waar ze verbleef. Maar het zet ook Nederlandse burgers voor het voldongen feit dat de multiculturele samenleving definitief is mislukt, omdat een grote meerderheid van de Turken in ons land, inclusief derde en vierde generaties, westerse verworvenheden afwijst.

Dat is wrang, want Nederturken genieten net als iedereen hun recht op gelijke behandeling. Toch gunt meer dan tweederde van hen andere minderheden die behandeling niet. Terwijl president Erdoğan de Assyrische, Armeense en Koerdische minderheden onderdrukt, hun wijken bombardeert en zijn soldaten vrouwen en kinderen laat verkrachten, juicht een zorgwekkend groot deel van 'onze' Turken die wreedheden toe — en schaamt zich er niet voor.

Hoe kan het dat Turkse Nederlanders de discriminatie van minderheden in eigen land van harte steunen, maar voor zichzelf gelijke behandeling en respect opeisen? Een groot deel blijkt weinig op te hebben met democratie. Erdoğan-fans maken gretig gebruik van hun democratisch stemrecht om bijvoorbeeld nationalistische Grijze Wolven de politiek in te helpen, maar verwerpen tegelijkertijd met hun steun aan een islamistische autocraat de democratische rechtsstaat.

Met het schaamrood op de kaken moeten de progressieve voorstanders van de massamigratie nu toch constateren dat de 'arme' gastarbeiders van weleer de grootste dreiging voor onze vrijheid zijn geworden. We hebben een islamitische zuil geïmporteerd die antisemitisme verspreidt, andersgelovigen discrimineert, persoonlijke vrijheid veracht en de rechtsstaat verwerpt. De multiculturele samenleving, die een gezellige *melting pot* moest worden, blijkt de bron van een onder migranten breed gedragen neofascisme, gericht tegen het land dat hen welkom heette.

De geschiedenis herhaalt zich. De Duitse bondskanselier Angela Merkel laat zich net zo makkelijk inpakken als de Brit Neville Chamberlain, die in de jaren dertig de gelogen geruststellingen van dictator Hitler voor zoete koek slikte. De gevolgen waren catastrofaal. De verliefde Merkel laat zich *verführen* door de sterke man, Führer Erdoğan van Turkije, een schurkenstaat die zijn NATO-lidmaatschap al lang niet meer verdient.

Ook de progressieve kliek dweept met Erdoğan. Deze weldenkende goegemeente waarschuwde ooit met knikkende knieën voor Hans Janmaat van de Centrum Democraten, in wie ze de nieuwe Hitler meenden te herkennen. Toen kwam Pim Fortuyn, die ze tot een "minderwaardig mens" verlaagden en vergeleken met de "Hollandse Haider" en de "Berlusconi van de lage landen". Vandaag vallen professoren op zoek naar nieuwe onderzoekssubsidies over elkaar heen om te 'bewijzen' dat Geert Wilders en zijn PVV fascistisch zouden zijn. Maar nu de échte Hitler is opgestaan, Recep Tayyip Erdoğan, staan onze morele leiders vooraan in de rij om lucratieve zaken te doen.

De wijsheid achteraf leert dat het dubbel paspoort enkel heeft geleid tot valse loyaliteit. Migranten werden enkel papieren Nederlanders en maakten onze verworvenheden nooit eigen. Ze veranderden niet in ons. En dus is vandaag de maat vol: Turkse Nederlanders die Erdoğan steunen, diskwalificeren zich voor verdere deelname aan onze democratie. Want wie een fascist steunt, moet ook zijn regime ondergaan.

Vervangingspolitiek:
Nee, onze instituten zullen ons niet komen redden

11 oktober 2016

Van tijd tot tijd maakt zelfs GeenStijl zich schuldig aan het soort progressieve wensdenken waar Neville Chamberlain de oorlog mee verloor. Maar in een artikel van Rossem viel me de bek onlangs van verbazing open vanwege de ongeëvenaarde naïviteit dat onze "instituten" ons wel tegen een vijandige overname zouden beschermen. Na in het artikel eerst statistieken over de reeds succesvolle omvolking van Duitse steden op te sommen, poogt de auteur zijn lezers te verdrinken in een warm bad vol naïviteit. "Don't just panic yet."

Het is niet de eerste keer dat GeenStijl in de ontkenningsreflex schiet om de vervanging van inheemse Europeanen te bagatelliseren. Dat komt doordat de redactie, net als de rest van het fatsoensjournaille, aan cijferblindheid lijdt en werkelijk niets van demografische processen snapt. Zo zouden er in 2015 maar "11 asielzoekers op 10.000 EU'ers" zijn binnengekomen. En, laten we wel wezen, één miljoen vluchtelingen is nog altijd minder 1% van de Duitse bevolking, ofwel "slechts 0,05%" van alle EU-inwoners. Dus, joh, doe niet zo racistisch!

Maar Thilo Sarrazin, de Duitse cijfermeester bekend van zijn boek *Deutschland schafft sich ab*, houdt rekening met de demografische werkelijkheid en rekende heel wat anders uit. Immigratie is slechts een van de vele processen die het verschil

zullen uitmaken. Niet alleen zal een groot deel van de autochtone bevolking sterven door vergrijzing, maar tegelijkertijd krijgen autochtonen nauwelijks nog kinderen. Intussen groeit de
islamitische bevolking juist explosief, zowel dankzij massa-immigratie, hogere aanwas én gezinshereniging.

Al deze processen samen kantelen de toekomst van Duitsland, en van West-Europa, in het voordeel van de islam:

> "Blijft de netto voortplantingssnelheid van de Duitse au-
> tochtone bevolking daar waar zij al 40 jaar ligt, dan zal in het
> verloop van de volgende drie generaties het aantal Duitsers
> tot 20 miljoen krimpen. Verder is het absoluut realistisch dat
> de islamitische bevolking door een combinatie van een hoge
> geboorteratio en voortgezette immigratie tegen 2100 tot 35
> miljoen kan groeien."

Bedenk dat Sarrazin in zijn berekening alleen van islamitische allochtonen spreekt en alle andere allochtonen nog buit-
en beschouwing heeft gelaten. Verandert er niets aan EU-im-
migratiebeleid, trekken de Laatsten der Duitse Mohikanen niet
meer ten strijde voor het Vaderland, dan sterft het Duitse volk
voor het eind van deze eeuw uit. Sarrazin illustreert het verschil
in geboorteratio tussen de blanke melkkoeien en de vrije uit-
loop-kamelen als volgt:

> "[In Turkije] heeft de bevolking zich in de afgelopen 80 jaar
> namelijk vervijfvoudigd. ... In vergelijking met andere mos-
> limlanden is deze bevolkingsgroei echter nog gematigd. De
> Bremense socioloog Gunnar Heinsohn heeft het volgende
> uitgerekend: zou de Duitse bevolking sinds 8 mei 1945 de-
> zelfde geboorteratio hebben gehad als die van de toenmalige
> bevolking van Palestina, dan zouden er nu 600 miljoen Duit-
> sers in Midden-Europa zijn geweest."

De islamitische wereld groeide de afgelopen halve eeuw met een megalomane snelheid en komt op ons vergrijzende continent dus nieuw Lebensraum zoeken. Nu al wonen er circa 50 miljoen moslims op het Europese continent, terwijl de Europese Unie tot 2050 nog eens 60 miljoen migranten actief wil binnenhalen (zie punt 13)—weer voornamelijk moslims. Tegen die tijd maken moslims sowieso 20% van de totale Europese bevolking uit (100 van de circa 500 miljoen, na vergrijzing). Daar laat Sarrazin de demografische ontwikkelingen nog op los:

"Het hoge geboortecijfer van de islamitische migranten is een fenomeen in heel Europa: in Turijn, waar de migranten sinds de jaren negentig binnen korte tijd een bevolkingsaandeel van tien procent bereikten, bedraagt het geboorteaandeel reeds 25 procent. Een vijfde deel van de kinderen in Kopenhagen, een derde van de kinderen in Parijs en de helft van de kinderen in Londen worden door migrantenouders ter wereld gebracht. In Frankrijk hebben de Franse vrouwen gemiddeld 1,7, de migranten 2,8, maar de migranten uit Tunesië, Turkije en Marokko gemiddeld 3,3 tot 3,4 kinderen en daarmee meer dan in hun thuislanden."

Laat dit laatste feit even tot u doordringen: migranten uit Turkije en Marokko baren bij ons in Europa méér kinderen dan in hun thuislanden. Wie echter alleen naar het aantal kinderen per vrouw kijkt, verliest uit het oog dat autochtone vrouwen op steeds hogere leeftijd kinderen krijgen. Terwijl Nederlandse vrouwen gemiddeld pas na de dertig hun eerste kind baren, werpen moslima's hun eerste kind ver voor hun vijfentwintigste.

Er is dus sprake van twee aparte processen. Migrantenvrouwen krijgen niet alleen méér kinderen per vrouw, maar beginnen veel eerder aan kinderen. Ze winnen op beide fronten. Door de kortere generatiecycli versnelt de omvolking exponentieel. Al over een paar jaar, in Nederland en Duitsland rond het jaar 2020, zullen de meeste vrouwen van vruchtbare leeftijd van allochtone afkomst zijn. Autochtone vrouwen kunnen de voortplantingsstrijd dan niet meer winnen.

Terwijl van Rossem zich in zijn flutstuk weliswaar zorgen maakt over het idee vervangingspolitiek, wuift hij de realiteit van die mogelijk weg met het volgende, volslagen debiele zinnetje: "Een land 'overnemen' doe je niet op straat, dat doe je door jezelf te institutionaliseren."

Ik viel van mijn stoel van deze stupide, slecht ingelichte, ondoordachte hersenscheet. Schijnbaar gelooft Van Rossem dat moslimse straatbendes inderdaad te dom zijn om instituten als het Internationaal Gerechtshof of de Nederlandsche Bank van binnenuit te veroveren. Wat dat betreft heeft hij gelijk dat onze ivoren torens voor het moslimrapaille, in ieder geval in intellectueel opzicht, onneembare vestingen zijn.

Maar het naïeve geloof dat onze beschaving zulke superieure instituten zou hebben voortgebracht dat die ons wel tegen vijandige vervanging en islamisering zullen beschermen, heeft nu dus ook de redactieburelen van het ooit onafhankelijke GeenStijl geïnfecteerd. De moslims die in de zevende eeuw Noord-Afrika koloniseerden, hadden zichzelf namelijk al geïnstitutionaliseerd — zoals vastgelegd in de koran, hadiths en fatwahs. Zij legden de onderworpen volkeren vervolgens met geweld hun eigen instituten op.

Bovendien, met ivoren toren-instituten wisten bijvoorbeeld Alarik I en de Visigoten begin vijfde eeuw na Christus heus wel raad bij de inname van Rome. Ze hoefden die instituten helemaal niet over te nemen. Ze brandden die gewoon plat. Volgens professor Joseph Tainter, die in zijn boek *The Collapse of Complex Societies* diep in de materie dook, vielen in de geschiedenis van de mensheid tientallen, zo niet honderden geavanceerde beschavingen ten prooi aan minder geavanceerde barbaren. Nergens hielden 'instituten' de barbaren tegen.

Uiteraard wimpelt Van Rossem ook deze geweldsdreiging weg met een even debiele opmerking dat "voor de wel gewelddadige pogingen die er zijn of kunnen gebeuren (aanslagen, dus) is er nog altijd het geweldsmonopolie van de overheid." Ook dat is weer zo'n inhoudsloze abstractie, net als "onze instituten". Het geweldsmonopolie rust namelijk op de schouders van beschikbare manschappen—legermensen, politiemannen. Afgezien dat die organisaties al tientallen jaren onderbemand en onderbetaald zijn, hebben die juist geleerd dat ze niet meer etnisch mogen profileren!

Gezien de huidige staat van ons leger houden we het net als in de Tweede Wereldoorlog nog geen vijf dagen vol. Als zich vanavond iets meer dan twintigduizend zwaarbewapende moslimmannen op de Grebbeberg verzamelen, dan valt Utrecht nog voor middernacht en worden Amsterdammers morgenochtend wakker in het kalifaat. Dat is geen grap. Hitler flikte het kunstje al eens tussen 10 en 15 maart 1940. Nederland kan zich helemaal niet tegen islamisering verdedigen, ook niet met geweld. Het hele geweldsmonopolie van onze overheid is welgeteld één kastnicht genaamd Mark Rutte.

Een halve eeuw poco-politiek heeft ons naar de rand van de afgrond gebracht. Professor Tainter merkt op dat de rode draad door alle omgevallen beschavingen die van economische stagnatie is. Technologisch geavanceerde samenlevingen slagen er op een gegeven moment niet meer in winstgevend te blijven. Rome viel, omdat de Romeinen al hun inkomsten aan het onderhoud van hun vele slaven kwijtraakten—zoiets als bij ons de kosten voor de multiculturele samenleving. Daardoor konden ze de uit huurlingen bestaande legers niet meer betalen en kregen de barbaren vrij spel.

Rome viel, omdat het failliet ging—net als Europa failliet zal gaan. Dus nee, noch instituten, noch het geweldsmonopolie van onze overheid zullen ons tegen islamisering kunnen beschermen. Om het Rijksmuseum in te nemen hoeven moslims helemaal geen opleiding tot curator te volgen. Ze kunnen onze kunst doodleuk tot halvemaantjes omsmelten. Zelfs al zouden moslims 'onze' democratische instituten willen overnemen, dan kunnen ze dankzij hun demografische meerderheid rond het jaar 2030 langs democratische weg bepalen dat het Rijksmuseum een Rijksmoskee moet worden.

Wie houdt ze tegen? Willen we overleven, dan zullen we in alle grote steden een langdurige, bloederige guerrilla-oorlog moeten voeren. Maar sommige mensen verdrinken zichzelf en anderen liever in een warm bad dan dat ze het kwaad confronteren.

De heruitvinding van de slavernij:
Hoe wereldleiders de energiecrisis zullen oplossen

9 maart 2016
Naarmate de wereldvoorraden aan fossiele brandstoffen vroeger of later opraken, zal ooit goedkope energie onvermijdelijk veel duurder worden. De kosten om een vat aan ruwe olie uit de grond te halen, stijgen al enkele decennia. Dat komt bijvoorbeeld omdat olieboeren steeds meer moeite moeten doen om nieuwe voorraden te vinden, die steeds dieper in de grond zitten.

Maar de wereldeconomie zal daardoor niet zomaar ineenstorten. In plaats van een ineenstorting zal de overgang van goedkope ("gratis") energie naar dure energie de energiehongerige beschavingen ertoe dwingen om steeds meer op menselijke arbeid te vertrouwen. Anders gezegd, het gemotoriseerde tijdperk komt tot een einde en arbeiders zullen de paardenkrachten moeten leveren.

Dit proces, de uitwisseling van brandstof tegen menselijke arbeid, is al langer gaande. Het proces drijft bijvoorbeeld de wereldwijde massamigraties aan, die vanuit armere naar rijkere landen stromen, om die laatstgenoemden van goedkope arbeid te voorzien. Daarmee maken rijke landen zich minder afhankelijk van de steeds duurdere olie, terwijl armere landen hun kans op welvaart ermee verspelen.

Men kan voorbeelden van dit proces niet ontkennen. De Europese Unie heeft in amper zestig jaar tijd al tientallen miljoenen migranten uit veelal islamitische, Afrikaanse en Oost-Europese landen binnengehaald (inclusief in de EU geboren nageslacht). Het aandeel EU-burgers met een islamitische herkomst steeg exponentieel en reikt nu tot boven de tien procent. Dat zijn bijna vijftig miljoen mensen, maar de overgrote meerderheid van hen bevolkt laaggeschoolde banen.

De Verenigde Staten worstelt al jaren met immigratiehervorming, bedoeld om de legale migratie van miljoenen Mexicanen en andere Latijns-Amerikaanse arbeiders mogelijk te maken. Ook zij zullen vooral de lagere klasse van de VS bevolken. We kunnen het proces zelfs waarnemen in Saoedi-Arabië, het land wiens olierijkdommen nu grote hoeveelheden Indiase en Aziatische gastarbeiders van een 'salaris' voorzien—onder omstandigheden die waarnemers "bijna-slavernij" noemen, aldus een rapport van de *Human Rights Watch*.

Rijke landen zullen hun energieprobleem dus in groeiende mate opvangen middels de import van zo veel mogelijk (goedkope) arbeidsmigranten. Maar waarom zijn er eigenlijk zoveel arme mensen op aarde? Ligt armoede niet aan een oneerlijke verdeling van de welvaart, of speelt iets anders een rol?

Ecoloog Paul Colinvaux bestudeerde het probleem. In 1980 schreef hij een weinig gelezen, doch extraordinair boek namens

The Fates of Nations (Het lot der naties). Daarin beargumenteert de auteur voor een biologische kijk op de vraag "waarom geschiedenis gebeurt". In het boek ontkracht Colinvaux de mythe dat armoede overbevolking veroorzaakt, maar dat juist het omgekeerde waar is:

> "Alle armoede wordt veroorzaakt door de voortdurende groei van een bevolking."[2]

Een groeiende bevolking veroorzaakt armoede. Wie dus denkt de wereldoverbevolking te kunnen bestrijden met welvaartsnivellering van rijk naar arm komt bedrogen uit. Colinvaux waarschuwt voor zulke politieke propaganda die ons wijsmaakt dat de grote gezinnen van Derde-Wereldbewoners wel in omvang zullen afnemen zodra we de armen onze welvaart hebben gegeven.

Dat denken we ten onrechte, omdat we correct waarnemen dat rijkere families inderdaad minder kinderen hebben. Maar rijke families hebben juist minder kinderen, omdat het veel duurder is om rijk nageslacht op te voeden. Arme mensen kunnen veel meer kinderen krijgen juist omdat ze arm zijn.

Zo leidt de wereldoverbevolking tot zowel een armenoverschot alsook een bijna oneindige aanvoer van goedkope arbeiders voor de industrieën van het rijke Westen.

Colinvaux legt verder uit dat het Oude Rome tegen hetzelfde energieprobleem aanliep als het moderne Westen. Ook de Romeinen konden hun explosief groeiende energiebehoefte niet eenvoudig oplossen. De verbrandingsmotor bestond toen nog niet, dus moesten de Romeinen al vroeg slavenarbeid inzetten om de expansie van hun Rijk te 'financieren'. Op het hoogtepunt van de Romeinse beschaving leefde de helft van de inwoners van Rome als slaaf.

Maar de vele slaven, die toch op zijn minst onderdak, een basisopleiding en dagelijks voedsel nodig hadden, putten de financiën van Rome uit, waardoor Rome op den duur failliet zou gaan. Ook de Europese Unie kijkt vandaag tegen eenzelfde lot aan. In tegenstelling tot Amerika, dat migranten geen uitkeringen gunt, zwicht de EU onder de druk van sociaal afhankelijke migranten, die met hun afhankelijkheid de schatkist leegroven.

Als Europa er niet in slaagt nieuwe energiebronnen aan te boren, dan eindigt de EU net als Rome in faillissement.

De leiders van Europa en Amerika zien in massa-immigratie een oplossing voor hoge energiekosten. Maar de massa-immigratie verandert de bevolkingssamenstelling drastisch en permanent. Overheden moeten de sociale onrust die zulke massamigratie teweegbrengt proberen te minimaliseren. Ze vermarkten deze migratiestromen daarom als 'multiculturele vooruitgang', of 'sociaal verrijkend', terwijl ze het ware motief verdoezelen.

Die waarheid is lelijk: de rijkere levens van de westerse middenklasse, en die van hun superrijke elites, zijn door de stijgende brandstofkosten eenvoudigweg te duur geworden. Europeanen stichten daardoor al geen grote gezinnen meer, omdat ze de kosten niet meer kunnen opbrengen om veel kinderen in relatieve rijkdom op te voeden. Voor het behoud van hun welvaart besparen ze noodgedwongen op kinderen.

Dat beleid heeft gevolgen. Aan het westerse opengrenzenbeleid lag namelijk nooit een morele goedheid ten grondslag, maar eerder een economische zwakte. Maar net als de oude Romeinen kunnen we onszelf niet eeuwig voor de gek blijven houden. Colinvaux voorspelt wat er zal gebeuren:

"Een aanvalsoorlog is het gevolg van de voortdurende bevolkingsgroei in een relatief rijke samenleving."[3]

Eigen arbeid eerst: Een maatschappij bouw je met je eigen handen

31 januari 2017

Waargebeurd verhaal: op mijn vroegere kantoor aan het Leidsche Plein in Amsterdam—een kantoor met enkel blanke ondernemers in een stad die half allochtoon is—ging een mail rond met de kop: "Weet iemand een schoonmaakster?" De afzender zocht een betaalbare, maar uiteraard zeer betrouwbare poetshulp. Binnen enkele minuten stroomden de reacties binnen. "Ik heb een Colombiaanse, die is echt heel goed."—"Mijn Marokkaanse is heel betrouwbaar hoor, wil je haar nummer?"—"Wij hebben een Spaanse, nooit klachten over gehad." Het leek een wedstrijd wie de meest exotische allochtoon voor de laagste prijs in de aanbieding had.

Maar de laatste reactie bedierf de pret: "Jongens, zo kun je niet over mensen praten. Dit lijkt wel een slavenmarkt." Veel blanke Nederlanders vinden het kennelijk doodnormaal om allochtonen als bron van goedkope arbeid te zien. Zeker als het zwart kan. Nou zult u misschien denken dat de collega's vast allemaal PVV'ers waren, maar dat was nou juist niet het geval. In dit linkse hol boven De Balie stemde iedereen PvdA, D66 of VVD. De collega's waren bijvoorbeeld eensgezind over de afschaffing van Zwarte Piet, want mensen die dat nog vierden waren vast een stelletjes neonazi's. En toch buit juist dit soort hippe goedmensen anderen schaamteloos uit om er zelf beter van te worden.

Het heet cognitieve dissonantie. Naar buiten toe veinst de linkse kiezer fatsoen, maar zodra er geld te verdienen valt zit hij terug in de rol van koloniale overheerser met de gekleurde hulp in huis. De linkse kiezer zegt voor open grenzen te stemmen omdat dit zogenaamd de moreel juiste keuze zou zijn. In werkelijkheid verzekert de PvdA-kiezer zich zo van goedkope Polen om de keuken te komen verbouwen. Men stemt voor de multiculturele samenleving, want dat zou zogenaamd vooruitgang zijn. In werkelijkheid bespaart de linkse kiezer graag geld op duurdere autochtone arbeid door in plaats van 'Tokkies' goedkopere Roemenen in te zetten.

De Nederlandse maatschappij kun je het best vergelijken met een drugsverslaafde. We zijn net als andere westerse landen niet alleen verslaafd geraakt aan goedkope fossiele brandstoffen, maar terwijl wij 's zomers het ene na het andere dancefestival aflopen, komen Turkse, Marokkaanse en Antilliaanse vrouwen tegen slaventarieven onze huizen schoonpoetsen, omdat we eigen arbeid te duur vinden (of "onfatsoenlijk"). Dat scheelt bovendien weer een biertje op het festival. En terwijl linkse media à la de Volkskrant als bezetenen ten strijde trekken tegen de inkomensongelijkheid tussen (blanke) mannen en vrouwen, is de salariskloof tussen blanke vrouwen en allochtone mannen nog veel groter. Dat komt namelijk omdat de meeste allochtone mannen tot de lagere klasse behoren.

De linkse houding omtrent goedkope migrantenarbeid kunnen we herleiden tot ons koloniale verleden. Zuid-Afrika biedt bijvoorbeeld een interessant perspectief. Tot ongeveer 1902 bestuurden onze koloniale afstammelingen er de staten Transvaal en Oranje Vrystaat. De blanke Boeren betaalden leden van de Xhosa, Zulu en andere zwarte volkeren een kleine fooi om er op hun boerderijen te komen werken. De Engelse kapers op de kust lieten de boeren lange tijd met rust, totdat er mijnen vol goud werden ontdekt. Dat zou de Boeren stinkend rijk gemaakt hebben, dus begonnen de Engelsen een oorlog en delfden de Boeren in de Boerenoorlog van 1899-1902 het onderspit.

De Engelse wonnen de oorlog onder andere door zwarten gelijke rechten te beloven. Toch had dit model niets met morele verontwaardiging te maken, maar met financieel opportunisme. De Engelsen beloofden de zwarten uit te bevrijden, alleen maar zodat ze in opstand zouden komen tegen de Boeren. Door de loyaliteit van de zwarten te winnen kregen de Engelsen niet alleen de goudmijnen, maar ook goedkope zwarte arbeidskrachten in handen. Dat trucje hadden de Engelsen afgekeken van de Amerikanen. De noordelijke staten van Amerika hadden eerder hun burgeroorlog tegen de zuidelijke staten gevoerd, waar veel zwarte slaven op boerderijen werkten.

Na de overwinning en na de afschaffing van de slavernij trokken honderden duizenden zwarten naar het noorden, op zoek naar een "beter leven". Maar ook in Amerika had de afschaffing van de slavernij in feite niets met een superieure moraliteit te maken. Door de slaven te bevrijden kregen de noordelijke staten nu de goedkope arbeid in handen. Weliswaar tegen een salaris, maar dat was nog altijd goedkoper dan een blanke arbeider. Tegelijkertijd konden noordelijke investeerders (veroveraars) zich de zuidelijke rijkdommen toe-eigenen. Voorstanders van de afschaffing van de slavernij waren wat dat betreft geen moreel betere mensen, maar slimmere handelaars die de zwarten efficiënter wisten uit te buiten.

Uitbuiting is niets nieuws. De westerse beschaving kenmerkt zich al eeuwenlang door haar verslaving aan energie. We nuttigen die energie in de vorm van hout, gas, olie of nucleaire energie, *maar dus ook in de vorm van menselijke arbeid*. Open grenzen dienen in eerste instantie om de instroom van goedkopere arbeidskrachten veilig te stellen. De 'Arbeid' in Partij van de Arbeid slaat op het aantrekken van migrantenarbeid, niet op het ontwikkelen van eigen arbeid. Wie er een onderzoekje van maakt zal zien dat de migrantenstromen naar Europa evenredig samenhangen met de stijgende prijzen voor fossiele brandstoffen. Menselijke paardenkrachten, geïmporteerd uit den verre, zullen net als in het oude Rome de duurdere eigen arbeid blijvend vervangen, net zo lang tot de helft van onze inwoners tot de migrantenklasse behoort.

Wat is eigenlijk het nut van een westerse beschaving die alleen festivals, luilekkerlevens en porno produceert? De gelijkenissen met het oude Rome worden iedere dag zichtbaarder. Geschiedkundige Winwood Reade beschreef in 1871 met treffende woorden het lot van Rome. Dat lot kan snel het onze worden:

"Rome leefde net zo lang boven haar stand tot ze de ondergang niet meer kon vermijden. Eigen arbeid is de enige ware bron van welvaart, maar Rome kende geen eigen arbeid. Overdag bevolkten karren en muilezeldrijvers de Ostia-weg, waarover zij de zijden stoffen en kruiden uit het Oosten, het marmer uit Klein-Azië, het hout uit de Atlas en het graan uit Afrika en Egypte aanvoerden; en op hun terugweg zaten de karren vol met stront. Dat was hun retourlading."

Net als het oude Rome produceert het Westen zelf helemaal niets, omdat we onze eigen arbeid aan de rest van de wereld hebben uitbesteed. We halen ons hout uit Brazilië, onze arbeiders uit Turkije en Marokko, onze iPhones uit China, onze olie uit Saoedi-Arabië en ons gas uit Rusland. Zelf produceren we emmers stront en lege drugscapsules. We storten ons chemische afval in de Rijn. We vervuilen de lucht die we inademen met de gassen van verbrand afval. We storten onze rotzooi in zee. Onze wegwerpelektronica kiepen we op stortplaatsen in Afrika. Hoe lang houden we dit nog vol?

Donderwolken: Om de toekomst voor ons nageslacht veilig te stellen moeten we de mislukte multiculturele samenlevingen ongedaan maken

1 februari 2017

Het linkse experiment is op sterven na dood. De progressieve politiek die de toekomst van onze kinderen vergokte in het casino van de globalisering is bankroet. Terwijl hordes indringers zich voor en achter onze grenzen ophouden, verzamelen de donderwolken zich boven Europa. Er is een storm op komst. Het volk dat altijd sterker was dan alle anderen moet weer de rusteloze en stormachtige kant van haar karakter tonen.

Zouden we met zeven miljard mensen op Aarde echt niet zelf mogen bepalen wie er bij ons komt wonen? Zelfs al zouden we het hele land in een blik sardientjes veranderen, dan nog passen niet alle mensen erbij. Om het land leefbaar te houden moet je dus leren *discrimineren*, namelijk een selectief grensbeleid voeren. Maar in plaats van keuzes durven maken bezweren progressieve politici dat we vooral passief moeten blijven. We moeten alle nieuwkomers zonder protest een beter leven gunnen, op onze kosten, want als we dat niet doen dan zijn we allemaal racisten.

Die kermis is een keer afgelopen. "Het lot van de mens leest men niet af langs materiële berekeningen," zei Winston Churchill. Niet alle oplossingen laten zich uitrekenen; sommige oplossingen forceer je enkel met woede. Het taboe op woede, een uniek naoorlogs fenomeen, heeft de westerse beschaving van binnenuit verzwakt. Het taboe op boosheid heeft onze samenlevingen niet meer, maar minder rechtvaardig gemaakt. Het softe gelijkheidsdenken dat de samenleving in een wurggreep houdt symboliseert onze ziekelijke passiviteit. Als we niet snel uit zulke domheid ontwaken zal de natuur antwoorden met ons bespoedigde uitsterven.

De oeverloze discussies over islamproblematiek zullen nooit tot een oplossing leiden zolang het inzicht ontbreekt dat het doel van islam nooit zijn eigen integratie was, maar die van ons. Critici hebben gelijk dat moslims op alle wetenschapsfronten mislukken, maar ze vergeten te benadrukken dat de islam haar volgelingen tot meesteroplichters heeft opgeleid. De moslim kent onze zwaktes beter dan we ze zelf kennen. Alleen de naïeve westerling gelooft in de gelijkwaardigheid van de ander. Die ander kan zijn schaterlachen om zoveel zwakzinnigheid maar met grote moeite verbergen.

We kunnen eindeloos blijven debatteren hoe we moslimkinderen in onze scholen moeten integreren, maar moslimouders weten al lang dat hun kinderen binnen tien of twintig jaar op alle scholen de meerderheid zullen zijn. Eenmaal de meerderheid kunnen zij langs democratische weg onze gelijkwaardigheid afschaffen. Dan onderwerpen ze ons als minderwaardige wezens aan sharia. Dan zullen ze onze vrouwen wettelijk tot slaaf maken en verkrachten. Wie dat niet gelooft weet blijkbaar niet wat er de afgelopen jaren met de Yezidi-meisjes is gebeurd.

Alleen een naïeve sukkel denkt dat migranten net zoals wij willen worden. Ze willen onze rijkdom, niet onze lasten. Alleen een onwetende domkop denkt dat moslims bij ons zijn komen wonen om tirannie te ontvluchten. Ze zijn gekomen om hun eigen tirannie te verspreiden. Om islam te verslaan moeten we de slang zijn kop afbijten: we zullen letterlijk en figuurlijk ten strijde moeten trekken tegen het onrecht van de multiculturele samenlevingen dat zich als een olievlek over ons continent heeft uitgesmeerd. We zullen de grenzen van Europa weer assertief moeten verdedigen.

Het grootste verraad komt uit onze eigen gelederen. Minstens de helft van onze rechters heeft een voorkeur voor ultralinks gedachtegoed. Zij geloven niet alleen dat ze Nederlandse burgers gelijk moeten behandelen, maar ook dat alle rechtssystemen, religies en beschavingsmodellen gelijkwaardig zijn. Deze rechters denken dat progressieve wetgeving een internationale reikwijdte heeft in plaats van een plaatselijke toepassing. Zo komen ze uit op een perversie van het strafrecht die zegt dat autochtonen geprivilegieerde schuldigen zijn die de nieuwkomers voor hun privileges moeten compenseren.

Maar het verraad van de rechters verbleekt natuurlijk vergeleken met het verraad van onze politici. Politici zien de landelijke welvaart als een geldpot waaruit ze mogen stelen om hun eigen ambities op het wereldtoneel te financieren. Geen enkel argument, hoe solide ook, is tegen zulke psychopaten opgewassen. Als we ons niet met redelijkheid en billijkheid kunnen verdedigen, als onze argumenten er niet meer toe doen, dan heeft het volk het recht haar woede te tonen tegenover deze firma List en Bedrog die schijnbaar de Tweede Kamer heet.

Hoe stoppen we de massamigratie? Verzet begint bij de voordeur. Het is niet nodig om te wachten op richtlijnen van de Europese Unie. Die zullen er nooit komen. Het geloof dat alleen de EU ons kan redden is onderdeel van het probleem. Om de massamigratie te stoppen zullen gewone burgers hun frustraties over azc's luidkeels moeten laten horen. De verzetsacties tegen de komst van azc's waren een goed begin. Nu begint—in de trant van Volkert van der Graaf—het juridische pesten. Nu de haatbarakken er eenmaal staan, moeten omwonenden desnoods wekelijks de politie en rechtbanken met klachten bestoken, net zolang tot de azc-bewoners er ziek van worden. Laat de kolonisten—want dat zijn het—zien dat ze hier ongewenst zijn, dat ze ons land niet zonder oorlog van ons kunnen afpakken, ook al hebben onze politici hen dat beloofd.

Hoe sturen we ongewenste vreemdelingen terug naar huis? Het verzet tegen onze omvolking begint op straat. Op straat verdedigen we onze cultuur en onze tradities. Stuur je kind niet op schoolreis naar de moskee. Weiger je boodschappen af te rekenen bij een hoofddoek. Het laat niets te raden over dat zulk kleinschalig verzet uiteindelijk zal aanzwellen tot georganiseerde sabotage. De wettelijke kans om ongewenste vreemdelingen uit te zetten zal pas in een veel later stadium succesvol kunnen worden. Eerst moet het geloof dat niet-Europeanen zich hier voor altijd kunnen vestigen verdwijnen. Allochtonen zullen hun Haagse illusies moeten laten varen: dit is *ons* land. Wij gaan niet weg.

Hoe blokkeren we de islamisering? Linkse politici en rare mediamannetjes hebben islam voor hun eigen gewin vrij spel gegeven, misschien omdat ze graag met rijke Arabische vrienden gezien willen worden. De rest van ons moet maar bloeden. Om de islamisering te stoppen zullen we daarom ambtenaren die islam faciliteren moeten stigmatiseren, op precies dezelfde manier dat bijvoorbeeld PVV'ers worden gestigmatiseerd: door ze publiekelijk met schuld en schaamte op te zadelen. De verraders die bijvoorbeeld een vergunning voor de bouw van moskee nummer zoveel afgeven zullen voor de rest van hun leven in schaamte moeten leven.

Hoe heroveren we onze binnensteden? De meeste allochtonen bezetten sociale huurwoningen die ooit voor kinderen van autochtonen waren bedoeld. Vluchtelingen, asielzoekers en andere kolonisten krijgen gratis woningen toegekend, zogenaamd omdat ze zo zielig zijn. Ze krijgen zelfs voorrang, maar om de autochtone bevolking voor de gek te houden hanteren gemeenten nu twee wachtlijsten. De ene lijst is voor asielzoekers en geeft hen voorrang op de andere lijst voor autochtonen, die wel vijftien jaar moeten wachten op een huurwoning in de Randstad.

Hoe bestrijden we linkse media? Media kun je uitzetten, maar hoe verzetten gewone burgers zich tegen de miljardenbudgetten die linkse media tot hun beschikking hebben? Sociale media censureren "rechtse" (waarheidsgetrouwe) meningen. Zonder onafhankelijke communicatie kunnen we niets organiseren, maar juist daarom bestaat er nog altijd het gesproken woord. Niets is machtiger dan directe communicatie. Om media te bestrijden zullen we ten eerste interviewverzoeken van linkse media moeten weigeren en ten tweede overal toespraken voor lotgenoten moeten houden.

Kortom, we zullen met stiptheidsacties en andere sabotage de maatschappij lam moeten leggen. Misschien dat er dan eindelijk een keer wordt geluisterd.

5

Cultureel zelfbehoud

De aanval op autochtone cultuur

14 mei 2017
Steeds meer basisscholen stoppen met knutselwerkjes voor Vaderdag of Moederdag. Het zou zo zielig zijn voor het enkele kind dat misschien geen ouders heeft. Dat argument heet *gaslighten*, iemand met drogredenen voor de gek houden.

Ten eerste hebben in de meeste klassen alle kinderen gewoon ouders. Waarom zou je dan voor iedereen Moederdag afschaffen? Ten tweede is het veel zieliger voor alle kinderen mét ouders dat zij nu geen Moederdag of Vaderdag meer mogen vieren. Kinderen zonder ouders mogen gezellig meedoen.

Het argument klopt niet. Er iets is ergers aan de hand: een aanval op autochtone cultuur. Een machtige kliek politici en opiniemakers wil de cultuur van de oerbewoners uitwissen. Zouden de grote aantallen allochtone kinderen op de schooltjes misschien een rol spelen? In het centrum van de grote steden zijn blanke kinderen al jaren veruit de minderheid.

Vaderdag, Moederdag, Pasen, Kerstfeest en Sinterklaas zijn onislamitische feestdagen. De nieuwe kinderen staan net als hun ouders niet bekend om tolerantie voor andere culturen, zoals de

Nederlandse. "Dus stoppen we er maar gewoon mee," denkt de schoolleiding dan. Bij gebrek aan autochtoon nageslacht sterft de autochtone cultuur vanzelf uit.

Maar het verlies van de eigen cultuur ligt niet alleen aan de demografische neergang. Wanneer Lodewijk Asscher (PvdA) in de wandelgangen van de Tweede Kamer een geheim comité opricht om Zwarte Piet én Sinterklaas af te schaffen, dan hebben we het over verraad.

"Tradities veranderen," zeggen ze dan. Dat klopt, maar tradities worden normaal gesproken niet vanachter de bureautafel veranderd door bureaucraten. De meerkleuren-Piet werd bedacht door een marketingbureau. Sinds wanneer is volkscultuur het eigendom van politici en marketingmannetjes?

Terwijl allochtone kinderen op overwegend blanke schooltjes hun eigen cultuur mogen uitdragen—suikerfeest, offerfeest, wat dan ook—kunnen de *Laatsten der Blanken* in Randstedelijke klasjes hun cultuur beter thuislaten. Dat heet in progressieve kringen 'gelijkheid'. Zij alles, wij niets.

Als we niet opstaan, terugvechten en ons land en onze cultuur heroveren op de globalisering, dan zal de huidige generatie autochtone kinderen ons tot in de hel verdoemen dat we ze als minderheid in hun eigen land hebben achtergelaten.

De babyboomgeneratie zal het net niet meer meemaken, want die promoveert zich net op tijd het graf in. De rest van ons, de overlevenden, mogen bloeden en betalen.

Blanke schuld: Mensen van Europese afkomst mogen trots zijn op hun geschiedenis

27 augustus 2016
Na de Tweede Wereldoorlog vielen geschiedkundigen over elkaar heen om te proberen te verklaren wat zo'n verwoestende

gebeurtenis had kunnen veroorzaken. Wat was er zo anders geweest aan de Europeanen dat hen tot de Holocaust had gedreven? In hun pogingen zo'n vraag te beantwoorden, begonnen historici en sociologen hun vingers naar vier zuilen van het Europese kwaad te wijzen: nationalisme, xenofobie, racisme en seksisme.

De dominante gedachte aangaande Europese geschiedenis concentreert zich nu op het beschuldigen van blanke mannen. Vrouwen pleiten zichzelf vrij op basis van hun slachtofferschap geleden onder mannelijke onderdrukkers, ondanks dat Europese maatschappijen, met name de Germaanse, van oudsher matriarchaal waren. Hoe dan ook, hoe kunnen vrouwen niet schuldig zijn van de misdaden die mannen in hun naam hebben geplaagd, voor hen en voor hun kinderen?

Van de Spartanen tot de Amerikaanse mariniers worden mannen van Europese afkomst ervan beschuldigd oorlogszuchtige, land bezettende, mensen onderwerpende onderdrukkers van vrouwen en minderheden te zijn. Bovendien worden ze ervan beschuldigd deze zaken enkel uit een drang naar geld en macht na te streven. Wie blanke mannen niet alleen van deze dingen beschuldigt, maar ook zegt dat ze deze dingen puur voor de lol zouden doen, is net zo absurd racistisch bezig als iemand die Joden beschuldigt van een wereldwijd financieel complot om de goj tot slaaf te willen maken.

Desalniettemin blijven scholen blanke kinderen, zeker jongens, leren dat ze zich voor hun voorouders moeten schamen en zich voor hun daden schuldig moeten voelen.

Onze kinderen leren niet dat de Spartanen solidariteit toonden door schouder aan schouder met hun voormalige Atheense vijanden tegen de Perzen op te staan. In plaats daarvan leren ze dat Spartaanse mannen een zootje verkrachtende, stelende moordenaars waren. Schoolboeken keuren de kruistochten tegenwoordig af als bewijs voor geïnstitutionaliseerde Europese islamofobie en antisemitisme. In werkelijkheid waren de kruis-tochten een gerechtvaardigd antwoord op eeuwen van islami-tische agressie tegen christelijke pelgrims.

We leren dat het patriarchaat van blanke mannen—wat dat ook moge zijn—vrouwen sinds altijd heeft onderdrukt, totdat feministen eindelijk hun "oorlog tegen mannen" hadden ge-wonnen en vrouwen konden bevrijden. Geen enkele feminist maakt er ooit melding van dat de meeste Europese mannen door de hele geschiedenis duizenden jaren lang als horigen, li-jfeigenen, boeren, soldaten of slaven hadden geleefd. Ook zij hadden onder constante feodale onderdrukking geleefd. Hoe hadden zulke nederige mannen ooit kunnen samenzweren om vrouwen op wereldwijde schaal te onderdrukken?

Sterker nog, in de middeleeuwen redde het door het chris-tendom geïntroduceerde verbod op abortus letterlijk de levens van vele vrouwen die anders aan de toentertijd primitieve pro-cedure zouden zijn overleden. Later zou door mannen geleide medische vooruitgang de levens van nog veel meer vrouwen redden die anders tijdens de bevalling zouden zijn overleden. En was het historisch gezien niet het 'recht' van de man om in de strijd te sterven ter verdediging van vrouwen en kinderen?

Hebben mannen niet de magnetron, de vaatwasser, de wasmachine en de droger uitgevonden, waardoor ze vrouwen bevrijdden van de vervelende huishoudelijke taken die hen het grootste deel van de dag bezig hadden gehouden?

Maar volgens progressief linkse mensen moeten blanke mannen ofwel de veronderstelde onderdrukking goed mak-en door vrijwillige herstelbetalingen, ofwel accepteren dat de maatschappij hen met geweld onteigent. Hoe het ook zij, de blanke man moet voor zijn slechte zonden boeten. Ondanks dat mensen van Europese afkomst al een wereldwijde minder-heid zijn, moeten blanken die zich van hun schuld willen ont-slaan hun landen door migranten laten overstromen. Blanken moeten een minderheid in hun eigen steden worden om uit eerste hand te ervaren wat het is om te worden gediscrimineerd.

Dat is geen samenzweringstheorie. Vicepresident van de Verenigde Staten Joe Biden riep publiekelijk op om de (voormalige) blanke christenlanden te laten volgieten met onophoudelijke migrantenstromen, zogenaamd een "bron van onze kracht". Maar dat is gewoon Orwelliaanse nieuwspraak voor een teken van onze zwakte. Om onze ondergang te stuiten, moeten Europeanen eerst hun geschiedenis en hun voorouders rehabiliteren. Ze zouden hun kinderen moeten leren hun voorouders weer te eren.

Met behulp van Wikipedia heb ik een kleine selectie noemenswaardige Europese veroveraars samengesteld. Geen enkel kind zou zich voor hen hoeven schamen.

Leonidas van Sparta:
Leefde in het huidige Griekenland, 540-480 v.Chr. (60 jaar)
Tijdens de Tweede Perzische Oorlog leidde de krijgerkoning Leonidas de geallieerde Griekse strijdkrachten naar een laatste verzet bij de Strijd om Thermopylae, in een poging om de pas tegen het binnenvallende Perzische leger te verdedigen. De 300 Spartanen bestonden echt. In 1939 groef de Griekse archeoloog Spyridon Marinatos bij de Kolonos-heuvel grote aantallen Perzische pijlpunten op. Het was de plek waar Leonidas en zijn 300 Spartanen het leven lieten voor onze vrijheid.

Vercingetorix de Galliër:
Leefde in huidig Frankrijk, 86-42 v.Chr. (44 jaar)
Vercingetorix kwam in 52 v.Chr. aan de macht na zijn formele aanstelling als hoofdman van de Arveni-stam. Hij sloot onmiddellijk een verbond met andere Gallische stammen, bundelde hun krachten en leidde hen naar Galliës meest noemenswaardige opstand tegen Romeinse macht. Hij won de Slag bij Ger-

govia, waarbij 46 Centurions and 700 legionairs omkwamen en meer dan 6000 mensen gewond raakten, waarna Caesars Romeinse legioenen zich terugtrokken. In 42 v.Chr., bij de Slag bij Alesia, belegerden en versloegen de Romeinen zijn troepen en namen hem gevangen.

Arminius de Germaan:
Leefde in huidig Duitsland, 17 v. Chr.-21 n. Chr. (39 jaar)
Als tienerjongen werd Arminius, in het Duits ook wel Hermann genoemd, door Romeinse troepen ontvoerd en in Rome opgeleid tot officier in het Romeinse leger. Toen hij terugkeerde, werd hij hoofdman van de Germaanse Cherusken-stam. Nadat hij verschillende Germaanse stammen had verenigd, versloeg hij in het jaar 9 n. Chr. het Romeinse leger bij de slag in het Zwarte Woud. Daarna nam zijn invloed af en werd hij door rivaliserende Germaanse stamhoofden vermoord. Zijn vrouw Thusnelda was een behoorlijk kreng. In de huidige Duitse taal wordt haar naam afgekort tot Tussi gebruikt om oppervlakkige, materialistische vrouwen aan te duiden.

Attila de Hun:
Woonde in huidig Hongarije, 406-453 n. Chr. (47 jaar)
Tijdens zijn heerschappij was Attila, "de gesel Gods", een van de meest gevreesde vijanden van het Romeinse Rijk. Hij stak tweemaal de Donau over en plunderde de Balkan, maar was niet in staat Constantinopel in te nemen. Na zijn militaire campagne in Perzië volgde een invasie van het Byzantijnse Rijk. Hij probeerde ook wat nu Frankrijk heet te veroveren, nadat hij in 451 de Rijn overstak en tot aan Orléans marcheerde. Vervolgens viel hij Italië binnen en verwoestte de noordelijke provincies, maar het lukte hem niet om Rome te nemen.

Karel de Grote:
Woonde in huidig Frankrijk en Duitsland, 742-814 (71 jaar)
Als koning van de Franken verenigde Karel de Grote, of Charlemagne, tijdens de middeleeuwen een groot deel van Europa en legde hij de basis voor het moderne Frankrijk en Duitsland. Charlemagne wordt ook wel de "vader van Europa" genoemd, omdat hij vanaf het jaar 800 het grootste deel van West-Europa voor het eerst sinds het Romeinse Rijk verenigde. In een bliksemaanval marcheerden Karel en zijn leger om de Saraceense moslims tussen Tours en Poitiers te verslaan. Ze zouden nog twee keer terugkomen om beide keren door Karel te worden verslagen.

Rollo de Noorman:
Kwam uit huidig Noorwegen of Denemarken, 846-932 (86 jaar)
Rollo kwam uit een edele Vikingkrijgersfamilie. Volgens een bron zeilde hij naar Ierland, Engeland en Frankrijk, waar hij in 876 Rouen veroverde en de Vikingvloot leidde die Parijs tussen 885 en 887 belegerde. Na verloop van tijd zouden Rollo en zijn Vikingmaten zich van hun Noorse heidendom tot het christendom bekeren. Zijn zoon, Wiliam Longsword, en kleinzoon, Richard zonder Vrees, stichtten het Hertogdom van Normandië. De nakomelingen van Rollo en zijn mannen zouden bekend worden als de Noormannen.

Egill Skallagrímsson:
Woonde in het huidige IJsland, Noorwegen, 904–995 (91 jaar)
Als zevenjarige jongen waren buurtkinderen de IJslandse nationale held Egill eens te slim af. Woedend rende hij naar huis om een bijl te halen en eenmaal terug bij de jongens kliefde hij de schedel van een jongen die hem had bedrogen tot aan zijn tanden door. Hij zou later veel tussen Noorwegen en IJsland heen en weer reizen om te vechten tegen onder andere koning Harald

en voor koning Athelston. Hij was een gewelddadig man, maar ook een geleerde in de runen en een dichter die mensen kon ontroeren. Uiteindelijk keerde Egill terug naar zijn boerderij in IJsland. Hij bleef een man waar mensen in de lokale politiek rekening mee moesten houden. Hij stierf kort voor de kerstening van IJsland.

Godfried van Bouillon:
Woonde in huidig België, 1060-1100 (40 jaar)
In het jaar 1095 riep Paus Urbanus II op tot een kruistocht om Jeruzalem te bevrijden uit handen van de moslims, en om het Byzantijnse Rijk te verdedigen dat door moslims werd aangevallen. De leider van de kruistochten, Godfried van Bouillon, verkocht zijn land en gebruikte het geld om duizenden ridders te verzamelen om in het Heilige Land te vechten. Volgens de overleveringen was Godfried een bijzonder sterke man. In Cilicia zou hij de kracht hebben gehad om met een beer te worstelen. Hij zou onder de afstammelingen van de oorspronkelijke kruisvaarders een legende worden.

Vlad de Spietser:
Woonde in het huidige Roemenië, 1431-1477 (45 jaar)
Zijn vader, Vlad II, was lid van de Orde van de Draak, opgericht om het christendom in Oost-Europa te verdedigen. Vlad III wordt in Roemenië en Bulgarije aanbeden als volksheld voor zijn bescherming van Roemen en Bulgaren ten noorden en ten zuiden van de Donau. In 1459 riep Paus Pius II bij het Congres van Mantua op tot een nieuwe kruistocht tegen de Ottomanen. Vlad voegde zich bij de koning van Hongarije in de hoop om de Ottomanen buiten de deur te houden. Zoals zijn bijnaam suggereert, stond hij erom bekend zijn vijanden op palen te spietsen.

Jan Sobieski:
Woonde in huidig Polen en Oekraïne, 1629–1696 (66 jaar)
Sobieski's militaire vaardigheid, bewezen tijdens de oorlog tegen het Ottomaanse Rijk, droeg bij aan zijn dapperheid als koning van Polen. Geliefd onder zijn volgelingen stond hij het meest bekend om zijn overwinning op de Turken bij de Slag bij Wenen in 1683. Nadat hij op 12 september van dat jaar Wenen had bereikt, en het Ottomaanse leger op het punt stond de muren door te breken, beval Sobieski de totale aanval. Na zijn overwinning op de Ottomanen zouden zij hem de "leeuw van Lechistan" noemen. De Paus eerde hem als de "redder van het christendom" en van de West-Europese beschaving.

Wat al deze mannen met elkaar gemeen hebben is dat hun "patriarchale, moordende, verkrachtende" manier van leven ook de overleving van hun volk en hun nageslacht garandeerde. Feministen zien over het hoofd dat zij vandaag hun eigen bestaan aan hun patriarchale voorvaderen hebben te danken. Zonder zulke wrede mannen zou er vandaag zeker geen Verenigde Staten, Australië, Zuid-Afrika of zelfs Europa hebben bestaan. Maar er zouden wel andere, nog veel wredere mannen zijn opgestaan om hun plaatsen in te nemen.

Hadden deze oorlogszuchtige mannen zich tot progressieve lafheid bekeerd, hadden zij zich verstopt in *safe spaces*, hadden zij hun beslissingen door schuld en schaamte laten leiden, dan zouden hun kinderen niet lang genoeg hebben geleefd om er iets over te vertellen. Zonder hen zou democratie zoals we die kennen nooit tot stand zijn gekomen.

Dus is het moment aangebroken dat Europese mannen hun voorouders weer leren eren. Laten we het Westen heroveren en onze westerse beschaving weer verdedigen.

Recht op behoud van identiteit: De islamisering van Europa, een misdaad jegens de menselijkheid?

6 september 2016

In een schokkend interview bekende de Duitse minister van financiën Wolfgang Schäuble dat open grenzen de Duitsers van "degeneratie door inteelt" kunnen redden door zich te vermengen met Arabieren en Noord-Afrikanen. Hoe het Duitse denken in zeventig jaar tijd van het ene naar het andere uiterste doorsloeg zal misschien een raadsel blijven, maar niemand in Europa stemde in een democratisch proces ooit voor de invoering van multiculturele samenlevingen.

Ondanks dat het Europese continent honderden verschillende culturen heeft voortgebracht, kwam de kunstmatige multicultuur pas sinds de jaren zestig en zeventig ter wereld als nageboorte van ongebreidelde massa-immigratie. De vele migranten zouden zich weigeren aan te passen en slaagden gezien de hoge uitkeringsafhankelijkheid niet voor hun economische integratie. De ontstane chaos kreeg achteraf een politiek etiket. De multiculturele samenleving werd een feit, alsof de ondoordachtheid ervan altijd zo was bedoeld.

Ruim een halve eeuw later stellen de tientallen miljoenen migranten van buiten Europa de tolerantie van de autochtone ontvangers op de proef. De multiculturele samenleving die niet kon slagen is faliekant mislukt, alhoewel het Europese leiders als Cameron, Merkel en Sarkozy een halve carrière tijd kostte om dat toe te geven.

Na assimilatie en integratie zijn we aanbeland bij acceptatie—we moeten accepteren dat we nooit meer een eigen volk zullen zijn. Maar hoe is het ooit zover gekomen? Waarom was het verzet tegen het uitwissen van autochtone identiteit niet groter? En waar lag de kiem van het idee om onze landen zonder slag of stoot te laten volstromen met Arabische en Afrikaanse zoontjesoverschotten, een sociologische en demografische ramp die toekomst van Europese kinderen onherroepelijk en onherkenbaar zou veranderen?

In tegenstelling tot de moslims en andere niet-westerse migranten die recent naar Europa trokken, pasten Europese groepen die in het verleden naar Amerika vertrokken zich wel aan de daar geldende cultuur aan. Van de huidige blanke Amerikanen stamt de helft af van Duitse migranten. Duits-Amerikanen vormen de grootste minderheid, maar als groep vallen ze niet op. Ze gingen op in de dominante Angelsaksische cultuur die de Britse kolonialen hadden gesticht. Ze 'verduitsten' Amerika niet, maar veramerikaniseerden zichzelf. Ze ruilden hun moedertaal in voor het Engels. Hoe groot is het contrast wel niet met de miljoenen Mexicanen en illegalen die de afgelopen halve eeuw naar Amerika kwamen om geen woord Engels te leren spreken? Amerika omarmde een kwart van de Mexicaanse bevolking, meer dan dertig miljoen personen, waarvan tweederde illegaal. Als groep droegen de illegalen weinig tot niets aan de Amerikaanse cultuur bij, omdat ze Mexicanen zijn gebleven.

Ook in Europa ervaren we deze tweedeling tussen aangepaste en onaangepaste migranten. Raad eens welke van de twee groepen het vaakst slachtoffer van discriminatie beweert te zijn? Tijdens de Gouden Eeuw moesten migranten de Nederlandse cultuur wel overnemen, omdat er geen sociaal vangnet bestond. De afgelopen decennia botsen we op hele volksstammen die onze cultuur en onze waarden weigeren eigen te maken. Terwijl de Angelsaksische Amerikanen de komst van Duitse migranten anticipeerden en ze tot verplichte integratie dwongen, hebben Europese leiders nooit tot doel gehad om de nieuwkomers in ons te veranderen.

Die Europese laissez faire-houding aangaande massamigratie heeft een historische reden. De multiculturele samenlevingen die Noord- en West-Europa gesticht hebben, vloeien voort uit een koloniale verzamelwoede, de drang van rijke elites om de wereld te willen bezitten. Na het veroveren van grond, land en het onderwerpen van hele continenten mensen, na het plunderen en binnenhalen van 's werelds hulpbronnen, na het tot bezit verklaren van archeologische kunstschatten, verzameld in het Louvre of het British Museum, en zelfs na de slavernij en de mensenhandel, bleef er nog maar één mogelijkheid over om deze allesomvattende bezitsdrang te bevredigen—de menselijke dierentuin die we de multiculturele samenleving noemen.

Ik maak geen grap. Op het hoogtepunt van de koloniale wansmaak werden primitieve families uit de hele wereld verzameld en in Europa en Amerika voor publiek tentoongesteld. We hebben dit fenomeen uit ons culturele geheugen gewist, alhoewel we het fenomeen vandaag nog herkennen in de exposities van mensen in Madame Tussauds of *Body Worlds*. Zulke exposities tonen een duistere kant van de westerse mens, die zelfs zijn idolen en de opgezette lichamen van zijn medemens wil kunnen aanraken.

In een recent verleden, tot 1950, konden dagjesmensen met hun kinderen bezoekjes brengen aan levende nomadenfamilies, zoals de Sami uit Lapland, die zich in de Hagenbeck dierentuin bij Hamburg lieten bekijken, of de Sioux-indianen bij Chicago. Ze waren geen slaven, kregen betaald en wonnen contracten inclusief hotelovernachtingen. Soms waren ze professionele acteurs die zich middels onderwijs optrokken aan de modernere Europese cultuur. Bovenal bood het deelnemers een kans om hun nomadencultuur aan de wereld te tonen, als bijzonderheid in een tijd zonder televisie en internet.

De eerdergenoemde Sami leven nog steeds in het noorden van Noorwegen, waar ongeveer de helft van de populatie leeft, maar ook in Zweden, Finland en op het Russische Kola-schiereiland. Ze woonden er al lang voordat nationale grenzen hun leefgebieden zouden doorkruisen. Ze stammen af van mensen die zich tien- tot zesduizend jaar geleden in het gebied vestigden. Als volk vormen ze een eigen groep, los van de meer zuidelijke Finnen, Zweden en Noren. De Scandinaviërs en de Sami deelden duizenden jaren lang een op plaatsen overlappend leefgebied, omdat ze van geheel verschillende voedsel- en hulpbronnen afhankelijk zijn. De zuidelijkere Scandinaviërs dreven al vroeg handel over zee met de overige Europeanen en vestigden boerderijen, terwijl de Sami zich ontwikkelden als jagers en verzamelaars die leefden van visserij en rendierhouderij.

De Sami zijn autochtone Europeanen, blanke mensen met ook blonde exemplaren, maar ze verschillen genetisch van de andere Europeanen. Wetenschappers vermoeden dat ze als een soort zijtak afstammen van een kleine groep Europeanen die zich in een ver verleden van de rest heeft afgesplitst. Ze hebben een nauwe, platte neusbrug om de koude poollucht bij inademen nog beter te kunnen verwarmen alsook 'spleetogen' zoals bij sommige Oost-Aziatische volkeren, waar ze niet mee verwant zijn.

De Sami worden voor het eerst genoemd in Noorse en IJslandse saga's uit de elfde tot dertiende eeuw, zoals de saga over Egil, die verhaalt hoe de nationale held van IJsland 's zomers met zijn Vikingmaten terug naar Noorwegen vaart om de Sami in Lapland op te jagen, hun schedels in te slaan en hun voedsel en welvaart te plunderen. Door de eeuwen heen werden de Sami regelmatig als minderwaardige mensen afgeschilderd. De industrialisering van Europa bereikte ook het hoge noorden, waardoor de Sami steeds meer land bedoeld voor hun rendierkuddes moesten opgeven. Ze werden in Zweden ooit te werk gesteld in een slavenmijn. Europese antropologen hielden leden van de Sami onder schot, terwijl ze zich moesten uitkleden om 'schedelmetingen' te ondergaan, bedoeld om hun inferioriteit en de superioriteit van de andere Europeanen te 'bewijzen'. Zelfs tot 1975, lang nadat dergelijke praktijken door de nazi's werden uitgevonden, werden er Sami-vrouwen gedwongen ges-teriliseerd om de bevolkingsgroei in te dammen.

Het comité tegen rassendiscriminatie van de Verenigde Naties tikte de regering van Noorwegen in 2011 op de vingers met een rapport ter verbetering van de positie van de Sami. Maar vooral hun culturele identiteit stond het afgelopen millennium onder druk. Tot voor kort mochten Sami-kinderen geen onderwijs in hun eigen taal genieten. De bijna een dozijn talen die ze spreken staan allen op de VN-lijst voor bedreigde en uitstervende talen. De kerstening van de Sami zou, zoals bij andere Europeanen, hun eerdere natuurgeloof uitwissen.

Hoe hypocriet is het wel niet dat uitgerekend de Noren en Zweden, die nu zo bekend staan om hun tolerantie, hun eigen leefgebieden hebben opengezet voor niet-westerse migranten vanuit het zuiden, terwijl tegelijkertijd hun omgang met de Sami geen brevet van tolerantie rechtvaardigt? Desondanks moeten we waken voor het soort verhulde superioriteitsdenken dat stelt dat het alleen de Scandinaviërs zouden moeten zijn die anderen tolerantie kunnen uitdelen, alsof ze het omgekeerd zelf van niemand nodig hebben. Is het mogelijk dat met de komst van Arabieren, Turken, Noord-Afrikanen en Oost-Europeanen de rollen al zijn omgedraaid en dat de Scandinaviërs nu zelf moeten waken voor het verlies van hun identiteit?

Tenzij we met het woord diversiteit bedoelen dat we met zijn allen moeten versmelten tot een saaie, grijze wereldeenheidscultuur, zonder ruimte voor variatie, authenticiteit of traditie, dan zullen we moeten bepalen in hoeverre de volkeren van de wereld het recht hebben om hun identiteit actief te behouden, desnoods met geweld. Hadden de Sami zich niet met geweld tegen hun sterilisaties mogen verzetten? En tegen de gerichte acties om hun cultuur en identiteit middels koloniaal onderwijs uit te wissen?

Zo ja, dan mogen ook Europeanen hun cultuur verdedigen tegen de versluiering van vrouwen, de bouw van moskeeën, terugkerende agressie tijdens de ramadan, islamonderwijs, kortom tegen de islamisering en de daarmee gepaarde aanval op autochtone cultuur. Het taboe op politieke incorrectheid helpt in ieder geval niet bij het proberen beantwoorden van zulke vragen onder dreiging van een juridische veroordeling wegens racisme of discriminatie, want het beantwoorden ervan beschermt zowel de moslims als de Sami. De richtlijnen van de Verenigde Naties die de Sami bescherming bieden tegen Scandinavisch kolonialisme gelden ook voor alle Europeanen en voor alle volkeren die bescherming zoeken tegen een culturele verdrinkingsdood in zeeën van onaangepaste migranten.

Europa is de evolutionaire ontstaansgrond van de blanke mens, onze heilige geboortegrond. Hier leefden de Neanderthalers en de Cro Magnon-mensen die enkele van de oudste muurschilderingen en beeldhouwwerken ter wereld achter lieten.

Van Noord tot Zuid en Oost naar West zijn moderne Europeanen van zichzelf altijd al bijzonder divers geweest. Met honderden talen en nog veel meer dialecten, tientallen landen, duizenden klederdrachten en evenzoveel etnische identiteiten is het continent dankzij haar overkoepelende cultuur van individuele vrijheid misschien wel het meest diverse ter wereld. De noodzaak om dit werelddeel divers te maken middels ongecontroleerde massamigratie van steeds dezelfde, laagopgeleide en analfabete Arabieren, Noord- en Centraal-Afrikanen moeten we dan ook naar de prullenbak verwijzen.

Europeanen hadden nog nooit een gebrek aan veelzijdigheid dat door miljoenen van steeds dezelfde moslims kon worden opgelost, tenzij we bedoelen dat de Scandinaviërs met de slavernij van de Sami die laatstgenoemde cultuur werkelijk hebben verrijkt. Integendeel, het is discriminerend en racistisch om te beweren dat Europeanen aan culturele of genetische armoede zouden lijden, of dat zij zich enkel uit dit slop kunnen trekken door zich onder dwang met ongewilde nieuwkomers te vermengen.

De multiculturele samenleving kreeg geen mandaat van het volk. De grootschalige multiculturalisering van Europa werd nog nergens ter wereld herhaald, of we zouden de Japanisering van China of de germanisering van Polen tijdens de Tweede Wereldoorlog moeten meetellen, of in de zevende eeuw de islamisering van Noord-Afrika. Multiculturele samenlevingen zijn een *contradictio in terminis*, want ofwel versmelten we tot één onherkenbare migrantencultuur, of we splitsen onszelf op in monoculturele enclaves waarbij we elkaar reduceren tot het levend behang aan het eind van onze werelden. Linksom of rechtsom valt er dan geen multicultuur meer te bekennen. Bestaat deze samenlevingsvorm dan soms ter vermaak van een verveelde Bilderbergelite die zich eens per jaar onder het plebs begeeft om de menselijke aapjes na te mensen?

Hoe dan ook betalen we er een prijs voor: de toekomst van ons nageslacht. De enclavevorming waarmee het multiculturalisme alle grote Europese steden infecteerde, leidde tot sociale en economische ontwrichting met onduidelijke voordelen. De onverenigbare waardesystemen van autochtonen en migranten vereisten eenzijdige concessies van de nog dominante cultuur, die zulks voorlopig kan veroorloven. Maar migranten buiten deze naïeve vrijgevigheid maximaal uit, tenminste zolang de autochtone belastingbetaler zich gedwongen voelt ervoor te betalen en bereid is zijn eigen gezin klein te houden om plaats te maken voor allochtone aanwas. Wat dat betreft hoefden moslimmigranten Europese vrouwen helemaal niet te steriliseren zoals bij de Sami gebeurde, want ze kozen vrijwillig voor "de carrière".

Terwijl de Scandinaviërs hun moslimse gasten beter faciliteren dan de autochtone Sami uit eigen land, moeten we concluderen dat mensen zijn gereduceerd tot cijfertjes in een boekhoudkundig grootboek. De moslims in Oslo, Malmö, Stockholm en Helsinki leveren de kapitalistische industrie nu eenmaal meer winsten op dan de Noordse sneeuwnomaden op hun ijskamelen. De islam is een snelgroeiende afzetmarkt voor westerse economieën. Uit winstbejag hebben we de toekomst van onze kinderen verkocht en het geld gratis aan migranten weggegeven.

De multiculturalisering van Europa blijkt een goocheltruc waarbij het eigen publiek wordt weggetoverd om plaats te maken voor een ander. Toch zal de multiculturele ideologie niet lang meer houdbaar blijven. Ze is een misdrijf jegens de Europese menselijkheid en als bij de Neurenbergse processen zullen haar architecten hun vonnis niet ontlopen. Europeanen zullen niet de Sami van de wereld worden, maar met succes hun recht verdedigen Europeaan te blijven.

Zweedse hoogmoed: Morele supermacht of jaloerse buur?

20 juli 2016

De Kungsleden, een meer dan 400 kilometer lang hike-traject door Europa's laatste wildernis, start boven de poolcirkel in het Zweedse dorpje Abisko. Daar kronkelt het traject zuidwaarts door Lapland. Hier lopen rendierkuddes, elanden, lynxen en beren elkaar in de weg. De hike beloont de wandelaar met adembenemende vergezichten, woeste bergdalen en wilde stromen smeltend sneeuwwater die in meren en rivieren uitmonden. Het zijn de aders die de Laplanders en hun rendieren al duizenden jaren van leven voorzien.

Aangekomen bij Teusajaure, een berghut onderaan de voet van een waterval, ontmoette ik een vrouw die me een taboe openbaarde. Zweden staat in het buitenland bekend als het land van open grenzen dat vele gastarbeiders, asielzoekers en vluchtelingen opving. Maar door jaren van economische malaise vertrokken sinds het jaar 2000 grote aantallen autochtone Zweden zélf als gastarbeider naar buurland Noorwegen. Iedere zomer zoeken tienduizenden Zweedse jongeren er baantjes om er "zo rijk als een trol" te worden. Velen emigreerden permanent. Alleen de Noorse hoofdstad Oslo telt al meer dan 50.000 Zweedse gastarbeiders, meer dan 10% van de stadsbevolking.

Hoe komt dat? De afgelopen vijftien jaar draaide een eeuwenoud rollenpatroon tussen beide landen onverwacht om. Lange tijd exploiteerde een rijker Zweden haar buurland als een soort kolonie voor natuurlijke hulpbronnen. Historisch gezien waren het de Noren die bij de buren baantjes kwamen zoeken. Maar vanaf 1969 kwam daar verandering in, toen de Noren voor de kust van hun land grote olievoorraden ontdekten. Inmiddels is Noorwegen de op zeven-na-grootste olie-exporteur ter wereld. Het bracht de bevolking van amper vijf miljoen inwoners ongekende welvaart.

In het tijdperk voor de olie gold Noorwegen nog als het armste land van Europa, een praktisch derdewereldland waar mensen 's winters gevangen zaten tussen de dichtgevroren fjorden, afgesneden van de buitenwereld. Veel Noren leden 's winters echte honger en vreesden de hongerdood. Vandaag beheren ze een nationaal pensioenfonds ter waarde van meer dan 750 miljard dollar, het grootste beleggingsfonds ter wereld. Handje contantje maakt iedere Noor aanspraak op meer dan anderhalve ton pensioenbonus.

De Noren hebben nu zoveel geld dat ze niet weten wat ze ermee moeten doen. En dat steekt de buren, want Zweden wisten zich de afgelopen eeuwen verzekerd van hun dominantie economische en culturele positie in Scandinavië. De regionale macht die Zweden naar zich toetrokken was zo vanzelfsprekend dat het land zelfs geen oorlog meer hoefde te voeren om die positie te verdedigen. Het land tijdens de Tweede Wereldoorlog dan ook net als Zwitserland neutraal, met als gevolg dat Duitse troepen zonder weerstand naar Noorwegen konden marcheren om de Noordzeekust te controleren.

Die vanzelfsprekendheid bleek misplaatste hoogmoed. Bij gebrek aan eigen onontdekte hulpbronnen zoals de Noordzeeolie legde de Zweedse economie het snel af tegen de Noorse. Zoals in de grafiek hierboven te zien is, steeg het Noorse bruto nationaal product (bnp) de afgelopen vijftien jaar tot bijna het dubbele van dat van Zweden. Door de sterke economische groei ontstond er in Noorwegen een tekort aan arbeidskrachten dat Zweedse invalmigranten zijn komen aanvullen. De Zweden zijn immers hoogopgeleid en de taal lijkt als twee druppels water op het Noors.

Omgekeerd hebben veel Noren door hun gratis rijkdom eigenlijk geen zin meer om te werken. Werken is voor Zweden. De *norvégien riche* leeft liever een onderdrukte nationale trots uit. Ze wrijven het de buren in dat nu Noorwegen het rijkste land is geworden en de Zweden hun vuile werk maar moeten komen opknappen. Een populair Noors kledingmerk heet bijvoorbeeld Anti Sweden. Popmusici schilderen de Zweedse gastarbeiders af als verwijfde dronkenlappen. In reactie daarop maakten Noorse kunstenaars een documentaire om uit te leggen dat ook "Zweden mensen zijn". (Het valt op dat blanke mensen elkaar onderling met groot venijn durven discrimineren.)

De nu tweederangs Zweden hebben voor hun historische arrogantie een flinke trap in het kruis gekregen. Het statusverlies doet pijn, maar juist daarin ligt de verklaring voor de uiterst 'progressieve' politiek die het land is gaan voeren. Want wat de Zweden niet met zwart goud konden winnen, losten ze op met zwarte mensen. Terwijl Noorwegen de olierijkdom aanboorde, boorde Zweden een eindeloze stroom goedkope arbeidsmigranten aan van arme, afhankelijke mensen uit voornamelijk moslimlanden. Ze zetten de massamigratie in als middel om het terugtrekkende economische tij te keren.

Dat werpt een ander licht op het land van IKEA en *köttbullar*. Zweden hebben zich naar de buitenwereld toe traditioneel als morele supermacht gepresenteerd. Zij zijn toch die mensen die uit zuiver christelijk-altruïstische motieven hun land in een nationaal opvangkamp veranderden, alleen maar om mensen in nood een beter leven te bieden? In werkelijkheid worden migranten schaamteloos uitgebuit zoals dat vroeger met de Noren gebeurde. Asielzoekers die in de belofte van huis, auto en gratis vrouw trappen, staan voor ze het weten in de noordelijk gelegen Kiruna-mijn ijzererts te beitelen. In dezelfde mijn werden vroeger Laplanders als slaaf te werk gesteld, nu zijn het Afrikaanse vluchtelingen. Ondertussen eigenen autochtone Zweden zichzelf de beter betalende Noorse baantjes toe.

Wat in Scandinavië in het klein gebeurt, zien we op grote schaal terug tussen Oost- en West-Europa. West-Europa wist zichzelf te verrijken door het aanboren van nieuwe wereldmarkten en zwengelde zo de globalisering aan, terwijl Oost-Europese, Midden-Oosterse en Afrikaanse migranten de benodigde gastarbeid kwamen brengen. Het Westen verrijkte zich op kosten van de gastarbeiders, die als moderne slaven het vuile werk kwamen opknappen. Maar de geopolitieke verschuivingen die zulke massamigraties in gang hebben gezet, lijken overal ter wereld samen te komen op dezelfde doodlopende weg.

Net als Zweden waant het Westen zich met Amerika voorop als vanzelfsprekend het culturele, economische en morele centrum van de wereld, tot ergernis van andere wereldbeschavingen. De westerse arrogantie is hoogmoed, want in werkelijkheid hebben Europa en Amerika al lang geen visie meer. De Idee Europa is opgebrand en onder de lipstick stelt Amerika niets meer voor dan een mislukte Britse kolonie. Toen de Grieken 2400 jaar geleden de directe democratie uitvonden, hadden ze niet kunnen vermoeden dat de westerse mens zijn vrijheid zo zou verkwanselen. Westerlingen lijden aan ontkenning en weigeren te accepteren dat ze al over hun hoogtepunt heen zijn.

We zullen zelf weer aan de slag moeten. Laat de vechtlust van de Spartanen ons opnieuw inspireren, net als de architecten van het Romeinse Rijk, de dappere kruisvaarders, de reizen van Columbus of de NASA-ingenieurs die een mens op de maan zetten. Laat het heden maar barsten. We bedenken een nieuw Idee voor Europa en bouwen een brug tussen ons glorieuze verleden en een glorieuze toekomst. Wat in ieder geval vaststaat, is dat we die brug zélf zullen bouwen.

Bescherm Zwarte Piet tegen de uitverkoop van Sinterklaas

12 november 2015

De rel over Zwarte Piet brandt heviger dan ooit los. Onder leiding van Quincy Gario probeerde een groep activisten Zwarte Piet bij de rechter te verbieden. Ze boekten winst. Zwarte Piet zou een "negatieve stereotypering" en een "kwetsende figuur" zijn. Maar Zwarte Piet is geen neger, slaaf, moslim, Moor of Afrikaan. Hij is folklore en hij is ouder dan de Europese ontdekking van Afrika.

In 2013 plaatste *De Volkskrant* bijna dagelijks nieuwe 'scheppingsverhalen' over Sinterklaas op haar website. De intellectuele schrijvers probeerden, op een enkeling na, te bewijzen dat Zwarte Piet een discriminerende oorsprong moest hebben. Maar ze spreken elkaar tegen.

Volgens Michiel Kruijt is Zwarte Piet — "geen twijfel" — een Amsterdamse kinderslaaf. Marleen de Vries weet zeker dat hij een Moor is en volgens Louise Müller is hij een Griekse moslimknecht. Verwarring alom. Hier geen universele waarheid te bekennen. En ze maakten nog een fout. De auteurs probeerden Zwarte Piet los van de sinterklaastraditie te verklaren, dus los van Noord-Europese folklore, op Douwe Linders van Bureau Brandeis na:

> "De oorsprong van Zwarte Piet ligt niet in koloniale tijden. De figuur bestond zelfs al toen de Europese mens nog nooit in aanraking was geweest met de Afrikaanse mens."

Wie zegt dat Sinterklaas een van oorsprong Turkse bisschop was, moet ook uitleggen hoe een Turk op een witte schimmel belandt. Schimmelpaarden komen van nature niet voor in Turkije, wel in Noord-Europa. Wat doet een christelijke bisschop eigenlijk op een vliegend paard? Zonder context heeft geen enkele intellectuele oefening zin.

Het sinterklaasfeest zoals wij dat nu vieren zou zijn bedacht door Jan Schenkman in zijn boekje *Sint Nikolaas en zijn knecht* (1850). Een tekenaar gaf de knecht een zwart gezicht met krulhaar—geen kroeshaar—rode lippen en gouden oorringen. Maar Schenkman bedacht het verhaal niet zelf. Marc Gilling van het Pietengilde legt uit:

> "... zowel Zwarte Piet als de schimmelruiter Sinterklaas [zijn] relicten uit ons Germaanse verleden. Zij vertonen nog kenmerken van een voorchristelijke midwinterrite waarin mannen in roetvermomming, uitgerust met een roe en een zak, de overgang van winter naar lente naderbij probeerden te brengen."

De midwinterrite werd onder druk van de geboorte van Jezus, de kerstviering, verplaatst naar vijf december, wellicht in de hoop dat het heidense feest zou uitsterven. Maar ruim duizend jaar na de invoering van het christendom in Noord-Europa bestaat de rite nog steeds. De overeenkomsten tussen de moderne Sinterklaas en zijn Germaanse voorouder zijn opvallend:

- De staf van Sinterklaas—*Gungnir*, de speer van Wodan en een fallussymbool;
- Americo, de vliegende witte schimmel—*Sleipnir*, de vliegende witte schimmel met acht benen;
- Twee hoofdpieten die Sinterklaas informeren—twee zwarte raven, *Huginn* en *Muninn*, die Wodan informeren;
- Pepernoten en chocoladeletters door de schoorsteen—noten en vruchten voor de lente, runentekens als symbool voor (landbouw)kennis;
- Een 'leger' Zwarte Pieten—het dodenleger van Wodan, de gevallen krijgers van Walhalla;
- De wortel in de schoen voor Americo—oogstoffers.

De activisten die Zwarte Piet als moedwillige discriminatie van zwarten willen zien, leven in een eigen wereld waarin blanken met elkaar samenspannen om zwarten te discrimineren. Precies op vijf december natuurlijk, zoals afgesproken. De activisten verraden daarmee alleen maar hun eigen racistische motieven. Niet Zwarte Piet, maar het emotionele eenrichtingsverkeer van een kleine groep activisten is het probleem.

Veracht Lodewijk Asscher de autochtone volkscultuur?

9 februari 2016

In een debat met Afro-Caribische Nederlanders beweerde Lodewijk Asscher afgelopen augustus in zijn hoedanigheid als vicepremier dat "Zwarte Piet heel snel zal veranderen en verdwijnen." Dergelijke sentimenten herhaalde de vicepremier voor de

NOS ("Asscher wil af van kwetsende Zwarte Piet") en op zijn persoonlijke Facebook-account. In de Tweede Kamer voorzag Martin Bosma (PVV) hem terecht van weerwoord.

De vader van mijn moeder vocht in 1940 als soldaat mee met de Slag om de Grebbeberg. Mijn andere opa legde zijn functie als lid van de Provinciale Staten Noord-Brabant neer, waarop de nazi's hem veroordeelden tot een gevangenisstraf in Scheveningen. Hij kocht zich na zes maanden vrij.

Wat wonnen deze heldhaftige mannen met hun heldendaden? Een ondankbare hond van een vicepremier die autochtone volkscultuur veracht.

Met zijn oproep Zwarte Piet te laten verdwijnen, schopte vicepremier Asscher mij persoonlijk recht in mijn ziel. Voor mij heeft Zwarte Piet een bijzonder emotionele waarde. Door omstandigheden voelde ik me als jong kind door niemand geliefd. Ik raakte al vroeg in mijn leven ernstig depressief. Maar één keer per jaar, begin december, leefde ik op. Als jongen van vijf, zes jaar oud wist ik zeker dat twee mythische wezens—Sinterklaas en zijn Zwarte Piet—over mij waakten.

Zwarte Piet speelde daarin de hoofdrol. Hij was voor mij als een superheld, mijn beschermheilige. Wij hadden thuis een heuse kachel in de woonkamer. Voor het slapen gaan controleerde ik routineus dat het vuur uit was, zodat Piet niet zou stikken in de rook. Wanneer ik mijn schoen zette, zorgde ik dat de kacheldeurtjes open stonden, zodat Piet niet zou komen vast te zitten als hij door de schoorsteen kroop.

Maar wanneer dertig jaar later plots een eenzijdige discussie losbarst over het verondersteld 'racistische' karakter van Zwarte Piet maakt mij dat ontzettend boos. Als dan mijn eigen vicepremier publiekelijk oproept tot de afschaffing van deze volksfiguur meen ik het volste recht te hebben om keihard te reageren.

Lodewijk Asscher is in mijn ogen een rasopportunist die veel Nederlanders moedwillig pijn doet, enkel om daarmee een handjevol mondige activisten tevreden te stellen. Is het misschien omdat de PvdA zo slecht scoort in de peilingen?

Asscher is van de PvdA. Dat is de partij die het labelen van Israëlische producten in Nederlandse supermarkten opnieuw invoerde. Dat is de partij die door het hele land vooroploopt bij anti-Israël demonstraties, waar met gestrekte rechterarm wordt opgeroepen de Talmud te verbranden en alle joden te doden. Dat is de partij met de grootste antisemitische achterban van Nederland, voornamelijk Turkse en Marokkaanse moslims die Israël liefst zien verdwijnen.

Asscher leert anderen graag geschiedenis. Maar over geschiedenislessen gesproken: het verbieden van (volks)cultuur valt onder de noemer *Kunst-Verbote* waarmee de nazi's vanaf 1936 alle in hun ogen "entartete Kunst" verboden. Wie zich anno nu tot dit niveau verlaagt, zoals Asscher doet, die kennelijk onze ontaarde sinterklaascultuur wil verbieden, verdient respect noch medeleven.

Ik sta daarom 100% achter mijn uitspraak dat Lodewijk Asscher "autochtone volkscultuur veracht". Hij kan gemakkelijk roepen dat hij Zwarte Piet wil afschaffen, want als telg van een Amsterdamse, joodse juristenfamilie—dat las ik gewoon op Wikipedia—heeft hij er zelf vast geen emotionele band mee.

Ik nam derhalve aan dat Asscher thuis geen Sinterklaas vierde. Dit blijkt onjuist. Maar terwijl Asscher het sinterklaasfeest als discutabel toneelstukje voor zijn kinderen opvoert, is het voor mij en vele mensen zonder migratie-achtergrond de cultuur van onze voorouders. Ik ben dan ook bereid te vechten voor het behoud van Zwarte Piet.

De oproep om Zwarte Piet af te schaffen tekent enkel de kloof tussen de multiculturele bestuurselite en de monoculturele meerderheid.

Ter vergelijking: zelfs Geert Wilders riep nog nooit op tot het afschaffen van het Suikerfeest, het gradueel veranderen van

Winti-rituelen of het doen laten verdwijnen van het Kwaku zomerfestival, alleen maar omdat het sommige mensen zou kunnen kwetsen. En terwijl Asscher zegt dat Zwarte Piet snel zal verdwijnen, lukte het hem als Minister van Integratie eerder niet om bijvoorbeeld meisjesbesnijdenis en gedwongen huwelijken uit te bannen.

Asscher heeft als politicus geen enkele geloofwaardigheid. Ik verzoek hem daarom vriendelijk zijn politieke carrière per direct te beëindigen. Niet Zwarte Piet zal verdwijnen, maar de man die anderen de zwartepiet toespeelt. Een vicepremier die van zijn eigen volk walgt, moet ander werk zoeken.

6

Reactionaire elites

***Leven na democratie: Hoe elites het democratische volk tot
volgzaamheid manipuleerden***

10 april 2016

Je maintiendrai leest de wapenspreuk van Nederland–ik zal
handhaven. Maar is onze democratie een moderne verworven-
heid die we, eenmaal verworven, voor altijd zullen handhaven?
Nee, zegt professor Colin Crouch van de Universiteit van War-
wick, auteur van het pamflet *Coping with Post-Democracy*. Volgens Crouch leven westerlingen, of ze het nu doorhebben of
niet, in het post-democratische tijdperk waarin democratische
instituten slechts een ceremoniële rol spelen.

De kenmerken van leven na democratie zien we om ons
heen: steeds lagere verkiezingsopkomsten, steeds meer ach-
terkamertjespolitiek en een steeds grotere focus op de persoonlijkheden van politici in plaats van op hun beleid. In een
post-democratie past de door Geert Wilders bedachte term
'nepparlement', maar ook het geklaag van intellectuelen over
het "effect van referenda op de democratie." Referenda zijn de
enige democratie zijn die we nog hebben. Met democratie be-

doelen we vaak niet de macht van het volk, maar de macht *over* het volk—kuddemanagement.

Professor Crouch legt uit hoe en waarom democratieën door sabotage het onderspit delven. In de jaren vlak na de stichting van een democratie stort het volk zich met volle overgave op de nieuwe mogelijkheden, maar die interesse ebt later weg. Ondertussen leren bestuurselites hoe ze de stemgerechtigde massa moeten managen en manipuleren. Ze doen dat middels voorgekookte massa-opinie die ze via krant, radio, televisie en internet bij het volk aanprijzen. (Bij ons heten zulke kanalen De Wereld Draait Door, Nieuwsuur of Pauw.)

Uiteindelijk raakt het volk gedesillusioneerd, verveeld. Het volk heeft belangrijkere dingen aan het hoofd dan politiek actief te zijn, aldus Crouch. Dan kwijnt ook de zin om te gaan stemmen weg, zoals we afgelopen 6 april bij het referendum over het Oekraïneverdrag zagen. De Nederlandse kiezers haalden in de verlengminuten ternauwernood de kiesdrempel van 30%. Niet alleen de strategische thuisblijvers verzaakten hun democratische plicht, maar net zoals bij de Europese verkiezingen bleef ruim tweederde van de bevolking thuis. We hebben inderdaad andere dingen aan ons hoofd.

In dat geval moeten we met professor Crouch concluderen dat democratie een wassen neus is geworden. Begin 21ste eeuw beschouwen velen in het Westen de democratie als lichtnummertje voor het fatsoen, maar de stem van het volk heeft al lang niet meer dezelfde impact die het een eeuw geleden had. Burgers zijn verworden tot passieve toeschouwers van de politieke spelen, niet veel anders dan horige boeren en lijfeigenen, waarschuwt Crouch:

> "... zowel de technieken om de publieke opinie te manipuleren als de mechanismen om politiek kritisch te onderzoeken worden steeds geraffineerder, terwijl de inhoud van de par-

tijprogramma's en de rivaliteit tussen partijen steeds saaier
en leger worden. Men kan dit niet een vorm van anti-demo-
cratie noemen, ... maar tegelijkertijd is het moeilijk om dit
tot democratie te verheffen, omdat zo veel burgers zijn gereduceerd tot de rol van gemanipuleerde, passieve, zeldzame
deelnemers." [1]

Democratie is een luxe. Welvarende maatschappijen kunnen
zich democratie veroorloven tot het geld opraakt. Het verval
van de westerse democratie moeten we misschien zien als het
verval van westerse macht in de wereld. Onze bestuurselites verachten de democratie om nog een andere reden: de noodzaak
tot militaire en industriële continuïteit om hun macht over het
volk te behouden. Zou het volk met haar democratische stem
werkelijk aan de macht komen, dan zou het plebs kunnen beslissen het leger volledig af te schaffen. Dan stelde het volk zich als
makke schapen bloot aan de eerste de beste antidemocratische
bezetter.

Ergens mogen we de hoop koesteren dat de islamitische
massamigratie naar Europa niet geheel toevallig samenvalt met
kwijnende Europese democratieën. Als de meerderheid van de
kiezers daadwerkelijk graag in een islamitisch kalifaat wil lev-
en, of werkelijk te naïef is om de gevolgen van massamigratie te
begrijpen, dan zullen beter geïnformeerde elites de macht naar
zich toe moeten trekken om de vijand weerstand te bieden.

Dat scenario geeft ons een sprankeltje hoop tegen de nachtmerrie dat het juist de Europese elites zelve zijn die het continent in de afgrond willen storten. Vrijheidslievende Europeanen moeten in verzet komen, zowel tegen hun manipulerende
elites als tegen het verval van de democratie. Laten we de parlementaire democratie vervangen door een directe democratie,
zodat niet de onzekere thuisblijvers, maar de vastberaden stem-
mers hun toekomst effectief veilig kunnen stellen.

De waarheid over MH17: Een politieke massamoord

1 juni 2017

Op 17 juli 2014 vertrok Malaysia Airlines vlucht 17 (MH17) op weg van Amsterdam naar Kuala Lumpur. Iets na 13:20 plaatselijke tijd stortte het toestel neer bij het dorp Hrabove in Oekraïne. Amerikaanse inlichtingendiensten beweerden vanaf dag één beelden van de aanslag in bezit te hebben. Die beelden zouden bewijzen dat pro-Russische rebellen vanuit Snizhne een BUK-raket op vlucht MH17 hadden afgevuurd.

Ik steun de conclusie van de Onderzoeksraad voor Veiligheid (OVV) dat een type grond-lucht-raket vlucht MH17 heeft neergeschoten. Maar waar het mandaat van de OVV ophield zonder schuldige aan te wijzen, laat ik het bewijs voor zich spreken. Een analyse van de vroegste mediaberichten rondom de aanslag zegt dat de fatale raket niet door pro-Russische rebellen, maar door pro-Oekraïense extremisten werd afgevuurd.

Anders dan media die zich op anonieme bronnen beroepen, houd ik me in dit stuk aan verifieerbare feiten. Als hoofdverdachte wijs ik naar elementen van het privéleger van de anti-Russische luchtvaartmiljardair Ihor Kolomoyskyi, een oligarch die destijds gouverneur van de aangrenzende regio Dnjepropetrovsk was.

De politieke consequentie is dat niet Rusland, maar Oekraïne medeplichtig is aan de massamoord op 298 burgers.

Op 16 juli 2015 gaf News Corp Australia van eigenaar Rupert Murdoch een schokkend filmpje vrij.[2] Het filmpje duurt ongeveer vier minuten en toont mannen in militaire camouflagepakken. Ze ploeteren vlak na de aanslag door brandende wrakstukken. Ze openen tassen en vinden een vluchtrecorder.

Maar het filmpje was niet nieuw. Het werd een jaar eerder op de fatale dag van 17 juli 2014 in iets andere vorm uitgezonden door de BBC. Correspondent John Donnison vroeg op Twitter excuses van News Corp voor hun zogenaamd 'exclusieve' uitzending.[3]

De bron van het filmpje blijkt raadselachtig. Hoe kwam de BBC binnen luttele uren na de ramp in het bezit van zulke beelden? The Guardian beweert dat het filmpje uit een rebellenbasis in Donetsk zou zijn gesmokkeld.[4] Donetsk ligt op iets minder dan twee uur rijden van de crashsite bij Hrabove.

Volgens News Corp komt het filmpje van een langere versie van 17 minuten. Dat ruwe materiaal is nooit vrijgegeven. Wel publiceerde News Corp een transcriptie van de langere versie op zijn website.[5] Inmiddels is dat weer verwijderd, maar terug te vinden op Internet Archive.

Hieronder bespreek ik uitspraken van de mannen in het filmpje. Vier van de mannen noemen elkaar bij naam: Ruslan, Oleg, Roman en Kalyian. Ze zijn nooit aangehouden of ondervraagd. Hun superieuren weten meer van de aanslag.

Ik maak op dat Ruslan de commandant is die het filmpje maakt. De commandant staat in telefonisch contact met zijn superieuren. De mannen zouden naar de crashsite zijn gestuurd om Russische piloten te zoeken die uit een Sukhoi-gevechtsvliegtuig zouden zijn geparachuteerd. Tenminste, dat denken ze.

Commandant Ruslan: "Ze [de superieuren] zeggen dat de Sukhoi het burgervliegtuig heeft neergehaald en dat die van ons de [Sukhoi] heeft neergehaald."

De rebellen hebben geen luchtmacht. Een ander, dus Oekraïens gevechtsvliegtuig zou die van de Russen uit de lucht hebben geschoten. De mannen ter plaatse begrijpen weinig van de situatie die ze aantreffen.

Man: "Het is verwarrend. Geen idee waar de Sukhoi is, het brand hier en er zijn overal wrakstukken."

De twee Russische piloten en de neergestorte Sukhoi zijn helemaal nergens te bekennen. In plaats daarvan vinden ze tot hun schrik een passagiersvlucht. Ze doorzoeken haastig bagage en tassen om te achterhalen van wie de lichamen toch kunnen zijn.

Man: "Er zijn documenten; het zal meteen zeggen wiens vliegtuig het is. ... Een of andere stewardess, niet Russisch. ... Ze zijn niet Russisch."

Commandant Ruslan: "Het is een Malaysian Airport ID, Malaysian Airlaines. Het verloopt op de 26ste juli 2018."

Het wordt de mannen nu pas duidelijk dat de lichamen niet van Russische parachutisten zijn, maar van burgers. Ze proberen de situatie te verklaren.

Man: "De gevechtsvlieger heeft deze neergehaald, en onze mensen hebben de gevechtsvlieger neergehaald."

De "gevechtsvlieger" wijst weer op de Russische Sukhoi waar ze naar zochten. De woorden "onze mensen" kunnen niet op rebellen wijzen, want die zouden geen Russen aanvallen. "Onze mensen" zijn dus Oekraïense troepen. De mannen in het filmpje vochten tegen de rebellen.

De ware toedracht wordt uit de gesprekken niet meteen duidelijk, omdat de mannen er zelf niets van begrijpen. De mannen zijn maar een grondploeg die door superieuren naar de crashsite werd gestuurd.

De transcriptie van News Corp houdt vier scenario's open, die niet allemaal even waarschijnlijk zijn:

1. Een Russische Sukhoi schoot de MH17 neer, waarna een Oekraïens gevechtsvliegtuig—"die van ons"— de Sukhoi uit de lucht haalde. *Onwaarschijnlijk. De veronderstelde Russische Sukhoi en zijn piloten werden nooit gevonden.*

2. Een Oekraïens vliegtuig haalde de MH17 neer, omdat het de Boeing verwarde met een Russische jager. *Het OVV-rapport verwerpt deze mogelijkheid.*[6]

3. Een Oekraïense grond-lucht-raket raakte de MH17 per ongeluk. De superieuren dachten een Russische Sukhoi geraakt te hebben. *Onwaarschijnlijk, want de internationale vliegroute was een bekend gegeven.*

4. Een Oekraïense grond-lucht-raket raakte de MH17 met opzet, maar de superieuren logen erover tegen hun ondergeschikten. *Dit verklaart de verwarring onder de mannen ter plaatse.*

Het vierde scenario lijkt het meest plausibel. Ongeacht het juiste scenario staat één ding vast: de inhoud van de gesprekken pleit de rebellen vrij. De rebellen hadden geen luchtmacht. Ook in het BUK-scenario moeten de daders pro-Oekraïense strijders zijn geweest, want ze dachten Russen te hebben neergeschoten.

De conclusie is dat Oekraïne het heeft gedaan. Maar wie dan precies?

Vreemd genoeg publiceerde News Corp de transcriptie van het filmpje eerst met de titel "We're at the site. It's civilians", maar veranderde een redacteur de titel in "Full transcript: Russian-backed rebels ransack the wreckage of MH17 in shocking 17-minute video".

De nieuwe titel suggereert dat de mannen in het filmpje pro-Russische rebellen zouden zijn, maar uit de transcriptie blijkt juist van niet. Ook de BBC suggereerde een jaar eerder dat de mannen rebellen zouden zijn. Waarom hebben de BBC en News Corp de ware identiteit van de daders zo lang verborgen gehouden?

Uit het filmpje van de BBC en News Corp blijkt dat de mannen dachten dat ze naar geparachuteerde Russische piloten moesten zoeken. Dat scenario lezen we op 21 juli terug in de Italiaanse krant Corriere della Sera, zowel in een Italiaanse[7] als in een Engelse[8] versie. Beide versies werden bijna duizend keer gedeeld op Facebook.

Maar journalist Lorenzo Cremonesi heeft het verhaal een draai gegeven. Hij tekende het volgende op uit de mond van een strijder:

> "We schoten een Kiev-vliegtuig neer, zeiden onze superieuren. We dachten dat we naar Oekraïense piloten zochten, maar in plaats daarvan vonden we dode burgers."

Huh?! In de transcriptie van News Corp ging het om een Russische Sukhoi-gevechtsvlieger en zochten de mannen naar de twee Russische piloten. Cremonesi heeft de partijen omgewisseld. Na de BBC en News Corp heeft nu ook Corriere della Sera de Oekraïense strijders zomaar in 'rebellen' veranderd.

In Cremonesi's stuk lezen we niet voor niets dat de strijders hun naam en rang niet aan derden mochten geven. Naar de buitenwereld moeten zij een toneelstukje opvoeren dat ze pro-Russische rebellen zouden zijn.

Joseph Resch is een Duitse privédetective die de aanslag op vlucht MH17 onderzocht. Hij zou een informant in contact hebben gebracht met een Zwitserse gezant van een anonieme opdrachtgever, "misschien een oligarch", of iemand die buitenlandse overheden zou willen chanteren met informatie over MH17.[9]

Dat klinkt vergezocht. Dit hoeven we toch niet serieus te nemen? Het Nederlandse Openbaar Ministerie nam het verhaal serieus en vroeg de Duitse justitie om het huis van Resch te doorzoeken. Elf deels zwaarbewapende agenten zochten naar papieren en computers. Ook braken agenten een kluis op naam van Resch in Zwitserland open. Daar zat niks in.[10]

De Duitse rechter wilde Resch met een juridische procedure dwingen zijn kennis op te biechten, maar hij weigerde. Het zou hem zijn leven kunnen kosten. Dat leverde de detective een verdenking op mee te werken aan het verbergen van oorlogsmisdaden.[11]

Onder druk van buitenaf leek de Duitse justitie Resch vooral te willen dwingen afstand te nemen van zijn verklaringen: "Er werd mij op het hart gedrukt te verklaren dat de hele zaak maar een publiciteitsstunt voor mijn boek zou zijn geweest."[12]

Dat was in september 2016. En warempel, een maand later suggereerde de NOS dat Resch heus geen informatie en geen geld van zijn opdrachtgever zou hebben ontvangen. The Post Online nam het bericht over en kopte: "Duits detectivebureau ... blijkt Duits hoaxbureau".[13]

En zo konden Nederlandse media opgelucht berichtten dat er 'gelukkig' geen nieuwe informatie over de MH17-aanslag was gevonden. Intussen staat onder het betreffende NOS-bericht in kleine letters:

> "In de eerste versie van dit bericht is ten onrechte de conclusie getrokken dat het detectivebureau vermoedelijk geen geld en geen relevante informatie heeft."[14]

Op de fatale avond van 17 juli verschijnt senator John McCain voor de camera van CNN.[15] Hij is nog terughoudend om partijen te beschuldigen, maar insinueert Russische steun aan rebellen en spreekt Oekraïne vrij. Oekraïne zou geen grond-lucht-raketten bezitten. Om ze te helpen wil hij Amerikaanse militaire steun naar Oekraïne brengen.

Normaal gesproken hoeven Amerikaanse functionarissen toch niet op iedere vliegtuigcrash in de wereld te reageren. Zeker de president niet. Na de crash van MH17 gebeurt dat wel. President Barack Obama heeft op 17 juli met Oekraïne, Maleisië en Nederland gesproken en hield de volgende ochtend een persconferentie.

Obama wist zeker dat het vliegtuig "werd neergeschoten door een grond-lucht-raket die was gelanceerd vanuit een gebied dat werd gecontroleerd door separatisten binnen Oekraïne die worden gesteund door Rusland."[16] Hij loog niet. Obama suggereerde Russische schuld, maar vermeed een directe beschuldiging.

In een interview van 20 juli 2014 met het programma *Meet the Press* van NBC News maakte staatssecretaris John Kerry het erg bont:

> "We weten dat [de rebellen] een SA-11 [BUK] systeem in de buurt hadden, letterlijk uren voor het neerschieten plaatsvond. ... We hebben beelden van deze lancering opgepikt. We kennen het traject, we weten waar het vandaan kwam. We

kennen het tijdstip. En het was precies op het moment dat dit vliegtuig van de radar verdween."[17]

Kerry noemt een nieuwsbericht dat zou bewijzen dat de Russen de raket hebben geleverd, maar vermijdt een directe beschuldiging. Wel gaat hij een stap verder dan Obama door de rebellen van de raketaanslag te beschuldigen. Kerry beroept zich op sociale mediaberichten. Het harde bewijs wordt nooit geleverd.

De Amerikanen grijpen de aanslag aan om de druk op Rusland op te voeren. Dat is volkomen begrijpelijk gezien de overname van de Krim. Maar dat betekent nog niet dat Rusland de BUK-raket heeft geleverd, noch dat rebellen de MH17 hebben neergeschoten. Waar is het bewijs?

Het idee dat rebellen in het bezit waren van een BUK-raket die in de buurt van Snizhne zou zijn gestationeerd kwam niet van functionarissen, maar van de media. Als voorbeeld neem ik een bericht uit de Canadese Globe and Mail van 18 juli 2014.

Journalist Paul Koring weet te vertellen dat "wat Malaysia Airlines vlucht 17 neerhaalde al bekend is".[18] Een BUK-raket uit het Sovjettijdperk. De vluchtdata en de cockpitrecorder zullen vast niks opleveren, denkt hij. De piloten hebben de vijf meter lange raket nooit zien aankomen.

Koring schrijft: "De recorders zullen waarschijnlijk laten zien dat alles normaal was en dan gewoon stopten." Het zijn details waarvan je je afvraagt hoe een Canadese journalist dat een dag na de aanslag toch allemaal kan weten, aangezien de eerste experts pas op 21 juli de crashsite bezochten.[19]

Koring schrijft dat bewijs voor de aanslag van een Amerikaanse spionagesatelliet komt die de lancering van een grond-lucht-raket heeft gedetecteerd. Maar dit satellietbewijs gaven de Amerikanen nooit vrij. Dat bleek ook uit een persbriefing met Mark Toner van de U.S. State Department op 2 maart 2016.[20]

Onderschept radioverkeer uit Rusland tussen commandanten van de rebellen zou bewijzen dat ze de MH17 hadden neergeschoten. Deze informatie kwam direct van de Oekraïense geheime dienst SBU. De dienst had een bewerkte video van de gesprekken op haar website aangekondigd.[21]

De dienst heeft de gesprekken, naar eigen zeggen van 20 tot 40 minuten na de aanslag, kennelijk toevallig onderschept, dezelfde dag nog geanalyseerd, geverifieerd, tot video's bewerkt, in acht(!) talen vertaald, waaronder Japans en Turks, en op YouTube gezet.

De drie achterelkaar geknipte gesprekken tussen verschillende personen duren totaal iets meer dan 2 minuten. Het eerste gesprek gaat over een vliegtuig dat bij Jenakijeve zou zijn neergestort. Dat plaatsje ligt op een uur en 7 minuten rijden van de MH17-crashssite bij Hrabove.

Het tweede gesprek zegt dat een vliegtuig zou zijn neergeschoten vanuit Chernukhino. Maar dat plaatsje ligt 25 kilometer ten noorden van de crashsite, ten noorden van de internationale vliegroute. Volgens computersimulaties van de OVV kan de MH17 alleen vanuit het zuidoosten zijn geraakt.[22]

Het eerste en het tweede gesprek gingen dus niet over de MH17, alhoewel de geheime dienst die suggestie wekt. Alleen in het derde gesprek beweert de enige anonieme spreker een logo van Malaysian Airlines tussen wrakstukken te hebben gezien. Maar hoe geloofwaardig is dat derde gesprek? Er is in geknipt.

De gesprekken zijn waarschijnlijk echt, maar samengesteld uit oudere fragmenten. Het is een fabricatie bedoeld om rebellen de schuld te geven. Grote jongens als Mashable,[23] CNN[24] en vele andere internationale media[25] citeren desondanks uit de video's via een transcriptie van de Kiev Post, dus geen onafhankelijke bron.[26]

Er was geen journalist ter wereld die de gesprekken in twijfel durfde trekken. Wereldmedia namen een amateuristisch ogend YouTube-fimpje kritiekloos voor waarheid aan. Wat is er in godsnaam mis met opleidingen journalistiek?

Niet iedereen ging mee in het mediascenario dat de Russen een BUK-raket aan de rebellen hadden gegeven. NATO-generaal Breedlove bevestigde tijdens een persbriefing van 30 juni 2014 dat "we geen enkele van de [Russische] luchtdefensievoertuigen over de grens [met Oekraïne] hebben gezien."[27]

Dat was voor de ramp. Na de ramp heeft perssecretaris van het Pentagon admiraal John Kirby op 18 juli gezegd dat "defensiefunctionarissen niet naar specifiek bewijs konden wijzen dat een SA-11 [BUK] lucht-grond-raketsysteem vanuit Rusland naar Oekraïne zou zijn getransporteerd".[28]

Als de Russen geen BUK-installatie hebben geleverd, dan konden de rebellen daar ook niet over beschikken.

De Oekraïense openbaar aanklager Vitaly Yarema heeft op dezelfde dag gezegd dat rebellen geen BUK-raketsystemen van het Oekraïense leger hadden gestolen,[29] maar daarmee bevestigde hij dat het Oekraïense leger deze systemen wel zelf bezat, wat de eerdere uitspraak van John McCain tegenspreekt.[30]

Volgens een artikel in de Los Angeles Times van 22 juli 2014 hadden Amerikaanse inlichtingendiensten de nationaliteiten en identiteiten van de lanceercrew van de BUK niet kunnen vaststellen. De crewleider, zo werd gespeculeerd, zou misschien een overloper van het Oekraïense leger zijn geweest![31]

Misschien. Misschien niet. Misschien waren de daders gewoon pro-Oekraïense strijders zoals ze te zien en te horen zijn in het filmpje van de BBC en News Corp. Het lijkt erop dat geheime diensten de werkelijke daders tot rebellen hebben omgewassen—met steun van westerse media.

Volgens het eindrapport van de OVV stonden de Oekraïense primaire burgerradarstations in het crashgebied uit "wegens gepland onderhoud".[32] Daardoor hebben zij de BUK-lancering niet gedetecteerd. Die radarbeelden hadden anders de locatie van de lancering en de daders kunnen aanwijzen.

Ook de militaire primaire radarstations stonden uit, omdat er volgens de Oekraïense Defensie geen militaire vliegtuigen van Oekraïne door de betreffende regio vlogen.[33] Pardon? Het was toch oorlog? Vlogen er soms ook geen Russische vliegtuigen?

Als militaire vliegtuigen daar niet vlogen, dan is het onverklaarbaar waarom de rebellen dat dan wel dachten en er een BUK-installatie plaatsten om op ze te schieten. Het uitzetten van de radarsystemen plaatst de verdenking op Oekraïne. Juist de partij die haar eigen onschuld had kunnen bewijzen heeft die bewijzen niet.

Ook de Amerikanen hadden uitsluitsel over de ramp kunnen geven door hun spionagesatellietdata vrij te geven. Het gaat om zogeheten MASINT-satellieten, die zo fijn zijn afgesteld dat "ze precies zouden hebben geweten waar [de BUK] werd gelanceerd, welke richting hij vloog en met welke snelheid."[34]

Amerikanen gebruiken daarnaast SBIRS-satellieten die op 35.400 kilometer hoogte op een vaste plek boven de aarde zweven. Ook die satellieten zijn "fijn genoeg om te detecteren waarvandaan een raket werd geschoten en wat voor soort raket het was."[35]

In een hoorzitting met de Tweede Kamer heeft satellietexpert Marco Langbroek verklaard dat zeker drie Amerikaanse SBIRS-satellieten het gebied in Oost-Oekraïne in de gaten hielden.[36] Specifiek ligt "de MH17-crashsite binnen bereik van het blikveld van USA 184, dus de satelliet die mogelijk zowel infrarood als SIGINT-detecties kan leveren."[37]

Maar het anders zo volledige OVV-rapport maakt niet eens melding van het bestaan van zulke satellietbeelden. Het Russische Ministerie van Defensie vroeg zich op 21 juli 2014 bij de presentatie van haar eigen radarbeelden terecht af waar die van de Amerikanen toch zijn gebleven.[38]

Het zou niet voor het eerst zijn dat het Oekraïense leger 'per ongeluk' een vliegtuig neerhaalde. Op 4 oktober 2001 vuurde het Oekraïense leger een BUK-raket op een oefendoelwit, maar miste en vloog 250 kilometer verder.

Het projectiel schakelde automatisch in op een Tupolev burgervlucht. Het was een gênant ongeluk, zeker vlak na de aanslagen van 11 september. De 88 inzittenden overleden vrijwel onmiddellijk. De kapitein had maar een kleine seconde tijd om te schreeuwen: "Waar zijn we geraakt?"[39]

Oekraïense functionarissen ontkenden in eerste instantie dat hun raket het vliegtuig had geraakt. Een woordvoerder van het Ministerie van Defensie beweerde dat het technisch en theoretisch onmogelijk was.[40] Twee jaar later moest Oekraïne $200.000 dollar per slachtoffer aan de nabestaanden uitkeren.

Met die weigerhouding hebben de nabestaanden van MH17 nu ook te maken. Het verschil met toen is dat de Nederlandse regering er nu aan meewerkt. "De overeenkomst die het Nederlandse [OM] met onder meer Oekraïne sloot over het internationale opsporingsteam dat de ramp met vlucht MH17 onderzoekt, is en blijft geheim,"[41] schreef Elsevier eind 2014.

Elsevier, de Volkskrant en andere media dienden een WOB-verzoek in, maar de rechter wees de eis af. De relatie met andere overheden weegt zwaarder dan de rechten van burgers. Nederland, België, Oekraïne en Australië zwegen, maar Maleisië, eigenaar van het vliegtuig, stond in eerste instantie aan de zijlijn. Pas na lang aandringen mocht Maleisië ook meedoen.

Juridisch gezien is het bizar dat juist Oekraïne, een mogelijk schuldige partij, over haar eigen zaak mocht oordelen en ook een vetorecht had om informatie geheim te houden.

Van alle samenzweringstheorieën blijft er eentje overeind staan. De gegevens die ik in dit stuk heb verzameld spreken de rebellen vrij van de aanslag op vlucht MH17. De daders moeten pro-Oekraïense strijders zijn geweest. Als het niet soldaten van de Oekraïense regering waren, wie dan wel?

In de gangbare media lezen we er niets over, maar Oekraïne heeft *twee* legers, die van de overheid en die van luchtvaartmiljardair Ihor Kolomoyskyi, wiens privémilities een veel agressievere oorlog jegens de aangrenzende Donetsk-rebellen in het oosten voeren.

Het gebied waar MH17 neerstortte grenst aan Dnjepropetrovsk, waar Kolomoyskyi destijds gouverneur was. De anti-Russische Kolomoyskyi kreeg de gouverneursbaan op 2 maart 2014 aangeboden, maar werd ongeveer een jaar later in 2015 weer ontslagen door de nieuwe Oekraïense president Poroshenko.[42]

Ter compensatie voor zwaktes assisteerde de miljardair het overheidsleger met diverse eigen bataljons bestaande uit vrijwilligers.[43] De *International Business Times* spreekt zelfs van een privéleger.[44] Hij richtte met 10 miljoen dollar het Dnipro-bataljon op en subsidieerde de vrijwilligers van de Aidar, Azov, Dnepr 1, Dnepr 2 en Donbas-bataljons.

Deze militiemannen zijn harde nationalisten die in het oosten tegen de pro-Russische separatisten van Alexander Borodoi vochten.[45] Een van de militanten verwoordde het als volgt: "Dnjepropetrovsk zal een tweede Stalingrad worden voor degenen die hier oorlog willen. En de Oekraïners zullen winnen."[46]

Niet het Oekraïense leger beheerste de regio grenzend aan de Donetsk-regio, waar MH17 neerstortte, maar privémilities van de rijke, anti-Russische gouverneur Kolomoyskyi. Niet de rebellen, maar Kolomoyskyi's privémilities bereikten de crashsite als eerste.

MH17 werd niet neergehaald door pro-Russische rebellen, maar door Oekraïense extremisten.

Toen Hitler aan de macht kwam rekende hij er niet op dat het Duitse volk zijn oorlogen zou steunen. Om een oorlog tegen

Polen te beginnen, verkleedde Hitler Duitse soldaten als Polen om in grensgebieden op onschuldigen te schieten. Volgens Thomas Sowell was dit mede mogelijk dankzij een geïsoleerde, "door de overheid gecontroleerde pers".[47]

Wat op 17 juli 2014 gebeurde, zien ouders dagelijks op kleuterschoolpleinen. Een jongen slaat een meisje, rent naar zijn moeder en geeft een ander jongetje de schuld, waarna de moeder het andere jongetje afsnauwt.

Pro-Oekraïense extremisten, waarschijnlijk elementen uit Ihor Kolomyskyi's privéleger, schoten de MH17 neer, renden naar de geheime diensten en beschuldigden de rebellen. De media snauwden vervolgens de Russen af.

Het doel was steun van Amerikaanse en Europese mogendheden achter zich te krijgen om de oorlog tegen de rebellen te winnen. Dat is gelukt.

Begin 2015 keurde de Amerikaanse Senaat een resolutie van senator Ron Johnson goed. Amerikanen stuurden voor $350 miljoen dollar aan militaire steun aan Oekraïne voor "de veroordeling van doelgerichte aanvallen op burgers door pro-Russische rebellen."[48]

Ik sluit af met twee observaties. De slachtoffers van MH17 dienden als excuus voor een escalerende oorlog tegen Rusland. Westerse media zijn niet vrij, maar geïsoleerd en gecontroleerd door overheden.

De usurpatie van Oekraïne:
Het verdrag met Oekraïne zet onze vrede op het spel

9 februari 2016
Volkskrantredacteur Bert Lanting las het associatieverdrag van de Europese Unie met Oekraïne. Het grootste deel van het verdrag gaat "voornamelijk over handel", dus vond hij er "niks mis

mee. Wel met wat het nee-kamp ervan maakt." De redacteur gaat er naïef van uit dat partijen altijd de letter van de wet zullen volgen. Maar het handelsverdrag opent juist de deur oor Oekraine om haar economische banden met Rusland goeddeels doorsnijden. Het verdrag belichaamt de economische 'Anschluss' van Oekraïne met de EU, een stap bedoeld om Rusland te verzwakken.

Hoe zullen Poetins haviken reageren op een dergelijke provocatie? Net als Lanting beantwoorden de ja-kampers die vraag niet. Het verdrag roept nog meer verontrustende vragen op. Waar gaat het deel dat niet over handel gaat dan over? Dat gaat over militaire samenwerking met Europese legers, bijvoorbeeld. Waarom mocht de Oekraïense bevolking zich niet democratisch over het verdrag uitspreken? Wat vindt de 30% Russischsprekende bevolking er eigenlijk van? Hoe zullen de pro-Russische rebellen terugslaan?

Met het associatieverdrag zet de EU haar grootste politieke stap na de voorlopig mislukte pogingen om Turkije in de EU in te lijven. Zonder Turkije moeten Europese grootkapitalisten op zoek naar een alternatieve uitbreiding van de interne markt. Turkse EU-toetreding had die markt namelijk met 75 miljoen potentiële consumenten kunnen uitbreiden. Bovendien zou een uitbreiding miljoenen goedkope arbeiders beschikbaar hebben gemaakt voor vergrijzende West-Europese industrieën.

Oekraïne is dus als tweede keus in plaats van Turkije gekomen. De belangrijkste vraag is niet wat er in het samenwerkingsverdrag staat, maar wat de vervolgstappen zullen zijn. Het verdrag is de eerste zet naar volledig EU-lidmaatschap. Nu al onderhandelen EU en Oekraïne bijvoorbeeld over visumvrij reizen. Het ging toch alleen om handel?

Daarbij ligt het maandsalaris in Oekraïne gemiddeld op bruto 136 EUR. Oekraïense gastarbeiders zullen straks voor een halve Euro per uur aan de slag kunnen bij de BV Nederland.

Autochtone West-Europeanen kunnen daarentegen niet met zulke tarieven concurreren. Binnenkort verdienen Nederlandse arbeiders geen minimumloon meer, maar Chinees loon.

De usurpatie van Oekraïne, de 'EUsurpatie', toont sterke gelijkenissen met de annexatie van het Tsjechische Sudetenland door de Duitsers in 1938. Ten eerste protesteerde de internationale gemeenschap niet. De Britse premier Chamberlain en de Franse premier Daladier ontmoetten Hitler in zijn adelaarsnest voor overleg. Een week later ratificeerden ze in aanwezigheid van fascistenleider Mussolini op 30 september 1938 het Verdrag van München—ook een 'samenwerkingsverdrag'.

Ten tweede werden noch de Duitse, Britse en Franse noch de Tsjechische burgerbevolkingen daarbij geraadpleegd. De 'handelspartners' voerden de annexatie zelfstandig en zonder enige burgerinspraak uit. Alleen daarom al is het Oekraïnereferendum dat Burgercomité EU aanvroeg een kans om de geschiedenis nu eens niet te herhalen.

Het Oekraïne-verdrag is een provocatie aan Rusland. Alles wat de EU aan economische voordelen hoopt te winnen, zal Rusland als een even zo groot verlies ervaren. Poetin en zijn generaals hebben de middelen om terug te slaan. Met de ontdekking van nieuwe mega-voorraden olie en gas, zowel in het zuiden als in het noorden van het enorme land, en met het olieslurpende China als handelspartner, weet Rusland zich verzekerd van genoeg olie, geld en geopolitieke steun om een groot leger te mobiliseren.

Met de juiste voorbereidingen is er weinig wat Rusland kan tegenhouden om de grenzen van de voormalige Sovjet-Unie in ere te herstellen. Tegelijkertijd lukt het de EU niet eens om haar eigen grenzen te verdedigen tegen de miljoenen migranten die te voet de regio binnenwandelen. De economische provocatie aan het adres van Rusland is derhalve politiek net zo ondoordacht als de Britse en Franse steun aan Hitlers vroege expansie-drift.

Een ja-stem voor het Oekraïneverdrag is een stem voor de ontwrichting van de Europese vrede. De EU kan in haar huidige staat een Russische aanval niet afslaan. Wie de Russen provoceert, riskeert gezien de samenloop van omstandigheden—de vluchtelingencrisis, economische teruggang, de oorlog in Syrië, het Zika-virus, enzovoorts—een Derde Wereldoorlog.

Dat is een boude uitspraak, maar wanneer de fatsoensmensen over pakweg twintig jaar weer in koor *wir haben es nicht gewusst* zingen, zal ik op ze dit artikel wijzen. Want ik wist het wél, maar niemand luisterde.

Een betere wereld:
 Hoe vooringenomen media het volk omprogrammeren

12 mei 2017

Progressieve mensen nemen de beeldspraak *mind over matter* letterlijk. Ze bedenken in gedachten een betere wereld (die toevallig bij hun eigen behoeftes past) en eisen dat anderen die wereld voor ze bouwen. Dat ze zelf nauwelijks kwalificaties hebben om een betere wereld voor een ander te bedenken dringt niet door tot achter de narcistische plaat voor hun kop.

Die perfecte wereld bestaat volgens progressieven uit lege fictie als 'gelijkheid', 'diversiteit', 'eerlijkheid' en een 'open' samenleving. Wat die begrippen inhouden kunnen ze niet uitleggen. Hoe we ze moeten verwezenlijken ook niet. Net als bij autoreclames schetsen progressieven graag mooie, met luxe overgoten vergezichten. In de wereld van de PvdA is iedereen miljonair.

Het lijkt wel alsof buitenaardse wezens Nederland hebben gekaapt, wezens die ons willen domesticeren tot dom rundvee. Dan kunnen ze ons makkelijker uitmelken, omdat we geen weerstand meer bieden. Zo te zien bezetten ze de hoogste functies in de media, de rechtspraak, de politie en de politiek. Wat zijn ze met ons van plan?

Het Nederlandse medialandschap draait om de gevoelswereld van het individu. Journalisten schrijven over zichzelf, hun beste vrienden, wie ze wel of niet leuk vinden en vooral over wat ú ook hoort te vinden. Katja's kont staat vaker in de Volkskrant dan Poetins buitenlandbeleid.

Dat dient ter afleiding van belangrijkere zaken, zoals de zinkende economie, ons belabberde leger of de invasie van ongeschoolden die hier komen afstuderen op het vak aanranding. Media willen de burger juist dom en ongeïnformeerd houden. Dan maakt u zich tenminste niet zoveel zorgen. Stressvrij bent u productiever schaap.

De focus op de individuele belevenissfeer dient om de saamhorigheid af te breken. Wij mogen geen onderdeel meer zijn van een 'groep'. Groepen komen in opstand tegen onderdrukkers. U mag daarom niet meer denken in termen van bloedverwanten, geloofsgenoten, medelanders, familie, vrienden of zelfs maar uw eigen gezin.

Het progressieve antwoord op wij/zij-denken heet ieder voor zich. *Ikke, ikke, ikke en de rest kan stikken.* Media staan ronduit vijandig tegenover samenwerkende, kritische burgers die bij gebrek aan intellectuele stimulans dingen zelf maar op internet gaat uitzoeken. Dat mag helemaal niet!

Het gezin is de hoeksteen van de samenleving, zegt het christendom. Dus moet het gezin kapot, antwoordt de progressieve reflex. Om te bewijzen dat *mind over matter* echt werkt, sporen de progressieve wezens ouders aan om het geslacht van hun kinderen voortaan zelf te bepalen. Sommige ouders kunnen de verleiding niet weerstaan om voor God te spelen.

En zo ontstaat transseksualiteit. Transseksuelen zijn zwaar getraumatiseerde mensen die hun leven lang een toneelstukje voor hun teleurgestelde ouders moeten opvoeren. Verwarde mensen die hun geboortegeslacht bij de chirurg laten liggen, plegen twintig keer vaker zelfmoord dan transseksuelen die dat niet doen. Ze worden er dus niet gelukkig van (maar hun goddelijke ouders wel).

Homoseksualiteit en transseksualiteit zijn politieke uitvindingen bedoeld om de bevolkingsgroei in te perken. Althans, in het Westen, want daar wonen te veel blanke mannen. De aandoeningen komen anders helemaal niet in de natuur voor. Bonobomannetjes doen bijvoorbeeld aan schijnseks om de rangorde te bepalen, maar volgens apenkenner Frans de Waal komt anale seks tussen twee mannen komt alléén bij mensen voor.

Dolfijnen hangen hun slurf voor de lol wel eens in het luchtgat een ander, maar dat is geen argument dat homoparen op bestelling een kind in het buitenland mogen laten verwekken. Baby's zijn mensen, geen handelswaar en zeker niet te koop voor verwarde personen. Misschien moet Nederland inderdaad maar een moslimland worden.

Wat betreft de islamisering van ons land verkeren progressieven in illuster gezelschap. Hitler vond islam geweldig geschikt:

"Zie je wel, het is ons ongeluk dat we de verkeerde religie hebben. ... De Mohammedaanse religie zou ons ook veel beter hebben gepast dan het christendom. Waarom moest het zo nodig het christendom zijn met haar zachtmoedigheid en slapheid?"

Ook onze rechters oordelen volgens het principe *mind over matter*. In de betere wereld die progressieven (voor zichzelf) hebben bedacht is iedereen gelijk. Dus zijn er ook geen criminelen, maar alleen slachtoffers. Een verkrachter is gewoon onwetend, die niet wist dat "nee" nee betekende. (Maar racistische slachtoffers vragen er zelf om.)

Het doel van de rechtspraak is om stapje voor stapje alle gevangenisstraffen af te schaffen. Een roekeloos rijdende, nuchtere automobilist die je kind doodrijdt kreeg in de jaren tachtig een lange celstraf. Vandaag krijgt ie een taakstraf. In de nabije toekomst komt zo iemand bij de nabestaanden in huis wonen, zodat de onwetenden begrip voor de moordenaar van hun kind kunnen leren opbrengen.

In de progressieve heilstaat mag u uw gezonde verstand buiten laten liggen. "Wat is gezond verstand eigenlijk?" lachen de hyena's. Maar wie de werkelijkheid als uitgangspunt neemt voor zijn beslissingen, gebruikt inderdaad gezond verstand. De feiten vormen de theorie, de theorie niet de feiten. Progressieven doen dat laatste. Als bewoners van ivoren torens baseren zij beslissingen op hun eigen fantasie. (En als het fout gaat is iedereen een fascist behalve zij.)

Mind over matter heet eigenlijk gewoon wensdenken. Toverstafjes doen het alleen goed met carnaval. Het Nederlandse volk is het slachtoffer geworden van extreemlinkse activisten die met de levens van 18 miljoen mensen experimenteren. Het experiment is al op een gevaarlijke manier mislukt, maar wie anders dan progressieven kunnen dat feit als de besten negeren?

Een voltooid leven? Hoe de politiek een einde maakt aan onze sociale zekerheid

26 oktober 2016

Mensen geven meer dan de helft van hun totale zorgkosten uit na hun 65ste jaar, het grootste deel daarvan zelfs in de laatste maanden. Maar door de toenemende vergrijzing stijgen de uitgaven van zorgverzekeraars dus explosief. Hun aandeelhouders zouden veel meer kunnen verdienen wanneer kwakkelende bejaarden vrijwillig zelfmoord zouden plegen. Daarom dringt de politiek aan op euthanasie na een "voltooid leven".

Jaren geleden vroeg een Poolse vriendin me of we in Nederland onze bejaarden écht zomaar tot euthanasie dwongen. Alsof we ouderen van boven de zeventig zomaar de gracht in flikkerden. Ik moest enigszins verbaasd verdedigen dat euthanasie heus vrijwillig was en alleen na lang beraad bedoeld voor ongeneeslijk zieken. Maar de politiek komt nu met plannen die haar doemscenario wel erg dichtbij brengen.

We zouden ons allemaal moeten schamen voor de samenleving die we zijn geworden. Voor bodemloze putten als de massa-immigratie, de multiculturele samenleving of de vluchtelingenopvang is er altijd genoeg geld geweest. Toenmalig wethouder van Amsterdam Lodewijk Asscher verbraste zonder omkijken 600 miljoen Euro belastinggeld aan onrechtmatige uitgaven en kreeg het vicepremierschap cadeau. Maar voor ouderen is er nu geen geld meer. Dus moeten ze dood.

De politiek zal het nooit zo bot verwoorden en komt daarom met deftige eufemismen als "speciale behandeling", oftewel euthanasie voor mensen van alle leeftijden die hun leven zogenaamd zouden hebben afgerond. Aktion T4 noemden de Nazis het. Bent u langdurig ziek? Lijdt u aan ernstige ouderdomsziekten? Gefeliciteerd, uw leven is af. Met uw vrijwillige hemelvaart bespaart de zorgverzekeraar tot minstens 60% op uw zorgkosten.

Bovendien bespaart uw euthanasie de overheid ook op het pensioen dat niet meer hoeft te worden uitbetaald, want waar dacht u nou echt dat de tienduizenden gratis woningen voor vluchtelingen en asielzoekers van werden betaald? Simpel, met geld dat niet aan bejaardenzorg wordt uitgegeven. Het feit dat onze ouderdom nu op de onderhandelingstafel ligt is best een schokkende wending in de ontwikkeling van het Westen.

Regressie heet het, achteruitgang in normaal Nederlands. Van oudsher was een langer leven namelijk een van de lokkertjes waarmee de industriële bourgeoisie de arbeidersklasse aan zich bond. Gelijke kansen, beter onderwijs, betaalbare zorg, welvaart en een langer leven voor iedereen waren de drijfveren van westerse beschaving die de rest van de wereld inspireerde om ons voorbeeld te volgen.

Niet meer. We zijn het internationale lachertje geworden. Bejaarde vluchtelingen staat bij aankomst straks geen beter leven, maar een euthanasieprik te wachten. De politiek maakt als gevolg van haar eigen wanbeleid gehakt van onze verworvenheden. Langer leven zal binnenkort zijn voorbehouden aan mensen die op eigen kracht gezond blijven. Zieken en zwakkeren worden afgeschreven.

Komt er soms een einde aan de sociale zekerheden waar de arbeidersbeweging vorige eeuw voor heeft gevochten? Als de staat onze gezondheid op hogere leeftijd niet meer wil of kan garanderen, hoe zit het dan met pensioen en werkloosheid? Volgens professor Gerald Domhoff van de Universiteit van Californië hebben we, contra-intuïtief, onze sociale zekerheden ooit te danken gehad aan dezelfde grote bedrijven die ze nu weer de nek proberen om te draaien.

Begin jaren dertig van de vorige eeuw introduceerden grote Amerikaanse bedrijven eigen pensioenplannen. Ze deden dat in eerste instantie uit angst voor algemeen pensioen voor alle werknemers van boven de zestig (de Townsend-beweging). Later zouden bedrijven pensioenen uit concurrentieoverwegingen gaan omarmen, omdat ze zodoende de beste werknemers aan zich konden binden. Voor wat hoort wat.

De bedrijven accepteerden ook nationale werkloosheidsuitkeringen waarvoor zowel de werkgever als de werknemer hun aandeel betaalden. In Amerika kwam er tot voor kort nooit een landelijk verplichte zorgkostenverzekering. Maar op beide continenten zien we nu dat alle sociale verworvenheden zijn begonnen af te kalveren. Volgens Domhoff zijn grote bedrijven bang geworden voor de macht die overheden via sociale zekerheid kunnen uitoefenen.

Zodoende zet ook de uitholling van de zorg zich voort. Na landen als Duitsland, Japan en Italië heeft Nederland een van de oudste bevolkingen ter wereld. Op de lijst met 230 landen staan we qua gemiddelde leeftijd op plaats 22, dus in de top 10% en nog vlak onder het EU-gemiddelde. De reden dat we nog niet veel hoger op de lijst staan, is omdat we zoveel jonge asielzoekers hebben binnengelaten en omdat allochtonen meer kinderen krijgen.

Met zo'n sterk vergrijzende bevolking krimpt het economische draagvlak voor ouderenzorg, want die wordt net zoals in een piramidespel grotendeels betaald door de jongere generaties. Terwijl de demografie in de jaren vijftig nog bijna acht werkenden per gepensioneerde telde, zijn dat er nu nog maar vier en worden het er binnenkort twee. De vraag die ook een rol gaat spelen is waarom jonge, veelal islamitische allochtonen voor bejaarde blanke ongelovigen zouden willen blijven betalen?

Niet gek dus dat pensioenfondsen af willen van de uitkeringsbelofte. Ze weten dat het geld opraakt. Als in een dominospel zal bij gebrek aan economische draagkracht de ene na de andere vorm van sociale zekerheid beginnen te sneuvelen. Ook de politiek weet dat allang en heeft meerjarenplannen klaarliggen om het volk er op tactische momenten gedoseerd over te informeren. Nu komen ze dus met euthanasie voor een "voltooid leven".

Als we de trend doortrekken, eindigt het met een hele generatie in de greppel. Dat is namelijk de ware betekenis van de participatiemaatschappij. In plaats van lieve zachte woordjes zou de politiek het volk eens de bittere pil moeten durven presenteren. Dan kunnen we zelf kiezen of we ons stilletjes willen laten uitdoven, of dat we toch nog één keer in opstand komen tegen een wereld die ons heeft afgeschreven.

Gewetenloos fatsoen:
Burgers als menselijk schild voor progressieve illusies

14 november 2015

Als een PVV'er door een brievenbus pist, heeft @APechtold het meteen over dreigend fascisme, maar wanneer moslimterroristen in Parijs 130 mensen vermoorden in een van de grootste bloedbaden op Europese bodem sinds de Tweede Wereldoorlog, met bijna twee keer zo veel slachtoffers als bij Breivik, dan noemt hij de daders 'knullen', alsof ze kattenkwaad uithaalden.

Zou de D66-politicus Breivik dan ook een 'knul' hebben genoemd? Nee, liever beschuldigde hij Geert Wilders ervan Breivik tot zijn daden te hebben aangezet. Omgekeerd speelt de islam volgens Pechtold geen enkele rol in de radicalisering van de Parijse moslimterroristen, ondanks dat ze een zware militaire training afrondden bij de Islamitische Staat en hun daden aankondigden met 'Allahu Akbar'-geschreeuw.

Pechtold staat voor een klasse woordkunstenaars die de werkelijkheid vaker omdraaien dan een kind op een schommel. We moeten ons maar tegen terreur verdedigen "door te leven", twitterde hij. Hij bedoelt dat wij hem verdedigen, zodat hij blijft leven. De politicus wil uitreizende jihadisten niet aan de grens tegenhouden, omdat er misschien ook wel een enkeling tussen zit die Syrische kunstschatten wil gaan beschermen, alsof het kunsthistorici zijn.

De islamitische dreiging die we vandaag ervaren, komt niet uit de lucht vallen. Twee keer eerder stonden moslims, Ot-

tomaanse Turken, voor de poorten van Wenen. Ondanks dat ze
in de meerderheid waren, verpletterden christelijke soldaten ze
beide keren. Toch veroverden de Ottomaanse moslims het huidige Bulgarije. Iedere Bulgaarse middelbare scholier leest daarom verplicht de verzetsroman Onder het juk van Ivan Vazov
over vijfhonderd jaar islamitische onderdrukking die het land
sociaal, economisch en cultureel verwoestte.

Wordt Nederland het nieuwe Bulgarije? Staat ons ook vijfhonderd jaar islamitische onderwerping te wachten? Als we dat
niet willen, dan zullen we in verzet moeten komen.

Onze vrijheid was nog nooit gratis, maar nog niet eerder
waren 'fatsoenspolitici' als Alexander Pechtold in het Westen
aan de macht. Deze mensen geven zich liever over aan een sterke vijand dan dat ze hun eigen zwakte moeten erkennen. Die
zelfontkenning leidt tot zelfverloochening. Zij verkopen Europa liever voor geld aan de bezetter dan dat ze meehelpen de
grenzen te verdedigen. Niet de kracht van de vijand, maar onze
eigen zwakte dreigt ons dit keer te verslaan.

De gratis vrijheid en de onbeperkte luxe die ons sinds de
Tweede Wereldoorlog zo dronken van gemak hebben gemaakt,
holden onze samenlevingen uit. Maar juist nu moeten de laatste dappere Europeanen in verzet durven komen. Terwijl te
veel burgers helaas in zweverig beroepsfatsoen blijven geloven,
breekt voor de rest van ons de tijd aan dat we niet langer als
menselijk schild hoeven dienen voor progressieve illusies.

De fatsoenspolitici zijn niet gewetensvol, maar gewetenloze
bedriegers die zich verschuilen achter lyrische prietpraat. Ze
zetten daarmee ons voortbestaan op het spel.

De kloof tussen volk en elite

22 december 2015
Niets illustreert de kloof tussen het Nederlandse volk en haar culturele 'elite' beter dan de opmerking van journalist Gerard Driehuis (HP/De Tijd, Felix Meritis) dat Geert Wilders een 'fascist' zou zijn:

> "Nu Geert—rambam—Wilders het groepsgeweld in zijn naam accepteert, verdient hij volgens de definitie voluit zijn titel: fascist."

Driehuis viel over Wilders' onwil om zich te distantiëren van het verzet tegen asielzoekerscentra. Failliete gemeenten bouwen die centra vaak uit financiële motieven, zonder enig overleg met geschrokken omwonenden. In onder andere Steenbergen, Geldermalsen en Kaatsheuvel leidde de komst van een azc tot zichtbaar protest van gepasseerde burgers.

De beschuldiging dat niet alleen Wilders, maar ook zijn aanhang 'racisten, fascisten of xenofoob' zouden zijn, is niet nieuw. Wat opvalt is dat degenen die deze beschuldigingen uiten steevast tot 's lands rijkste kak-elite behoren. Ze wonen in veilige villawijken, *gated comunities* waar geen allochtonen komen, behalve als zwart betaalde klussers. Zo hoeft Driehuis zelf voorlopig geen komst van een azc te vrezen. Hij woont verstopt in een bosrijke villabuurt, veilig weg van de multiculturele werkelijkheid.

Deze wereldvreemde bovenonsgestelden gedragen zich als de collaborateurs van weleer. Wederom onderdrukken ze de Nederlandse bevolking in samenwerking met buitenlandse antisemieten, die vandaag niet van Duitse, maar van islamitische afkomst zijn. Ongeïnteresseerd in de noden van het eigen volk jaagt de corrupte geldadel financieel gewin na, zoals hun voor-beelden ooit gewillig carrière maakten in de nazihiërarchie.

Het magazine Quote onderzocht het: de vriendjes van de VVD, D66 en PvdA verdienen dankzij de vluchtelingencrisis vele miljoenen Euro's aan opvanginkomsten. Ze verhuren hun leegstaande vakantieparken, kantoorpanden en monumenten tegen asociale woekerwinsten. Voor die woekerwinsten betalen burgers met belastinggeld. We kunnen deze rijkeluiscollabora-teurs dus geen landverraders noemen, want verraders laten zich door de vijand omkopen. Deze elitenazi's roven de eigen bev-olking arm en plunderen voor hun eigen narcistische plezier de democratie leeg.

Als volgevreten sprinkhanen kunnen zij het zich veroor-loven om bij gevaar naar veilige verre oorden te vluchten, terwijl de gemiddelde Nederlander die middelen niet heeft. Terwijl de rijken vanuit hun villawijken het gewone volk als levend schild inzetten om de bomgordels op afstand te houden, verdienen Driehuis en zijn klasse tientallen tot honderden miljoenen Eu-ro's over de rug van de belastingbetaler. Geen wonder dat Drie-huis staat te watertanden bij de verwachte komst in 2016 van een modern Trojaans leger van meer dan een kwart miljoen 'vluchtelingen'—waaronder vele fundamentalisten, islamisten, salafisten, ex-soldaten, verkrachters en massamoordenaars.

Bovendien: 70-80% van de vluchtelingen is man. Een of an-der twittervrouwtje geloofde dit feit niet, dus pakken we nog maar eens de UNHCR-data erbij. Volgens de UNHCR (zie grafiek) is van alle volwassen vluchtelingen 71% man (58% van totaal), 29% vrouw (17% van totaal). Er kwamen en komen dus bijna 3,5 keer zo veel volwassen mannen als vrouwen naar Eu-ropa. Overigens schommelt dit cijfer—eerder stond de teller op 85% man van het totaal. Ze komen bijna allemaal in Grieken-land aan en reizen bijna allemaal door naar Duitsland. Slechts de helft komt uit Syrië, wat niet betekent dat ze Syriërs zijn, gezien de vele valse paspoorten in omloop. Deze mannen zijn lafaards die hun zussen, moeders, oma's en dochters in een oorlogsgebied hebben achtergelaten. Ze verdienen geen bed, bad en brood, maar een schop onder de kont terug naar eigen land.

Maar: wie protesteert is een fascist! George Orwell keurt het goed.

Natuurlijk komen burgers in verzet, maar ook dat is niet nieuw. Het Nederlandse volk voert al jaren een tweefrontenoorlog. Enerzijds verzetten we ons tegen de zelfhatende bestuurselite die het land in de afrond wil storten. Anderzijds verzetten we ons tegen de invasie van onze leefruimte door onintegreerbare moslimkolonisten. We verzetten ons, kortom, tegen het verlies aan zelfbeschikking. Na 50 jaar 'progressieve' afbraakpolitiek willen we eindelijk weer zelf onze toekomst mogen bepalen. We willen dus geen dictatuur, maar zelfbestuur; geen orde, maar vrede; geen fascisme, maar vrijheid; geen multicultuur, maar leefcultuur.

Wilders' succes in de peilingen is slechts het gevolg van de immigranteninvasie. De PVV speelt wat dat betreft de rol van kanarie in de kolenmijn: hoe minder onze bestuurselite naar de PVV luistert, des te meer zetels de PVV haalt. Niet Wilders is een fascist, maar Driehuis is een nazi.

Asscher en de Joodsche Raad

22 februari 2017
Sinds de dag dat Lodewijk Asscher, nu lijsttrekker voor de Partij van de Arbeid, als 27-jarige zitting nam in de Amsterdamse gemeenteraad liet hij een spoor van financiële verwoesting achter.[49] Alles wat de politicus aanraakte veranderde in puin, maar telkens promoveerde hij net op tijd weg om zich niet voor de

gevolgen te hoeven verantwoorden.[50] Wat drijft Asschers verwoestingsdrang?

In een interview met Esther Voet voor het *Nieuw Israëlietisch
Nieuwsblad* gaf Asscher zijdelings iets van verborgen emotionele pijn bloot:

> "Kijk, ik ben helemaal niet Joods. Ik heb wel een Joodse ach-
> tergrond, het is deel van mijn identiteit ... maar ik heb door
> de specifieke geschiedenis van de Joodsche Raad dubbele
> voorzichtigheid om over mijn achtergrond te praten. Dat is
> een gevoeligheid die ik tot diep in mijn vezels voel. ... Veel
> mensen hebben nog altijd verdriet als ze de naam Asscher
> horen."[51]

Over dat verdriet kunnen veel Amsterdammers meepraten.
Onder Asschers toeziend oog als Wethouder van Financiën
verdween tussen 2006 en 2012 meer dan 500 miljoen Euro
aan uitgaven in een bodemloze put die niemand heeft kunnen
verantwoorden. De accountant wilde niet eens een verklaring
voor de Amsterdamse boekhouding afgeven. De eindstand?
Een loopbaan vol loze beloften en een miljardenschade voor de
burger. De belastingbetaler krijgt de rekening.[52]

Maar wat bedoelde Asscher te zeggen met zijn verwijzing
naar de "specifieke geschiedenis van de Joodsche Raad"?

De Joodsche Raad werd volgens de ene lezing in 1941 op
bevel van de Duitse bezetter opgericht naar een model dat
SS-Obersturmbannführer Adolf Eichmann eerder in Oostenrijk had uitgekiend. Het zou Eichmanns doel zijn geweest om
Joden medeplichtig te maken aan hun eigen ondergang: "Joden
bemanden zelf het front-office van wat de Endlösung bleek te
zijn."[53]

Volgens een andere lezing richtte de overgrootvader van
Lodewijk Asscher, Abraham Asscher (1880-1950), de Raad

samen met professor David Cohen, de opa van Rob Oudkerk, uit eigen initiatief op, dus niet op Duits bevel. "Sterker nog," schrijft journalist Hans Knoop, "voor zover er documenten zijn, bewijzen ze de onjuistheid van deze hardnekkige bewering."[54]

Na de oorlog zouden veel Nederlandse Joden de beide voorzitters Asscher en Cohen tot verraders en collaborateurs bestempelen. Misschien wel om de volgende reden:

"De voorzitters namen in mei 1943 de verantwoordelijkheid op zich voor de samenstelling van de gevraagde lijst [te deporteren Joden], zeer tegen hun wil en in het besef van de vreselijkheid van de tot hen gerichte eis. De historicus stelt vast, dat op die lijst van 7000 twee namen niet voorkwamen: die van Asscher en Cohen."[55]

Abraham Asscher ontsnapte zijn eigen deportatie echter niet en werd in 1943 weggevoerd naar Bergen-Belsen. Hij overleefde de oorlog per toeval. Professor Cohen verdween datzelfde jaar naar het concentratiekamp in Theresienstadt en overleefde eveneens. De vele Joodse mensen die ze op hun lijst hadden gezet overleefden het niet. Dat rekenen veel mensen hen nog steeds aan:

"Een vorm van collaboratie, volgens velen, en dat was des te bedenkelijker omdat het joodse proletariaat het eerst zou zijn geofferd, de gegoede joden pas daarna en vrienden van de Raad pas op het laatst. De elite had zijn huid proberen te redden over de rug van de gewone joodse man."[56]

Abraham Asscher zou geprobeerd hebben om eerst de 'beste' Joden te redden. Zij moesten na de oorlog een nieuwe gemeenschap stichten. De 'mindere' Joden betaalden er met hun levens voor.[57] Hans Knoop bevestigt: "[Asscher] ziet zichzelf daarin als een generaal die soldaten moest offeren om het officierskorps voor na de oorlog te behouden. Hij ging daar zelfs prat op."[58]

60.000 Amsterdamse Joden overleefden de oorlog niet. De Joodsche Raad speelde daarin een grote rol. Asscher en Cohen stuurden deportatiebrieven naar Amsterdamse Joden en riepen hen in *Het Joodsche Weekblad* op om te gehoorzamen. Hierdoor bereikten de deportaties in Nederland een veel hogere mate van perfectie dan elders in Europa.[59]

De Nazi's wisten bovendien dat ze elitaire mannen als Asscher en Cohen goed konden gebruiken. Nadat beide heren eerst heftig tegen de versnelde deportaties hadden geprotesteerd—vanaf 26 Juni 1942 precies 800 Joden per dag—gaven ze hun verzet vrij snel op, op voorwaarde dat de Duitsers met bepaalde uitzonderingen akkoord zouden gaan:

"Dit paste perfect bij het Duitse denken: zij hadden uit ervaring geleerd dat zolang één groep Joden geloofde dat zij immuun waren [voor deportaties], dan zouden zij gewillig meehelpen een andere groep te verwijderen, iets wat de bezetter een grote hoeveelheid mankracht en inspanningen bespaarde, terwijl het tegelijkertijd de schijn van orde bewaarde."[60]

Dat is precies wat er gebeurde. Elitaire Joden als Abraham Asscher en David Cohen redden eerst zichzelf, pas daarna het klootjesvolk.

Gezien het stigma rond de achternaam Asscher is het niet vergezocht te stellen dat Lodewijk als jongen in een klimaat van verachting opgroeide. Als kind, tiener en volwassene werd hij vanwege zijn collaborerende overgrootvader ongetwijfeld scheef aangekeken—met name door andere Joden. In het interview met Esther Voet lijkt hij het volgende dan ook te menen:

"In die zin kan ik me heel goed voorstellen dat je als brave huis-tuin-en-keukenmoslim, die misschien helemaal niets met het geloof doet maar daar wel steeds op wordt aangesproken, je sterker met die identiteit verbonden gaat voelen."[61]

Lodewijk leeft, omdat zijn overgrootvader Abraham overleefde, terwijl vele andere Joden door diens toedoen moesten sterven. Op een kromme manier kan lijsttrekker Lodewijk zich dus prima met onderdrukte minderheden identificeren, omdat hij ook zijn eigen jeugd zo heeft ervaren. Wordt Asscher in zijn maatschappelijke verwoestingsdrang dan soms gedreven door een minderwaardigheidscomplex? Of door wraakgevoelens?

Overgrootvader Abraham en Cohen hebben na de oorlog altijd volgehouden dat hun intenties toch goed waren geweest. Dat is een geluid dat we bij achterkleinzoon Lodewijk terugvinden. Lodewijk Asscher maakt de mooiste beloftes met de beste bedoelingen, dus wat maakt het nou uit dat hij stad en land in as legt? Als je intenties maar goed zijn.

7

Maatschappij in verval

De parlementaire democratie: Een allegorie

5 november 2016

Op een zondag komt bezoek over de vloer, een ouderpaar met hun zoontje van vier. De jongen is erg druk. De ouders weten zich soms geen raad met zijn hyperactiviteit. Ze vinden het moeilijk om zijn extraverte driften te beteugelen. Aan tafel tijdens de lunch zit de jongen desondanks rustig naast me, met zijn ouders tegenover ons. Hij heeft dorst en vraag zijn moeder om wat drinken. Die schenkt hem een glaasje jus d'orange in. De jongen neemt er een klein slokje van, zet de beker weer neer en zegt dat hij het niet lust.

"Lust je nou alweer je drinken niet?" vraagt de moeder. Ze kent dit spel. "Nee," zegt de jongen, "het is te zoet!" Maar volgens de moeder verwart de jongen de begrippen zoet en zuur. Dat doet ie wel vaker. Hij is toch pas vier, zo slim is hij nog niet. Ze neemt een klein schepje suiker en mengt het met het sapje. Opnieuw neemt de jongen voorzichtig een slokje. En ja hoor, weer zet hij de beker neer en begint te jammeren dat het zo zoet is. Hij lust het zogenaamd niet. Nu wordt de moeder boos.

"Wat wil je dán drinken?" vraagt de moeder. "Limonade? Melk? Of een multivruchtensap?"

Nee, hij lust dat allemaal niet. Ook allemaal te zoet. Te zuur volgens zijn moeder. Toch blijft hij zeuren dat hij zo'n dorst heeft. Hij wil iets anders, maar hij weet niet wat. Nu begint ook de vader zich ermee te bemoeien: "Jongen, jij speelt altijd hetzelfde spelletje met ons! Je vraagt om wat te drinken, we geven je wat te drinken, maar dan lust je het opeens niet meer. Zo kan het niet langer hoor! Drink maar gewoon op wat je moeder je heeft gegeven." De jongen begint bijna te huilen, wat de irritaties van zijn vader alleen maar vergroot. Wat heb je nou aan zo'n zoon? De jongen jammert en huilt met opzet, gewoon, om zijn ouders te treiteren.

Maar mij valt iets op. De kleine jongen naast me is duidelijk gefrustreerd. Hij zit er verslagen bij. Ik zie dat hij het echt moeilijk heeft. Dat lijk me allemaal geen toneelspel. Zonder iets te zeggen loop ik naar de keuken en vul een glas met kraanwater. "Hier, jongen, volgens mij wil je gewoon wat water," zeg ik. Het jochie drinkt het glas water met volle teugen leeg. Zijn ouders zijn er perplex van en staren wat voor zich uit. De jongen is meteen helemaal opgeknapt. Hij had echt dorst gehad en lustte die mierzoete vruchtensappen gewoon niet. Hij speelde helemaal geen spel.

Wat blijkt? Zijn ouders hadden hem zijn leven lang vruchtensapjes ingeschonken. Niet de jongen verwarde zoet met zuur, maar zijn ouders verwarden verzet met ongehoorzaamheid. Geen wonder dat ie zo hyperactief was — zijn kleine lijfje zat tjokvol suiker.

Ook politici beweren hardnekkig zeker te weten wat het beste is voor hun 'onderdanen'. Maar als die overtuiging op onwetendheid berust, dan gaat het mis. Een burger weet zelf natuurlijk wat het beste voor hem is. Dat hoeft een politicus hem niet te vertellen. Een goed politicus leert daarom van de burger door naar de burger te luisteren, door vragen te stellen, de antwoorden te geloven en de gewone mensen serieus te nemen. Politici die hun eigen aannames blijven volgen, vertegenwoordigen het volk niet. Die vertegenwoordigen alleen zichzelf.

Progressieve ontmenselijking: Het geloof in politieke vooruitgang als vervanging voor oprecht religieuze saamhorigheid

20 februari 2017

Als mensen aan de dood worden herinnerd, versterkt hun geloof in sociale en morele vooruitgang, zeker wanneer die mensen niet erg gelovig zijn.[1] In onze tijd van deconfessionalisering heeft zodoende een groeiend aantal mensen oprechte religie vervangen voor een geloof in progressieve politiek.

Maar de geschiedenis waarschuwt ons. Decennia nadat Karl Marx religie het "opium van het volk"[2] noemde, verklaarde Sovjetpremier Vladimir Lenin de oorlog. Ook al was de meerderheid van de Russen in de twintigste eeuw gelovig, Lenin en zijn opvolger Stalin zouden twee decennia lang antireligieuze campagnes voeren tegen hun eigen volk.

Volgens geschiedkundigen veranderden antireligieuze regimes als communistisch Rusland "massacriminaliteit in een volleerd overheidssysteem",[3] wat de dood van meer dan 94 miljoen mensen wereldwijd tot gevolg zou hebben.[4] Maar noch Stalin, Lenin of Marx had deze politieke minachting van religie uitgevonden. Antireligieuze sentimenten waren opgewekt door diepgaande veranderingen die de Industriële Revolutie met zich meebracht.

De industrialisering van de wereld ontwortelde miljoenen mensen van hun traditionele plattelandslevens en bracht hen naar dichtbevolkte steden om in fabrieken te werken. Industriëlen maakten hen tot slaaf met de valse belofte van een "beter leven"—dezelfde leugen die we immigranten die naar het Westen komen vandaag wijsmaken. Maar leven werd niet beter. Behalve voor de gegoede burgerij maakt massa-armoede het leven veel slechter.

Het industriële tijdperk verlaagde menselijke wezens tot mechanische raden in een gigantische zielloze machine. Door het plattelandsgeloof in God te vervangen met een geloof in de Staat kroonden bureaucraten zich nu tot hogepriesters van de vooruitgang. Hierin lag de geboorte van het communisme, de mensvijandige ideologie die haar smerige tentakels snel over de hele wereld zou verspreiden.

Vandaag is de communistische indoctrinatie zo succesvol dat jonge mensen na hun slagen voor de middelbare school zeggen dat ze liever een "rad in een grote machine" zijn dan een vrij mens. Zulke overtuigingen zijn aangeleerd. Technologie heeft mensen ontkoppelt van wat het ooit betekende om een mens te zijn, namelijk *om de leiding over onze eigen werkelijkheid te hebben door zelf na te denken.*

De Duitse filosoof Martin Heidegger herkende dit gevaar en waarschuwde ineen toespraak in 1955 voor de gevolgen. Heidegger voorzag de kracht van nucleaire technologie en waarschuwde zelfs voor de Derde Wereldoorlog. Maar de mens, geloofde hij, zou oorlog overwinnen. Het echte gevaar lag niet in een potentiële nucleaire holocaust, maar in wat daarna zou komen:

"De aardsheid van de mens wordt ten diepste bedreigd. ... Dit komt omdat er sinds enkele eeuwen een verandering van alle leidinggevende ideeën heeft plaatsgevonden. ... De natuur zal één gigantisch tankstation worden, een energiebron voor moderne technologie en industrie. ... En wat dan? Dan zal de mens zijn eigen zelf hebben ontkend en verworpen, namelijk dat hij een denkend wezen is."[5]

Moderne technologie, geloofde Heidegger, is bezig menselijke wezens in rekenmachines te veranderen die weinig tijd besteden aan het denken over betekenisvolle bezigheden. Radio, televisie en internet hebben sindsdien de menselijke ervaring gestandaardiseerd. We kijken allemaal dezelfde programma's, zien dezelfde films, luisteren naar dezelfde commerciële muziek en delen hetzelfde nieuws.

Deze standaardisering heeft het de globalisten veel makkelijker gemaakt om ons te leiden. Door religieuze, etnische, nationale en raciale verschillen weg te poetsen, hebben progressieve politici mensen tot een saaie grijze massa gekneed, klaar voor consumptie. Wanneer de CEO van Facebook een toekomst schildert waarin mensen zichzelf na hun dood naar het internet kunnen uploaden, dan weten we dat onze ontmenselijking bijna compleet is.

Globalisten geloven dat alle natiestaten zouden moeten worden vervangen door een enkele open samenleving. Maar hoe kan een wereldwijde samenleving 'open' zijn als iedereen erin wordt geboren en niemand eruit kan ontsnappen? Wat is er gebeurd met de vrijheid om verschillend te zijn? De open samenleving verschilt eigenlijk niet van de Sovjet-Unie, de islamitische Ummah of *The Borg* uit Star Trek.

Dat is geen vooruitgang. Dat is collectieve slavernij. Als we willen losbreken, zullen we de machine moeten bevechten en haar ingenieurs aansprakelijk moeten stellen.

De onvrije mens: Van gemanaged kind tot beschaafde burger

7 september 2016

In het noorden van Scandinavië leven de Sami, de inwoners van Lapland. Ondanks moderne invloeden groeiden velen van hen als kind op in een autarkische, zelfvoorzienende samenleving. Sami-kinderen leren vroeg hun eigen brood bakken, vers water halen, vis vangen en rendieren melken. Sami-ouders behandelen hun kinderen als mensen die het vermogen bezitten om voor zichzelf te leren zorgen. Zo groeien ze op tot zelfstandige volwassenen die zich door niemand hoeven te laten vertellen wat ze moeten doen.

In het hoge Noorden lopen geen senior-managers rond die ondergeschikten moeten aansturen. De autarkische gemeenschappen kunnen alles zelf. Bij de Tjäktja Fjällstuga, een afgelegen berghut in Zweeds Lapland, sprak ik een blonde Sami-vrouw. Zij had 's ochtends op de radio iets over Brexit gehoord. Ze was er de hele dag verbaasd over geweest en zei: "Wat een raar land is dat Engeland eigenlijk, met al die politici die mensen vertellen wat ze moeten doen!"

Het contrast met de moderne 'beschaving' kan niet groter zijn. Juist in onze hoogopgeleide, hoogtechnologische samenlevingen worden kinderen niet meer als mensen behandeld, maar als gemankeerde wezens die door onderwijs en media moeten worden opgevoed tot 'burgers'. Burgers zijn een soort behepte mensen die, ondanks een opleiding, toch niet voor zichzelf kunnen zorgen. Tenminste, dat wordt niet van ze verwacht. Per slot van rekening schuilt in iedere burger de gevreesde 'reactionair' die zomaar zijn rechten zou kunnen komen opeisen. Daarom is het maar goed dat de overheid bepaalt wat goed voor ze is.

Dat de burger woedend is omdat hij niet voor vol wordt aangezien, komt niet aan de orde. De overheid is er niet voor de burger, maar de burger is er voor de overheid, zoals een boer die aardappels oogst om zijn gezin te voeden. Burgers zijn de aardappels. Zo'n aardappelburger moet vooral hard voor de staat werken. Hij moet zijn productiviteit middels belasting aan politici afstaan, liefst zo gewillig mogelijk. Belasting dient als straf voor creatieve competentie. Om de opmars van de zelfstandige mens te stuiten, verzint de politicus telkens weer nieuwe regeltjes waar het aardappelvolk zich aan moet houden.

Bij de Sami stralen mensen een krachtige weerbaarheid uit, maar het is niet zo dat zij die veerkracht eerst moesten aanleren. Integendeel. Alle mensen worden met die kracht geboren, maar het zijn de aardappelburgers van de aanpootmaatschappij die hun zelfredzaamheid als kind hebben afgeleerd. Zonder afhankelijke burgers valt er voor de managementklasse weinig te managen. Het is daarom niet verwonderlijk dat moderne ouders hun kinderen ook als miniburgers zijn gaan behandelen. Ouders zijn vertegenwoordigers geworden, de wijze woordvoerders van hun gemankeerde nageslacht.

Officieel hebben kinderburgers en volwassen burgers allebei inspraak over de richting van hun levens, maar in de praktijk zijn mensen die niet willen luisteren 'eigenwijs' of zelfs *Wutbürger,* woede witten mensen. De managementmaatschappij heeft de van nature sterke mens verzwakt tot het punt van debilisering.

Moderne beschaving heeft een generatie nietskunners gekweekt. Wie een mens aanleert dat hij zelf niets kan, weet zich een leven lang van zijn behoefte aan verzorging verzekerd. De basis voor socialisme. In de moderne maatschappij geldt dat hoe minder je kunt, des te meer personeel je nodig hebt, dus des te hoger je in aanzien staat. Bovendien levert de meest hulpeloze burger de economie veel banen op. Hoe debieler, des te beter. Het een schijneconomie, want de verloren productiviteit hadden we aan belangrijkere zaken kunnen besteden.

De moderne economie die ons van alle levensgemakken voorziet, beroofde ons tegelijkertijd van het meest basale recht op een zelfstandig en vrij leven. De moderne mens is ondanks zijn rijkdom onvrij. De economische vooruitgang die politici ons beloven heeft enkel tot menselijke achteruitgang geleid. Laten we misschien maar teruggaan naar die vervloekte jaren vijftig, toen de traditionelere mens nog meester van zijn technologie was in plaats van andersom.

De wegkijkmaatschappij: Onbetwistbare waarheid verbindt wegkijkers met de nieuwkomers

19 november 2015
Na de Parijse aanslagen presenteerden praatprogramma's als Pauw en De Wereld Draait Door moslims als de échte slachtoffers. Wie zich daaraan stoort, behoort kennelijk niet tot de mainstream. Maar als we ervan uitgaan dat programmamakers zich door kijkcijfers laten leiden, moeten we concluderen dat de gemiddelde tv-kijker moslims graag in de rol van slachtoffer ziet. Het publiekelijk zielig vinden van moslims helpt om een mogelijke dreiging die van hen uit zou kunnen gaan psychologisch te verwerken. Door moslims, terecht of onterecht, als 'zieligen' af te schilderen, hoeven we eventjes niet meer bang te zijn. Wij zijn immers de baas.

Maar voor moslims is deze ongevraagde rol de meest vernederende discriminatie. De gemiddelde televisiekijker is wat dat betreft veel racistischer dan 'PVV-tuig', want realisten zijn geneigd om minderheden als handelsbekwame, verantwoordelijke mensen te zien, die dus wel degelijk een dreiging voor onze samenleving zouden kunnen vormen.

Behalve als teken van hun eigen superioriteit laat de liefde van veel West-Europeanen voor migranten, minderheden en vluchtelingen zich verklaren doordat velen zich met hen kunnen identificeren. Anders gezegd, progressieve Europeanen zien ook zichzelf graag als slachtoffer. Deels hebben ze gelijk, want zowel moslims als veel (West-)Europeanen zijn slachtoffer van dezelfde soort onbetwistbare propaganda die hen sinds hun geboorte vertelde in welke waarheid ze moeten geloven. Voor moslims is dat de islam, voor Europeanen zijn dat de taboes van de politieke correctheid.

De soms meer dan twintigjarige religieuze opleidingen tot geestelijk leider verklaren de gedrevenheid waarmee de afgestudeerde leider zijn eigen onderwerping nu eindelijk zelf aan zijn gehoorzame volgelingen op zal leggen. Dit fenomeen van geconditioneerde herhaling speelt zich ook in de westerse mediawereld af. De imam in de moskee verschilt in zijn rol niet van de politiek correcte tv-presentator, met als verschil dat de meeste imams alleen op vrijdag prediken en tv-presentatoren alle dagen van de week.

Van kinds af aan indoctrineren westerlingen hun kinderen met de taboes van de multiculturele samenleving waarin ze zullen opgroeien. Met succes: het stelde presentator Matthijs van Nieuwkerk ertoe in staat om tijdens het afgelastte voetbalduel in Hannover zijn stukje taart belangrijker te vinden dan een mogelijke aanslag op de Minister van Defensie.

Hoe kan een weldenkend mens zijn gebak belangrijker vinden dan de veiligheid van zijn eigen kijkers? Dat deed hij zeker niet alleen om te voorkomen dat zijn trouwe volgelingen naar een andere zender zouden overschakelen. Slachtoffers van politiek correcte indoctrinatie als Van Nieuwkerk voelen diep in hun hart dat minderheden nu eenmaal zielig hóren te zijn. Minderheden mogen volgens die logica in geen geval als keiharde geweldplegers in beeld worden gebracht, want dat zou de politiek correcte geloof te veel doen wankelen.

Wie denkt dat de atheïstische West-Europeanen hun religie kwijt zijn geraakt, heeft het mis. De gemiddelde Nederlander is net zo gelovig anno 2015 als dat hij anno 1935 was. De dogma's van de politieke correctheid—de tv-kerk—hebben simpelweg die van het christendom vervangen. De tv-presentator heeft zich net als de korangeleerde zo diep in zijn alternatieve werkelijkheid ingegraven dat hij is vergeten er zelf veroorzaker van te zijn. Uiteindelijk verbindt onbetwistbare propaganda wegkijkers met de nieuwkomers.

De extreemrechtse dreiging: Definitieverwarring met de Anne Frank Stichting

21 februari 2017

Willem Wagenaar van de Anne Frank Stichting stelde in opdracht van de Expertise-unit Sociale Stabiliteit (ESS) van het Ministerie van Sociale Zaken en Werkgelegenheid (MinSZW) een lijst met extreemrechtse groeperingen op. Het Ministerie wil inzicht krijgen in groepen die zich tegen de komst van asielzoekerscentra zouden kunnen verzetten.[6]

Ten eerste valt op dat Wagenaar met 'extreemrechts' uitsluitend autochtone groeperingen aanduidt. Extreemrechtse clubs als de Moslimbroeders of Likud Nederland komen niet op de lijst voor. Ten tweede valt op dat zulke 'onderzoeken' steevast over *asielzoekers en vluchtelingen* spreken, maar nooit het onderscheid maken tussen economische of criminele migranten, wat autochtoon verzet tegen hen zou kunnen verklaren.

De meeste asielzoekers die de afgelopen jaren naar Nederland kwamen waren goed doorvoede, alleenstaande mannen uit Afrika en de Arabische wereld. Driekwart van de 'vluchtelingen' die sinds het begin van de Syrische crisis naar Europa kwam was man. De helft heeft de leeftijd van 18 tot 35 jaar.[7] Zij lieten vrouwen, kinderen, ouderen en zwakkeren in oorlogsgebieden achter om voor zichzelf een beter leven op te eisen.

Toch worden mensen die zich tegen deze instroom verzetten als 'extreemrechts' weggezet, omdat ze de grenzen voor gelukszoekers willen sluiten. Hoe komt dat? Dat ligt onder andere aan een achterhaalde definitie van extreemrechts. Wagenaar neemt de definitie over van onderzoeker Jaap van Donselaar:

"Extreemrechtse/rechts-radicale formaties zijn organisaties met een meer of minder uitgesproken ideologie die wordt gekenmerkt door ... oriëntatie op het 'eigene', ... afkeer van het 'vreemde', waarbij het onderscheid tussen het 'eigene' en het 'vreemde' primair gebaseerd is op etnische verschillen. Verder kenmerkt deze ideologie zich door een hang naar het autoritaire."[8]

Wie zouden er volgens deze definitie *niet* extreemrechts zijn? Iedereen die niet als reageerbuisexperiment ter wereld kwam, maar als kind van biologische ouders, hoort al van geboorte tot een 'eigen' groep, namelijk zijn familie. Hou je meer van je eigen familie dan van een andere, dan ben je per definitie extreemrechts op grond van je biologie. (Inderdaad, ultralinkse denkers willen om deze reden het gezin deconstrueren.)

Als je niet uitkijkt sta je straks het nationale voetbalelftal toe te juichen—tegen een vermeende tegenstander—en dan ben je dus een fascist. Moet u moet collega's concurreren tegen andere groepen werkvolk? Fascist. Moet u de competitie aangaan met anderen voor een nieuwe baan? Fascist.

De definitie van Van Donselaar gaat ook op inhoudelijke punten mank. Massamigratie naar Europa valt in onze wereld enkel *toevallig* samen met migratie van overwegend niet-blanke mensen. Dat maakt het erg makkelijk, maar ook volstrekt onjuist, om het verzet tegen immigranten gelijk te schakelen aan op "etnische verschillen gebaseerde afkeer van het vreemde".

Dat die etnische verschillen aanwezig zijn bewijst niet dat het verzet tegen migratie erop gebaseerd is. Veel verzet tegen immigratie draait om economisch zelfbehoud, namelijk om ouders die een bepaalde toekomst voor hun kinderen in gedachten hadden en deze door de plotselinge komst van miljoenen nieuwkomers als sneeuw voor de zon zien verdwijnen. *Als gevolg daarvan* gaan etnische drijfveren óók een rol spelen in het verzet tegen de migratieramp.

De waarheid lijkt eerder andersom: racisme (of xenofobie) is *het gevolg van* de economische ontwrichting die massa-immigratie met zich meebracht. Massamigratie dwingt mensen ertoe om de toekomst van hun kinderen te verdedigen. Het geloof dat alle immigratie altijd en voor iedereen tot economisch voordeel zal leiden is een vals geloof. Het zijn eerder de globalisten die er ten koste van het volk aan verdienen.

Historisch gezien bleek verzet tegen nieuwkomers vaak terecht. Nadat Julius Caesar rond het jaar 50 voor Christus tot tweemaal toe de Keltische verzetslegers de Maas en de Rijn had overgejaagd, slachtte hij naar eigen zeggen honderdduizenden Noord-Europeanen koelbloedig af—zwangere vrouwen en baby's werden daarbij niet ontzien.[9]

De Romeinen waren agressieve veroveraars die andere volkeren hun wil op wilden leggen. Het zou toch raar zijn om de slachtoffers van Romeinse voor xenofoob uit te maken? Nee, natuurlijk niet. De ontvangende partijen van Romeins geweld hadden geldige redenen om tegen Rome te strijden, net zoals Europeanen zich vandaag tegen Riyad, Tel Aviv, Moskou en Washington mogen verzetten.

Volgens Van Donselaar en Wagenaar zouden de stammen die zich tegen de Romeinse massamoordenaars verzetten extreemrechts zijn geweest, want:

"Gaat het de ene keer bijvoorbeeld om biologisch afgebakende 'zwarten' of 'Joden', in een andere situatie gaat het om meer nationaal of religieus afgebakende groepen als 'Marokkanen', 'buitenlanders', 'asielzoekers' of 'Moslims.'"[10]

Dat je de agressor een naam geeft—Romein of moslim—is een beperking van de menselijke taal, maar geen bewijs van ziekelijke vreemdelingenhaat. Als de komst van miljoenen vreemdelingen de gewone burger werkelijk zou verrijken, dan zou ie er niet tegen in verzet hoeven komen. Racisme is niet aangeboren, maar een gevolg van maatschappelijke ontwrichting door hordes nieuwkomers.

'Onze' radicalen kunnen zich bovendien niet meten met de meer dan vijftig miljoen moslims wereldwijd die zeggen hun geloof met geweld te willen verspreiden. Wat dat betreft heet de grootste extreemrechtse groep in Nederland gewoon *de islam*.[11]

De vliegenvanger van de PVV:
De eeuwige teleurstelling van rechts Nederland

17 maart 2017
Sinds Hans Dijkstal met de VVD een links-liberale koers inzette heeft Nederland geen klassiek rechtse politiek meer gekend. De draai naar links leek de PvdA lange tijd het morele gelijk te geven.

De rechtse politiek beperkte zich tot wat Jesse Klavers communistische leermeester Antonio Gramsci al in 1926 economisme noemde: vluchtelingenruil met Turkse autocraten, immigratie voor Saoedische olie, ontwikkelingshulp voor Afrikaanse diamanten.

Voor rechts draaide alles om geld en voor links alles om het pamperen van zo veel mogelijk migranten. Maar van een gedroomde inclusieve samenleving kwam helemaal niets terecht.

Mei Li Vos (nummer 32 van de PvdA) moest bijna kotsen toen ze hoorde dat de DenK-Turken bij de verkiezingen in Rotterdam en Den Haag groter waren geworden dan de PvdA. Tja. Daar wonen ook bijna geen blanken meer. Juist PVV'ers hebben daar altijd voor gewaarschuwd: massa-immigratie brengt kolonisatie.

Maar je hoort Mei Li Vos geen excuses aanbieden. Ze weet donders goed dat de PvdA het Paard van Turkije zelf in huis heeft gehaald. Kuzu en Öztürk—nationalisten met een dubbel paspoort, loyaal aan autocraat Erdoğan—hebben met drie zetels een succesvolle kolonie in de Tweede Kamer gesticht.

Dat heeft gevolgen. *Turkije kan bij ons voortaan wetsvoorstellen indienen, moties van wantrouwen steunen en voor meer uitkeringen naar Turkije stemmen.*

Hopelijk beginnen de socialisten in te zien dat het openzetten van de grenzen voor buitenlandse nationalisten op 10 mei 1942 ook al op een nationaal fiasco uitdraaide, toen de Duitse troepen ons land binnenvielen. De kiezer strafte de PvdA genadeloos af met een historische nederlaag, een verlies van 29 zetels. Een klap die de meest arrogante partij van Nederland hopelijk nooit te boven komt.

Desondanks stelde de PVV al twee verkiezingen op rij zwaar teleur. Een kleine winst van 5 zetels maakt dat niet goed. In de aanloop tot de verkiezingen van 2012 stond de partij van Geert Wilders maandenlang op 40 zetels, tot de tweestrijd tussen PvdA en VVD losbarstte en de PVV juist 9 zetels verloor.

Een domper. In 2017 gebeurde het weer. Een jaar lang schommelde de PVV rond de 35 zetels. Ze de grootste partij worden, maar opnieuw maakte de partij vlak voor de finish een snoekduik en eindigde met slechts 20 zetels. Vijf meer dan de vorige keer, maar nog steeds vier minder dan in 2010.

Dat zijn taferelen die misschien in de boksring thuishoren, waar amateurboksers zich tegen betaling knock-out laten slaan.

Op het hoogste politieke niveau had dit nooit mogen gebeuren. Wilders heeft drie keer (in 2010, 2012 en 2017) de kans gekregen zijn peilingen in regeringsdeelname om te zetten en verzaakte zijn plicht alle keren.

Net als de SP op links blijkt de PVV op rechts een vliegenvanger. De partij vangt de rechtse stemmen af en zorgt ervoor dat die stemmen nooit aan de macht komen. Dat is wellicht de slimmigheid van ons pluriforme partijstelsel.

De populairste jongens zetten de rest eenvoudig buiten spel, de SP in de hoek, de PVV in de kou buiten. In de peilingen blijkt de PVV-stem hooguit een dreigement dat men uit om andere partijen tot een rechtse koers te dwingen. Bij verkiezingen stemt men alsnog voor betrouwbaardere kandidaten.

Het gebrek aan leiderschap moeten we Wilders aanrekenen. De tijd dringt. Als de PVV niet bereid of in staat is de leiding te nemen, dan moet er heel snel een alternatief worden gevonden. Thierry Baudet biedt zo'n alternatief: Forum voor Democratie.

Trekt de maatschappij mannen voor? Waarom de ongelijkheid tussen man en vrouw een mythe is

11 januari 2017
Sinds de Tweede Wereldoorlog vergrijst de Europese bevolking. Dat betekent dat de beroepsbevolking al tientallen jaren krimpt. Europeanen moeten hun economieën met steeds minder jonge mensen draaiende zien te houden. Tegelijkertijd eisen steeds meer ouderen hun recht op zorg en pensioen op. Deze economische tegenwind zorgt dat Europeanen hun gezinnen noodgedwongen kleiner houden, omdat kinderen ondanks westerse welvaart onbetaalbaar zijn geworden. Jonge ouders, die allebei moeten werken, hebben steeds minder tijd om te leven.

Met weinig of geen kinderen onder de hoede kunnen Europese vrouwen, die bovendien op steeds latere leeftijd een gezin beginnen, zelf carrière maken. Dat kan ook niet anders, want zonder de inspanningen die vrouwen leveren zouden Europese economieën al lang zijn ingestort. Maar dat heeft niks met feminisme te maken. Anders dan vroeger zijn mensen van Europese afkomst geen wereldwijde meerderheid meer. Door bevolkingsexplosies elders in de wereld zijn Europeanen een minderheid geworden. Met te weinig man om hun welvaart te verdedigen, moesten Europese vrouwen aan de slag. De druk van de globalisering blijkt te groot.

De feministische beweging heeft dan ook niets met bevrijding van vrouwen te maken, maar met de onderwerping van vrouwen aan hetzelfde economische ritme dat mannen sinds mensenheugenis in haar greep houdt. De onwetende activist protesteert misschien luidkeels dat vrouwen toch "pas sinds 1919" actief kiesrecht kregen, maar vergeet dat de gewone Nederlandse man hetzelfde recht amper twee jaar eerder kreeg, in 1917. Zulke verschillen hebben sowieso geen betekenis. Ze bewijzen geen systematisch onrecht, want bijna alle Europeanen, zowel mannen als vrouwen, stammen af van lijfeigenen, horigen, arbeiders, boeren of, in de Romeinse tijd, zelfs van slaven. Er is, en was, geen sprake van een chronische ongelijkheid tussen mannen en vrouwen, laat staan dat die door mannen zou zijn veroorzaakt.

Het was de Bijbelse Mozes die de vruchtbaarheid van de vrouw ondergeschikt maakte aan de seksdrift van de man, maar daarmee maakte hij de man slaaf van zijn arbeid om het nageslacht te kunnen verzorgen. Een man is een werkpaard. Nog steeds lossen Nederlandse mannen het grootste deel van een gezamenlijke hypotheek af. De vrouw is financieel onafhankelijk geworden, maar de gehuwde man (of die met kinderen) was nog nooit vrij. De huwelijkstraditie vinden we niet meer belangrijk, maar des te groter werd de rol van de hypotheek, het middel dat vrouwen een man financieel aan zich laat binden. In de jaren vijftig van de vorige eeuw was het makkelijker om van de Paus toestemming om te scheiden te krijgen dan nu om een hypotheek af te lossen. De vrouw krijgt kinderen, de man een strop.

Voor het bewijs dat de maatschappij mannen voortrekt kijken we graag naar inkomensverschillen. Mannen verdienen *gemiddeld* meer dan vrouwen, dus worden vrouwen gediscrimineerd, zeggen media en politiek. Veel vrouwen verdienen meer dan de *gemiddelde* vrouw. Is dat dat geen discriminatie? De beter verdienende helft van mannen verdient gemiddeld tienduizenden Euro's meer dan de minder verdienende helft. Ligt daar soms ook een glazen plafond? Nee, de waarheid is anders: mannen maken meer kosten dan vrouwen, waaronder dus voor de hypotheek. Mannen lopen grotere financiële risico's dan vrouwen. Het werk dat mannen doen verdient meer, maar de carrières naar het grote geld bieden veel minder baanzekerheid. Vrouwen kiezen voor meer zekerheid en betalen de prijs met een lager salaris. Een man kan geen kinderen baren en stort zich volledig op de carrière. Alleen kinderloze feministen kunnen hem dat nadoen, maar de meeste vrouwen willen noch feminist, noch kinderloos zijn.

Wanneer in onze tijd vrouwen achterblijven aan de toppen van bedrijven, besturen of universiteiten, dan staan mannen—alle mannen—in het beklaagdenbankje wegens historische discriminatie. Maar er zijn heel andere redenen te bedenken waarom vrouwen maatschappelijk achterblijven. Die redenen hebben in ieder geval niets met een aangeboren slechtheid van mannen te maken. In de middeleeuwen en daarvoor overleden jonge vrouwen vaak tijdens het geboorte geven van hun kind. Als gevolg ontstond een vrouwenschaarste en bereikten weinig vrouwen de leeftijd van dertig jaar. Studeren, schrijven, filosoferen had dus geen zin voor ze. Daar leefden ze niet lang genoeg voor.

Om de overleving van hun volk veilig te stellen, konden vrouwen eeuwenlang niet aan hun voortplantingsfunctie ontsnappen. Vandaag kunnen rijke vrouwen dat wel. Dankzij de massamigratie komen migrantenvrouwen de kinderen voor de fabrieken baren, zodat blanke feministes dat niet meer hoeven doen. Linkse kiezers noemen dat vooruitgang en daarom stemmen rechtse kiezers PVV.

Talloze wetenschappelijke onderzoeken bewijzen dat het *niet waar* is dat vrouwen worden gediscrimineerd. Het klopt dat mannen vaker de bestuursloges van grote bedrijven bevolken, maar mannen bevolken ook vaker de onderkant van de economie—99% van alle vrachtwagenchauffeurs, rioolwerkers, spoorwerkers, brandweerlieden, politie, of bouwvakkers is man. Mannen zijn vaker dader, maar ook vaker slachtoffer van lichamelijk geweld. 99% van gesneuvelde soldaten in oorlogen was een man.[12] In Amerika betrof 92% van bedrijfsongevallen met de dood tot gevolg mannen[13]; 77% van alle slachtoffers van moord was man.[14]

De reden dat Volkskrantjournalisten en PvdA-kiezers dit niet kunnen en willen begrijpen? Een groot deel van een mannenleven speelt zich af in de maatschappelijke blinde hoek:

Jongens lijden met 14% meer dan twee keer zo vaak aan ADHD dan meisjes.[15] Ze kunnen zich daardoor slechter concentreren op school. Weliswaar scoren meer jongens dan meisjes de hoogste cijfers, jongens scoren ook de laagste cijfers. Meisjes vormen de stabielere middenmoot. Een gedeeltelijke verklaring daarvoor is dat leraren in het gefeminiseerde onderwijs het gedrag in de klas meewegen. Passieve meisjes beoordelen zij gehoorzamer en volgzamer dan testosteronbommetjes.[16] Jongens zijn het afgelopen decennium slechter gaan lezen en schrijven.[17] Als meisjes het niet van jongens kunnen winnen, passen we het onderwijs wel aan meisjes aan, ten koste van jongens: jongens en jonge mannen in de leeftijden 10-24 jaar plegen tussen twee tot zes keer zo vaak zelfmoord dan meisjes.[18] Aan universiteiten studeren tegenwoordig meer vrouwen dan mannen. Jongens belanden vijf keer zo vaak in jeugddetentie.

Rechters geven vrouwen lagere straffen. Voor de wet zijn we allemaal gelijk, maar niet heus. Voor hetzelfde misdrijf onder dezelfde omstandigheden delen rechters vrouwen een opvallend lagere straf uit dan mannen. Het verschil is groot: mannen worden tot wel drie keer zwaarder gestraft. In Amerika verdwijnen mannen na veroordeling gemiddeld 51 maanden achter tralies, vrouwen slechts 18 maanden. Rechters straffen mannen, lager opgeleiden en mensen met lage inkomens systematisch harder dan anderen.[19]

Vrouwen maken zich even vaak schuldig aan relationeel geweld. Als we media en politiek moeten geloven worden vrouwen veel vaker slachtoffer van huiselijk geweld dan mannen, maar de wetenschap kiept dat fabeltje in de prullenbak. Wat blijkt: "In een relatie zijn vrouwen fysiek net zo agressief, soms zelfs agressiever, jegens hun echtgenoten of mannelijke partners."[20] Deze conclusie is gebaseerd op bijna 300 onderzoeken. Een groot maatschappelijk taboe zorgt dat mannen blijven zwijgen over lichamelijk geweld door hun vrouw of vriendin. Van mishandelde mannen die hulp durfden zoeken werd 64% uitgelachen, niet serieus genomen, weggestuurd of in enkele gevallen uitgescholden voor watje.[21] Wanneer de Amerikaanse politie tegen echtelijke ruzies moest optreden, arresteerde ze in 21% van de gevallen de onschuldige man in plaats van de vrouwelijke dader.[22]

Vrouwen liegen over verkrachting. Tot wel 41% van alle beschuldigingen van verkrachting zouden vals zijn.[23] Vrouwen die zulke valse beschuldigingen uiten zijn vaak in de war, beïnvloedt door anderen, denken er geld aan te kunnen verdienen of lijden aan radicaal feminisme. De Amerikaanse luchtmacht deed een onderzoek naar verkrachtingen van vrouwelijk personeel door mannelijke collega's. Van de 556 beschuldigingen die het team onderzocht kon het in 256 gevallen geen definitieve conclusie trekken dat er sprake was geweest van verkrachting. In 27% van de gevallen gaf het vrouwelijke slachtoffer later zelf toe de verkrachting te hebben verzonnen.[24]

Steeds meer vrouwen leggen een koekoeksei. Een koekoek legt zijn ei in het nest van een ander. Omdat steeds meer 'financieel onafhankelijke' vrouwen hun kinderen alleen opvoeden, noemen ze steeds meer mannen als 'vader' van andermans kind. Vrouwen doen dat om zorg en alimentatie te winnen. Dat blijkt uit Amerikaans onderzoek. Van de mannen die werden veroordeeld tot het betalen van alimentatie blijkt 30% *niet* de vader.[25] De verwoestende effecten van feminisme blijven niet beperkt tot zulke valse beschuldigingen van vaderschap. Mannen die onterecht geloven dat ze vader zijn geworden voelen zich vaak niet emotioneel verbonden met het kind van de melkboer. Als gevolg daarvan raakt het kind getraumatiseerd.

Het kan nog erger: zelfs tienerjongens die door een oudere vrouw zijn verkracht kunnen worden veroordeeld tot het betalen van alimentatie voor het kind van hun verkrachtster.[26]

Maak jongens weer mannen:
Hoe toegangsriten onze beschaving kunnen redden

20 januari 2017

De verkiezing van President Trump confronteerde NPO-journalisten met iets wat ze nog nooit eerder hadden gezien: een mannelijk rolmodel. Maar het kan nog tientallen jaren kosten om de schade terug te draaien die acht jaar van Obama's feminisme heeft aangericht. Anders dan onze Europese voorvaderen die primitieve volkeren angst aanjoegen, noemen bangige blanke twintigers zichzelf tegenwoordig 'multi-gender hipsters' of 'feministen van de derde golf', omdat wat ze werkelijk missen een set volgroeide ballen zijn. Als de westerse beschaving toelatingsriten die jongens mannelijkheid aanleren niet agressief in ere herstelt, dan zullen toekomstige historici ongetwijfeld naar de feminisering van de milennial-generatie wijzen als oorzaak van hun gewillige overgave aan de vijand.

Een man met de moed om te handelen uit vooruitziendheid is Zuid-Afrika's Kolonel Franz Jooste. Ooit diende hij in de *South African Defence Force*, nu leidt hij het Kommandokorps. Meerdere keren per jaar organiseert het corps paramilitaire kampen voor tienerjongens en jonge mannen van koloniale Nederlandse, Duitse of Franse afkomst. Zij zijn de Afrikaners, Boeren of, met de woorden van de kolonel, "de blanke stam van Afrika". Ooit een meerderheid voelt de huidige Afrikaner minderheid van circa vierenhalf miljoen blanken zich verloren in een zee van meer dan vijftig miljoen niet-blanken. Kolonel Joostes bootcamps dienen om jonge jongens voor te bereiden op hun rol in de overleving van hun stam.

In 2011 produceerden fotografe Ilvy Njiokiktjien en journaliste Elles van Gelder een korte documentairefilm over het Kommandokorps getiteld *Afrikaner Blood*, een eerste blik in de kampen. De film portretteert een dozijn jongens in de leeftijd van dertien tot negentien, die een behoefte voelen om "een echte man te worden, niet meer zo'n mietje," aldus de dertienjarige Jano. Tijdens de negen dagen van fysieke afmatting en verbaal geweld die volgen, ondergaan de jongens een zichtbare psychologische transformatie. Korte interviews met de filmmakers tonen de jongens eerst onzeker van hun plaats in multicultureel Zuid-Afrika. Daarna, na het nu en dan laten rollen van tranen, terwijl ze worstelen met Kolonel Joostes bevelen, vinden de jongens hun ware identiteit en beginnen zelfverzekerd Mandela's doctrine van de regenboognatie te verwerpen.

Kolonel Jooste begrijpt waarom zoveel blanken zich tegenwoordig verloren voelen in zogenaamd multiculturele samenlevingen. Hij zegt:

"Als ik van mijn eigen land hou, van mijn eigen taal, van mijn eigen cultuur, en van mijn eigen ras, en iemand zegt dat ik een racist ben, ja, dan ben ik een racist. Ik schaam me niet om te zeggen dat ik een racist ben."

De doorvlochten thema's van mannelijkheid en identiteit keerden terug in een langere documentaire uit 2015 van Tarryn Lee Crossman, getiteld *Fatherland*. Opnieuw kiest de vrouwelijke regisseur ervoor om te focussen op het verondersteld extremistische karakter van de kampen. Maar voorbij hun politieke indoctrinatie toont de film wederom een batch jongeren die langzaam hun zelfvertrouwen terugwinnen. Na negen dagen weten ze waar ze voor staan, zowel als leden van de Afrikaanse stam als mannen. De vijftienjarige 'Sparky' zegt: "Nu weet ik dat ik op een dag net zoals mijn vader kan zijn."

De kampen zijn niets nieuws, maar een oeroud toelatingsritueel die moderne taboes op mannelijkheid en blanke identiteit in twijfel trekt. De initiatierites zijn niet Kolonel Joostes bedenksels. Zij tonen gelijkenissen met traditionele toelatingsrites die men overal in de wereld tegenkomt. Eerst verlaten de jongens hun families. Dan reizen ze naar een onbekende locatie, waar ze in een setting met alleen mannen arriveren. Ze krijgen er nieuwe namen en kleding, wat de scheiding met de warme omgeving van hun families vervolledigt. Op dit punt houden ze op de kinderen van hun ouders te zijn. Kolonel Jooste en zijn crew leren de jongens discipline, hoe een bevel uit te voeren en, allerbelangrijkst, wat voor verantwoordelijkheden hun Afrikaner samenleving van haar volwassen leden verwacht. Beroofd van voedsel en slaap moeten de jongens meerdere vuurproeven doorstaan. Een ceremoniële viering signaleert hun succesvolle transformatie naar man-zijn. Ze hebben dan het recht verdiend zich een man te noemen.

Wat is hier gebeurd? In essentie zijn de jongens mannen geworden, omdat het toelatingsritueel ze permanent van de vrouwelijke familie heeft losgemaakt en ze heeft opgenomen in de mannelijke Afrikanerstam. Vandaag de dag leren media en politiek ons te geloven dat mannelijkheid en tribale identiteit de oorzaken van racisme en seksisme zouden zijn. We leren dat mannelijke mannen een bedreiging voor de politieke positie van minderheden en vrouwen zijn. We leren dat oorlog en conflict alleen de schuld van mannen zijn, ondanks dat die in naam van vrouwen en kinderen worden gevoerd. Tegelijkertijd mogen bepaalde minderheden die in het Westen leven hun toelatingsrites wel blijven beoefenen. Tijdens het *Rumspringa* van de Amish, wat letterlijk "rondspringen" betekent, krijgen jongens en meisjes in de leeftijd van veertien tot zestien jaar het recht om hun strikt fundamentalistische gemeenschappen te verlaten en de moderne buitenwereld op eigen kracht te ontdekken.

In het oude Rome brachten vaders hun tienerzoons tijdens het *Liberalia* festival naar het Forum, waar de jongens nieuwe kleren kregen en aan het publiek werden getoond als volwassen burgers met stemrechten. Alhoewel er geen historisch bewijs is van Noordse toelatingsrituelen kan men zulke riten in afgelegen Europese plattelandsgebieden nog steeds waarnemen. De Nederlandse filmmaker Arnold-Jan Scheer wijdde dertig jaar van zijn leven aan reizen naar kleine dorpen en gehuchten in ruraal Oostenrijk, Zwitserland, Frankrijk en Duitsland. Hij filmde er traditionele Sinterklaasfestivals die daar begin december worden gehouden. Op sommige van deze plaatsen verkleden jongeren zich als wilde beesten. Enkele dagen lang rennen ze als waanzinnigen achter jonge vrouwen aan, terwijl een ouderfiguur—soms in de gedaante van Sinterklaas, soms in de gedaante van Wodan, de Germaanse oorlogsgod—ze aanvuurt. De jongens, in trance, zakken uiteindelijk van de vermoeidheid in elkaar.

Westerse beschaving kan prima zonder tweeënzeventig genders. In plaats daarvan moeten westerse samenlevingen, in het belang van de psychologische gezondheid van jonge mannen, onmiddellijk de toegang tot hun mannelijkheid herstellen door middel van publiekelijk erkende toelatingsriten.

De betekenis van conservatisme: Waarom progressieven hun politieke tegenstanders niet (kunnen) begrijpen

3 mei 2017

Na de Tweede Wereldoorlog moest de Berlijnse burgerbevolking in half omver gebombardeerde woningen strenge winters zien te overleven. Burgers beschikten vaak niet over olie, gas of andere zaken die de geallieerden zich hadden toegeëigend als oorlogsbuit. Duitse gezinnen mochten ieder één boom omkappen om zich te verwarmen. Tegen 1946 was de Berlijnse Tiergarten kaal gerooid. In de winter van 1947 verdween een groot stuk uit het nabijgelegen Grünewald bos.[27]

De vele bossen in Europa hebben behalve ontspanning voor natuurliefhebbers dus nog een andere, belangrijkere functie. In het geval van een onvoorziene catastrofe, zoals een oorlog, kunnen bossen de Europese bevolkingen tijdelijk van brandhout voorzien. Daarmee kunnen honderden miljoenen mensen twee of meer winterjaren hun slaapvertrekken verwarmen.

Het probleem met onvoorziene catastrofes is dat ze onvoorzien zijn. Bossen moeten je dus conserveren voor het zeldzame geval dat we ze nodig hebben. We weten vandaag niet waar we de bossen morgen voor nodig hebben. Daar ligt de kloof tussen conservatieven en progressieven, want progressieven zien wel de kansen voor verandering en vooruitgang, maar hebben geen oog voor de eindeloos mogelijke catastrofes die de mensheid te wachten staan.

Zelfs een progressieve planeconomie kan geen rekening houden met de kleinste schommelingen in het menselijke noodlot. Kalm langetermijndenken maakt conservatieven terughoudend en dus weinig veranderingsgezind. Gefrustreerde progressieven willen zo graag verandering dat ze hun tegenstanders liever in de bruinzwarte hoek zetten.

Dat wegzetten deed ook de Duitse denker Theodore Adorno die de 'fascisme test' ontwikkelde. Aan de hand van een vragenlijst kan een deelnemer vaststellen of deze aan een fascistische persoonlijkheidsstoornis lijdt. De test verraadt een eenzijdig wereldbeeld vol vooringenomenheid.

Een stelling luidt bijvoorbeeld: "Gezien de menselijke natuur zal er altijd oorlog en conflict in de wereld zijn." Bent u het hier mee eens, dan hoort u thuis in het hokje fascist. U denkt namelijk in termen van onoplosbare en onvermijdelijke oorzaken waartegen de mens voor zijn bestaan altijd strijd zal moeten leveren.

Een progressief mens gelooft dat onze werkelijkheid de zuivere uitkomst van de creatieve menselijke wil is. *Mind over matter*, noemen ze het, de geest die het fysieke beheerst. Omdat progressieven zich in gedachten een betere wereld kunnen inbeelden, geloven zij dat mensen deze perfecte wereld ook kunnen bouwen. Progressieven gaan voor het gemak voorbij aan het simpele feit dat je een uur inspanning maar één keer kunt uitgeven.

Progressieven gaan uit van een perfecte wereld en zoeken overdag naar boosdoeners die deze droom kennelijk tegenhouden. Zelf verrichten ze weinig inspanning. Het is veel makkelijker om de tegenstander voor boze witte man of antisemiet uit te schelden.

Progressief denken is een kinderlijk naïeve manier van denken, een teken van emotionele onvolwassenheid. Volgens de progressieve lezing is oorlog de schuld van slechte rechtse mensen die het gewoon leuk vinden om oorlog te voeren. Niet voor niets is een groot deel van het progressief-liberale gedachtegoed erop gericht de boze massa herop te voeden.

De stelling van Adorno klopt natuurlijk van geen kanten. Inderdaad veroorzaakt de menselijke natuur geen oorlog, het is onze natuur die oorlogen helpt overleven. Maar Adorno's stelling impliceert dat indien niet oorlog, dan wel vrede het gevolg van menselijke natuur moet zijn. Dat klopt niet. In werkelijkheid veroorzaakt de menselijke natuur noch oorlog, noch vrede.

Oorlog en vrede zijn gevolg van een complexe wereld die wij niet kunnen voorspellen. Een mogelijke reden waarom oorlog nog bestaat is dat mensen juist in vredestijd de grootste strijd horen te leveren om oorlog te voorkomen. Conservatieven begrijpen dat, maar wint progressieve naïviteit de overhand, en nemen wij de vrede weer voor lief, dan slaat de werkelijkheid hard terug.

In oorlogstijd mogen we nooit doorslaan, maar in vredestijd mogen we nooit verslappen. Boze rechtse mensen veroorzaken geen oorlog, maar zijn boos omdat progressieve mensen in hun fantasiewereldjes blijven ronddartelen zonder zich om de toekomst te bekommeren, net als de krekel uit Aesopus' bekende fabel met de mier.

Progressief-linkse en conservatief-rechtse mensen zijn voor hun gezamenlijke overleving tot elkaar veroordeeld. De een wil vooruitgang ten koste van langetermijndenken, de ander kiest voor een langdurig bestaan boven risicovolle verandering. Beide ideologieën tezamen maken de mens tot een dynamisch karakter wat nog veel geschiedenis zal schrijven.

Het progressieve wereldbeeld verkoopt een wereld zoals die *zou moeten* zijn, tenminste volgens de dromers, maar het conservatisme herinnert ons eraan hoe de wereld *werkelijk* is. Conservatieven weten dat zelfs een klein beetje verandering in goede banen leiden een bijna bovenmenselijke opgave kan blijken.

Het ware gevaar ligt noch in linkse noch in rechtse politiek, maar in het gevaar dat de ene of de andere ideologie de overhand krijgt, zoals vandaag in het Westen weer gebeurt. In dit opzicht was het nazisme van de twintigste eeuw *progressief*, omdat het een snelle verandering van de wereldorde nastreefde.

Rechtse mensen snappen dat je een wilde leeuw niet vriendelijk kunt vragen om zich beter te gedragen. Wilde leeuwen eten ons op. Maar volgens progressieven zijn we dan leeuwenhaters. Dat is het wereldbeeld van een vierjarig kind dat alleen zichzelf de schuld kan geven voor alles wat het niet begrijpt.

Niet de conservatieve mens, maar de progressieve mens is onwetend en naïef. Als progressieven echt zo graag de wereld willen veranderen, dan kunnen ze beginnen met zichzelf te veranderen in volwassenen.

8

Economie van de ondergang

Open grenzen voor kapitalisme:
Waarom multinationals de natiestaat willen deconstrueren

23 juli 2016

> "Zijn kapitalisme en communisme niet beide bezig samen
> te komen in een nieuw feodalisme, geleid en gemanipuleerd
> door grote, machtige bureaucratieën waarin het individu zijn
> menselijkheid verliest?" (Erich Fromm)

Eeuwenlang hebben nationale overheden, of natiestaten, een bedrijfsmodel nagestreefd dat de productiviteit van hun burgers belastte in ruil voor vaak valse beloftes van gezond ouder worden en sociale zekerheid. Van oudsher komt zulke politiek rente een machtscirkel van heersende families en hun rijke levensstijlen ten goede, de adelstand en de vorstendommen. Maar tegenwoordig moeten natiestaten en hun heersende elites de directe competitie aangaan met multinationale (en transnationale) bedrijven. Om de winsten te vergroten trachten deze multinationals niet alleen belasting door nationale overheden te ontwijken, maar streven ze er ook naar hun 'marktaandeel' te vergroten door zélf burgers te belasten en te besturen.

Multinationals willen hun zaakjes voortaan zelf besturen. Met de inwerkingtreding van verstrekkende 'handelsverdragen' als TPP en TTIP worden we getuige van een naderend, wereldwijd neo-feodalisme dat de levens van de 99% in de val zal lokken.

Sommige multinationals oefenen al de benodigde financiële macht uit om met kleinere landen te kunnen wedijveren. Samsung Electronics spendeerde in 2013 bijvoorbeeld 14 miljard dollar aan advertenties en reclame—meer dan het bruto nationaal product (bnp) van IJsland. Maar tot hun frustratie houden nationale en internationale wetten wereldwijd actieve ondernemingen gebonden aan nationale belasting. Dus als een verzameling machtige multinationals samen een succesvolle gooi zou doen om nationale overheden te deconstrueren, en zo een grenzeloze wereld zouden creëren, dan zouden zulke bedrijven de natiestaat effectief kunnen vervangen met een commerciële aandeelhoudersstaat als privé-eigendom.

Bedenk dat terwijl sommige politieke activisten de frase "grenzeloze wereld" hebben overgenomen om hun idee van wereldburgerschap te verspreiden, omarmen multinationals het begrip enkel als eerste stap in de onderwerping van gewone burgers aan hun heerschappij. Multinationals willen zulke burgers, eenmaal ontdaan van hun nationale identiteiten, verstrikken in politieke renteprogramma's die zij zelf voorzien. Op een dag zouden bijvoorbeeld uw veiligheid, gezondheidszorg, pensioenplan of zelfs het onderwijs van uw kinderen u kunnen worden aangeboden als maandelijks abonnement door de Republiek van Albert Heijn.

Het zal enige tijd kosten om aan deze dystopische visie van de nabije toekomst te wennen. Maar het idee dat een commercieel bedrijf een politieke staat in eigendom kan hebben is niet nieuw. Opgericht in 1602 kwam de Vereenigde Oostindische Compagnie (VOC) snel aan de macht als 's wereld eerste multinational, en ook als het eerste bedrijf dat publiekelijk werd verhandeld op de eerste effectenbeurs. Volgens Wikipedia was "de [VOC] een machtig bedrijf dat quasi-regeringsbevoegdheden bezat, inclusief het vermogen om oorlog te voeren, veroordeelden gevangen te nemen en te executeren, handelsverdragen te sluiten, een eigen munt te slaan en koloniën te stichten."

De VOC was haar eigen economie, terwijl haar private aandeelhouders zichzelf tot koning kroonden. Vandaag nemen we een soortgelijke machtsstrijd waar tussen ambitieuze multinationals en hun traditionele thuislanden. In 2014 schreef de ING Bank bijvoorbeeld mee aan een Nederlandse wettekst die banken een fiscaal voordeel opleverde bij het uitgeven van riskante obligaties. De omzet van Samsung bedroeg in het boekjaar 2012 17% van het Zuid-Koreaanse bnp, waardoor het zich een mate van 'bemoeienis' in de thuispolitiek kan veroorloven. Datzelfde jaar zette Koninklijke Shell meer dan 555 miljard dollar om, bijna 84% van het Nederlandse bnp.

Alhoewel men het bruto nationaal product van een land niet kan vergelijken met bedrijfsomzetten staat het vast dat sommige multinationals over voldoende middelen beschikken om echte legers te onderhouden, en dat ze die legers kunnen inzetten om kleinere naties binnen te vallen en te usurperen. Zou het iemand echt verbazen als een coalitie van Amerikaanse oliebedrijven en wapenfabrikanten had aangedrongen op de oorlog in Irak? Laat ons daarom voor altijd afrekenen met nationalistische naïviteit: er bestaat nu een markt voor burgers en hun landen. Onder hun gegadigde kopers vinden we namen als Shell, BP, Glencore, Nestlé, Volkswagen en anderen.

Een belangrijke ontwikkeling die de overgang van publieke staten naar privé-eigendomsstaten aanstuurt is de historisch vrij recente opkomst van megasteden. Met inmiddels meer dan de helft van de wereldbevolking die in steden leeft—in Europa bijna driekwart—hebben nationale overheden hun politieke verantwoordelijkheden grotendeels aan commerciële bedrijven afgestaan. De privatisering van huisvesting, volksgezondheid, transport en zelfs gevangenissen en pensioenen hebben het middelpunt van de politiek zwaartekracht verschoven van volksvertegenwoordigende democratie naar multinationale bureaucratie.

Maar wat was dan het doel van het stichten van democratieën om ze alleen maar aan de hoogste bieder te verkopen? Hoe kunnen we deze neo-feodale trend omkeren? Kunnen individuele mannen en vrouwen aan hun moderne slavernij ontsnappen? Het antwoord ligt misschien in een simpel inzicht geformuleerd door sociaalfilosoof Erich Fromm, die een humanistisch socialisme voorstelde waarin menselijke behoeften op de eerste plaats staan. In een bundel essays getiteld Over ongehoorzaamheid (1984) redeneert hij: "Op dit punt in de geschiedenis is het vermogen om te twijfelen, kritisch en ongehoorzaam te zijn misschien het enige dat tussen een toekomst voor de mens en het einde van beschaving staat."

Fromm concludeert:

"Iemand kan vrij worden door daden van ongehoorzaamheid door nee te leren zeggen tegen macht. ... Om ongehoorzaam te zijn moet iemand de moed hebben alleen te zijn, te dwalen en te zondigen. Maar moed is niet genoeg. De capaciteit voor moed hangt van iemands ontwikkelingsniveau af. Alleen als iemand uit moeders schoot en vaders geboden tevoorschijn is gekomen, alleen als hij als een volledig ontwikkeld individu tevoorschijn is gekomen en dus zijn vermogen om voor zichzelf te denken en te voelen heeft verworven, alleen dan kan hij de moed hebben om 'nee' te zeggen tegen macht en ongehoorzaam te zijn."

De grootste dreiging voor een collectief is een enkel individu dat vrijheid opeist. Zeg gewoon "nee".

De imploderende G7: Als Europa een bedrijf was, dan zouden haar investeerders het continent te koop zetten

12 april 2017
De G7-staten zijn de zeven grote economieën van de wereld. Vergelijken we van iedere staat het relatieve aandeel van de wereldeconomie, ofwel het 'marktaandeel' gemeten langs het bruto binnenlands product, dan valt op dat vier van de G7-staten sinds 1900 langzaam maar zeker hun aandeel aan het verliezen zijn. Dat zijn de vier grootste Europese economieën van Duitsland, Frankrijk, Italië en het Verenigd Koninkrijk. Heel anders dan de VS, Canada en Japan.

Hoe zal Europa's neergang de wereld raken?

Grafiek 1. Duits aandeel van de wereldeconomie (1900-2008), inclusief Oost- en West-Duitsland. (Let op dat de volatiliteit sinds 1950 helemaal vlak is gaan liggen—bewijs voor een communistische planeconomie?)

Sinds 1900 verloor Duitsland bijna 2/3 van zijn aandeel in de wereldeconomie, gezakt van bijna 12% op zijn hoogtepunt tot onder de 4% vandaag.

Voor even herstelde Hitlers Derde Rijk de Duitse macht, maar enkel omdat zijn expansionistische economie naburige landen leegroofde. In de daaropvolgende eeuw zouden Duitsers voor hun hoogmoed betalen met economisch verval. Ondanks dat ze hun economie in de jaren '50 van de vorige eeuw snel opnieuw wisten op te bouwen, is de Duits economie vandaag niet machtiger dan in de tijd vlak na Hitlers nederlaag in 1945.

De Duitse economische invloed op de wereld neemt niet alleen af, maar lijkt stervende. Men hoeft zich niet te verwonderen waarom Duitsland heeft besloten zijn grenzen voor miljoenen goedkope arbeidskrachten op te zetten. Dat deden Duitsers niet alleen om te bewijzen hoe progressief ze zijn geworden, maar vooral omdat autochtone Duitse arbeiders zo gewend zijn geraakt aan rijkdom en welvaart dat ze niet langer met Chinese en Indiase lonen kunnen concurreren.

De immigranten uit de Derde Wereld naar het Westen kunnen hun gastheren gemakkelijk onderbieden. Niet, zoals de Indiase racist Fareed Zakaria ons wil laten geloven,[1] omdat Indiase immigranten zogenaamd productiever zouden zijn, maar omdat immigranten westerse salarissen kunnen ondermijnen door met veel armere leefomstandigheden genoegen te nemen. Alhoewel immigranten *minder productief* zijn dan autochtone westerlingen, zijn ze eerder bereid hetzelfde werk voor veel minder geld te doen.

Wereldwijd gezien duwt de dreiging van een Chinees-Indisch wonder verdere massa-immigratie naar het Westen: de enige mensen die nog in staat zullen zijn voor minder dan een Aziatisch of Indiaas loon te werken, zijn Afrikanen (uit Afrika). Niet onverwacht vertelde de Italiaanse voorzitter van het Europese Parlement, Antonio Tajani, recentelijk aan de Duitse krant *Die Welt* dat Europa het komende decennium 30 miljoen zwarte Afrikanen zal moeten absorberen. Ze zullen fabrieken vullen en lopende bandwerk bemannen met verse arbeid.

Merk op dat progressieve ideologie geen rol van betekenis heeft gespeeld in de beslissing om Europa's grenzen open te zetten. Economie gaat voor politieke fantasie, alhoewel het multiculturele wereldbeeld gemakshalve dient om autochtone Europeanen in een passieve staat van ontkenning te houden, terwijl hun levens langzaam worden omgeruild voor die van uitheemse bevolkingen.

Kinderen van rijke blanke ouders zullen nooit kunnen concurreren met immigranten uit de Derde Wereld.

Grafiek 2. Franse aandeel van de economie (1900-2008).

Net zoals Duitsland heeft Frankrijk sinds 1900 meer dan de helft van haar invloed op de wereldeconomie verloren. De Tweede Wereldoorlog schaadde de Franse economie tijdelijk tijdens de Nazi-bezetting van 1939 tot 1945, maar in tegenstelling tot de Duitsers waren de Fransen in staat hun economie vrij snel te herstellen.

Ook Frankrijk neemt deel aan de *race to the bottom* en heeft zijn grenzen voor massa-immigratie opengezet. Vanwege de behoefte aan goedkope arbeid om economisch te kunnen blijven concurreren, huisvest Frankrijk nu al Europa's grootste Noord-Afrikaanse, Centraal-Afrikaanse en islamitische populaties. Immigranten zijn de enige mensen die willen werken voor salarissen waar Fransen hun hypotheek van niet kunnen aflossen.

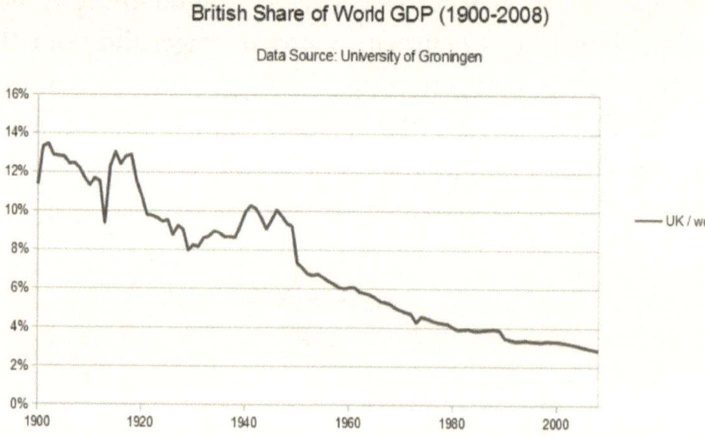

Grafiek 3. Het Britse aandeel in de wereldeconomie (1900-2008).

In 1900 was de Britse economie even machtig als die van Duitsland (12% van de wereldeconomie), ondanks dat het toentertijd een kleinere bevolking had. Britse burgers waren productiever, misschien wel dankzij de hulpbronnen die het uit haar koloniale rijk kon bemachtigen.

Omdat het land niet door de Nazi's werd bezet, lijkt de Britse economie aan de oorlogsindustrie te hebben verdiend. Desalniettemin bleef de Britse economie sindsdien wegzakken in vergane glorie. Vandaag representeert de Britse economie een magere 3% van de wereldeconomie, zelfs minder dan dat van Duitsland (4%). Misschien helpt #Brexit de Britten een stukje verloren trots terug te geven.

Sinds het bijna 75% van haar wereldwijde macht kwijt is geraakt, lijkt de Britse economie op sterven na dood.

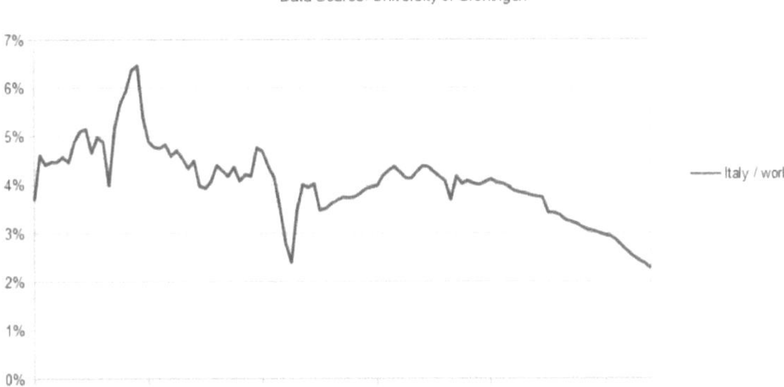

Grafiek 4. Italiaans deel van de wereldeconomie (1900-2008).

In tegenstelling tot Duitsland heeft de voormalige fascistenstaat nauwelijks onder de nederlaag van de Tweede Wereldoorlog geleden. Italië herstelde binnen enkele jaren en was in staat om een relatief stabiel aandeel in de wereldeconomie te behouden, tot ook in dit land de neergang rond 1980 inzette.

Waarom slagen de Europese G7-economieën er niet in hun wereldwijde relevantie te behouden? Vergrijzende demografie en een daaropvolgend tekort aan autochtone arbeiders verklaren waarom politici immigranten uit de Derde Wereld moesten uitnodigen om hier banen te zoeken, maar het verklaart niet waarom Europa's economieën al waren begonnen te verzwakken *voordat* de massa-immigratie aanzwol en zelfs *voor* de Tweede Wereldoorlog. Niet de oorlog veroorzaakte de neergang, de neergang veroorzaakte de oorlog.

We moeten concluderen dat immigranten Europa's economische afglijden niet hebben veroorzaakt. Immigranten hebben Europa's aanstaande ineenstorting uitgesteld, maar dat betekent nog niet dat ze die definitief hebben afgesteld. Als het proces van massa-immigratie zo doorgaat, dan zullen Europa's economieën uiteindelijk niet meer door Europeanen worden gerund, maar door Arabieren, Aziaten en Afrikanen. Op de langere termijn zullen Europeanen worden geconfronteerd met hun economische en biologische uitsterven.

Wat moeten Europeanen dan anders doen om het tij te keren en een toekomst voor hun nageslacht veilig te stellen? Als Europeanen aan hun welvaart blijven vasthouden, als ze luxeauto's prefereren boven kinderen, dan zullen ze nooit in staat zijn om te concurreren met Chinese en Indiase lonen. De westerse verslaving aan welvaart heeft het lot van Europeanen beklonken. (Evolutie bevoordeelt niet noodzakelijk de rijken.)

Als Europeanen echter hun luxegoederen zouden opgeven en hun welvaart investeren in het verwekken van kinderen, dan zullen, ervan afgezien dat ze Europa minder aantrekkelijk zullen maken voor immigranten, hun stijgende aantallen nog steeds niet genoeg zijn om met vier tot zes miljard Aziaten te concurreren, noch met een verwachte twee tot vier miljard Afrikanen voor het eind van deze eeuw. Het lijkt erop dat ongeacht wat Europeanen ook zullen doen niets wat uitmaakt.

Er is, natuurlijk, nog één onuitgesproken aanpak voor het Europese dilemma die tot een oplossing zou kunnen leiden. Volgens ecoloog Paul Colinvaux, auteur van *The Fate of Nations*, zullen rijkere landen altijd hun toevlucht nemen in oorlog tegen armere landen wiens onophoudelijk groeiende bevolkingsaantallen een economische bedreiging vormen.

Hij schrijft: "Aanvalsoorlog wordt veroorzaakt door continue bevolkingsgroei in een relatief rijke samenleving." In onze tijd is die rijke samenleving de geglobaliseerde wereld. De groeiende bevolkingen van de Derde Wereld dreigen zeker het rijkere Westen te verpletteren. Als Colinvaux's historische analyse juist blijkt, dan staat ons nog heel wat vuurwerk te wachten.

Het Westen tegen de Rest:
Afnemende westerse macht als prikkel voor oorlog?

21 maart 2017

Hoe staan beschavingen economisch gezien in verhouding tot elkaar? Als we de wereld in grofweg negen beschavingen opdelen, dan kunnen we het bruto nationaal product (bnp) van hun nationale lidstaten bij elkaar optellen.[2] Daarmee kunnen we per beschaving het relatieve aandeel van de wereldeconomie meten.

Economen hebben het nut van het bnp als financiële meetwaarde al lang in twijfel getrokken, maar voor dit onderzoek kijk ik alleen naar de relatieve verschillen. Ik definieer economische kracht als het relatieve voordeel dat een partij boven anderen heeft.

De negen beschavingen gebruikt voor deze studie zijn: de *westerse* (West-Europa, Noord-Amerika en Australië), de *sinische* (China en haar satellietstaten), de *orthodoxe* (Rusland, voormalige Sovjetstaten en Griekenland), de *Latijns-Amerikaanse*, de *Japanse*, de *islamitische* (inclusief de Arabische wereld, Turkije, Noord-Afrika, de eilanden in Oceanië en Iran), de *hindoestaanse* (India), de *boeddhistische* (zuidoost Azië en Mongolië) en de *Afrikaanse* (beneden de Sahara).

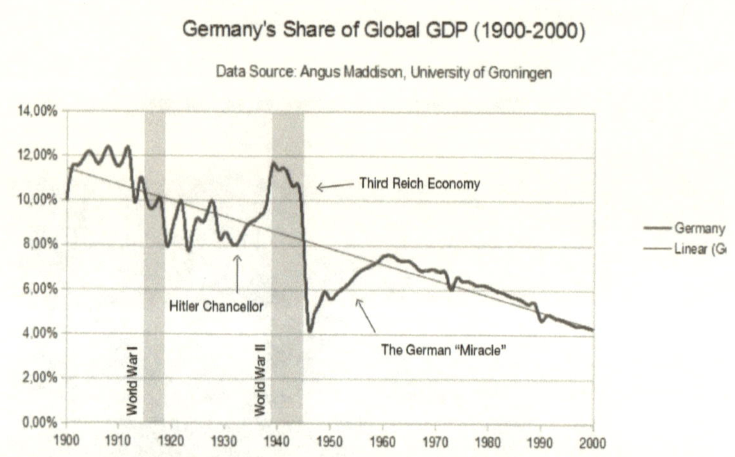

Figuur 1. Duitslands BNP tussen 1900 en 2000.

Voordat we de beschavingen laten botsen, kijken we eerst naar bovenstaande grafiek. Die toont de ontwikkeling van Duitslands aandeel van het wereldwijde bnp gedurende de 20ste eeuw. Duitse economische macht, ten opzichte van de wereld, bevindt zich al meer dan een eeuw in verval, gezakt van circa 12% van 's wereld bnp in 1900 tot 4% in 2000. Zoals we later zullen zien betreft deze neergang ook het Westen als geheel.

Het krimpende aandeel van het wereld-bnp betekende niet dat Duitsland armer aan het worden was. De wereldeconomie groeide nog steeds en Duitse welvaart nam de gehele 20ste eeuw per hoofd van de bevolking toe. Maar Duitslands aandeel van de wereldeconomie bleef afglijden tot het land in amper één eeuw tijd uiteindelijk bijna 75% van haar economische macht kwijtraakte.

De grafiek toont ook dat de Nazi-economie, vanaf de dag dat Hitler in januari 1933 Kanselier werd, onmiddellijk een groter deel van het wereldwijde bnp begon op te eisen, voornamelijk door de agressieve veroveringen en kolonisaties van naburige landen (Oostenrijk, Polen, etc.). Het Duitse economische expansionisme kwam in 1939 tot een eind toen de geallieerde machten begonnen terug te vechten.

In het laatste jaar van de Tweede Wereldoorlog stortte de Duitse economie in. In slechts één jaar tijd verloor het 75% van haar aandeel in het wereldwijde bnp. Maar tijdens de jaren '50 lukte het de Duitsers om hun economie weer op te bouwen. In slechts tien jaar tijd voltrok zich het *Wirtschaftswunder*, het Duitse wonder, en genas het land de schade die de ineenstorting van het Derde Rijk teweeg had gebracht.

Figuur 2. Aandeel BNP per beschaving (1800-2000).

Professor Angus Maddison verzamelde historische bnp-waarden voor de Universiteit van Groningen.[3] In de grafiek hierboven heb ik deze waarden voor ieder van Samuel Huntingtons negen beschavingen geplot voor het tijdsbestek 1800-2000.

Het doel van deze grafiek is om de plotselinge opkomst en ondergang van westerse economische suprematie te tonen. Voor het eerst in de geschiedenis zetten de industriële revoluties die in Engeland waren begonnen het Westen stevig in het zadel van de wereldeconomie. Daarvóór hadden de beschavingen van de

Zijderoute (India en China) duizenden jaren lang de menselijke economische activiteit gedomineerd.

Door de oude orde te verstoren veroordeelde het Westen de rest van de wereld tot een economische baggerput, maar het tijdperk van de westerse suprematie duurde niet veel langer dan 150 jaar, van 1850 tot 2000. Meteen na de Tweede Wereldoorlog begon het Westen haar relatieve voordeel weer te verliezen. Dat komt omdat technologie- en kennisoverdracht van het Westen naar de Rest de industriële welvaart democratiseerde.

Als gevolg daarvan daalde het westerse aandeel van het wereld-bnp van 70% in 1950 tot circa 50% tegen het jaar 2000. In slechts een halve eeuw tijd verloor de westerse beschaving bijna een derde van haar economische macht in verhouding tot de wereld.

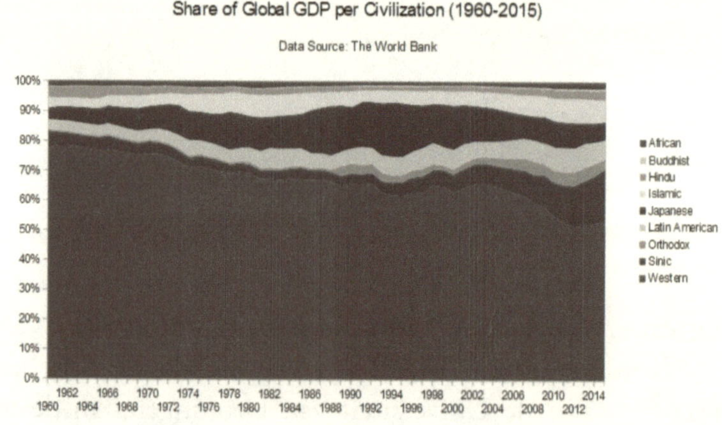

Figuur 3. Aandeel van het wereld-bnp per beschaving van 1960 tot 2015.

Gebruik makende van een andere dataset, aangeleverd door de Wereldbank, kunnen de voorgaande resultaten nog eens worden herhaald. De grafiek hierboven toont een gestapelde vergelijking van het relatieve aandeel in het wereld-bnp per beschaving. Volgens de data van de Wereldbank beheerste het Westen tegen 1960 circa 75% van de wereldeconomie.

Maar opnieuw schilderen de volgende vijf decennia de economische neergang van het Westen. Haar relatieve bnp-aandeel daalde tot 50%, een verlies van een derde van haar relatieve economische macht.

De grafiek toont dat Oost-Azië de westerse dominantie begon te bedreigen. Een korte periode lang, van 1960 tot 2010, lukte het Japan om een significant aandeel in de wereldeconomie te veroveren. Rond 1995 beheerste Japan in zijn eentje bijna 20% van de wereldeconomie. Maar tegen 2000 zou Japan het momentum alweer overdragen aan China.

Toen het Westen besloot om haar fabrieken naar China te outsourcen, in plaats van in eigen geboortes te investeren, lijkt het Westen economische zelfmoord te hebben gepleegd door China een toegangskaartje tot de wereldheerschappij te geven. Westerse steun aan globalisme moet dan ook op die manier worden begrepen: globalisme is een haastig geformuleerd antwoord om voor falende westerse economieën te proberen compenseren.

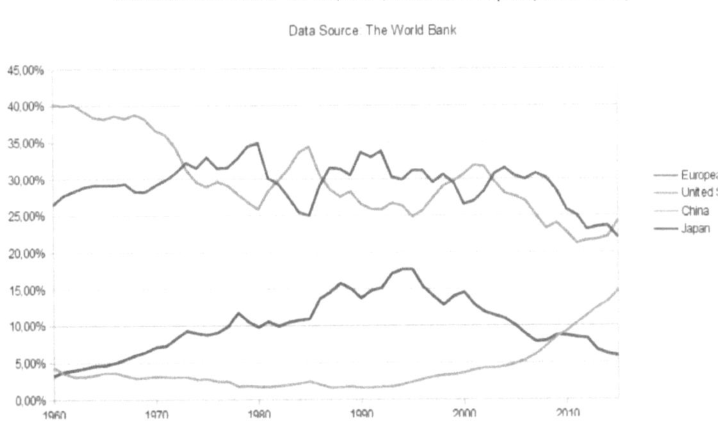

Figuur 4. Het aandeel wereld-bnp voor grote spelers.

De economische machtsverschuiving van West naar Oost zal sociale, politieke en culturele gevolgen hebben.

De *Pax Americana*, de wereldorde verzorgd door Amerikaanse economische dominantie, is tot een einde gekomen. Tussen 1960 en 2010 verloren de Amerikanen bijna de helft van hun aandeel in het wereld-bnp, gedaald van 40% tot circa 20%. Maar met 20% van de wereldeconomie kan Amerika zich geen economische supermacht meer noemen.

China beheerst nu 15% van de wereldeconomie; de sinische beschaving tezamen circa 20%—bijna evenveel als Amerika. Met China's bevolking van bijna 2 miljard zullen de Chinezen ongetwijfeld proberen te doen wat de Japanners niet konden, namelijk Amerika en het Westen van de economische troon stoten in de strijd om economische wereldheerschappij.

Niet onverwacht heeft China haar één-kind-politiek al in 2015 stopgezet. Deze slimme zet zal een Chinese *babyboom* opleveren. De nieuwe Chinese geboorten zullen tussen 2030 en 2040 de grote instroom van goedkope arbeid in China's arbeidersklasse garanderen.

In tegenstelling tot Europa en Amerika zal China geen immigranten nodig hebben om haar economie aan te zwengelen.

Hoe zal het Westen reageren op haar economische verval? In zijn boek *The Fates of Nations* legde ecoloog Paul Colinvaux uit dat aanvalsoorlog altijd wordt begonnen door rijke landen. Geconfronteerd met groeiende populaties reageren rijke landen met oorlog en onderdrukking om hun welvaart te beschermen tegen boze massa's.

Aangezien Afrikaanse en Chinese populaties deze eeuw naar verwachting explosief zullen groeien, dan zal het Westen kunnen beslissen dat oorlog voeren in haar belang is. De reële dreiging te worden overspoeld, verkracht of afgeslacht door hordes miljoenen boze Arabieren, Afrikanen, Latijns-Amerikanen en Aziaten zal (blanke) Europeanen en Amerikanen zeker tot wanhoop drijven—en in de armen van een 'redder'.

Colinvaux merkt verder op dat aanvalsoorlogen niet worden gewonnen door grote aantallen, maar door superieure technologie. En inderdaad, het Westen bezit nog steeds een technologische en militaire voorsprong op de rest van de wereld. Zal het Westen, geconfronteerd met decennia of zelfs eeuwen van economische vernedering besluiten om in Duitse voetsporen te treden?

Ik voorspel bij deze dat, om economische redenen, West-Europeanen en Noord-Amerikanen uiteindelijk een moderne Hitler zullen steunen om nucleaire oorlog tegen 's werelds bevolkingsoverschotten te voeren.

Het economische verraad van de massamigratie: Open grenzen droegen niets bij aan een sterkere economie

3 april 2017

Tussen 1930 en 2008 verloor de Nederlandse economie bijna de helft van haar aandeel in de wereldwelvaart. Dat blijkt uit cijfers van de Universiteit van Groningen en wijlen professor Angus Maddison. Het zogeheten *bruto binnenlands product* (bbp) steeg in absolute aantallen, maar daalde relatief gezien van 1,6% tot 0,8% van het totale wereld-bbp.

Die relatieve daling beïnvloedt de economische slagkracht. In verhouding tot de rest van de wereld werd Nederland economisch gezien zwakker. Net als bij een gevoelstemperatuur steeg de relatieve welvaart, maar vooral omdat Nederlandse vrouwen besloten veel minder kinderen te krijgen. Kleinere gezinnen vergroten de beschikbare rijkdom per kind.

Vanwege een tekort aan eigen kinderen kwamen de eerste gastarbeiders vanaf 1960 graag het vuile werk opknappen om onze economie draaiende te houden. In een eeuw tijd groeide het aantal allochtonen van minder dan 1% tot meer dan 20% van de totale bevolking, van een schamele vijftigduizend buitenlanders anno 1900 tot bijna vier miljoen allochtonen in 2015.

De helft van al die allochtonen kwam uit niet-westerse landen. Dat is overigens exclusief derde en vierde generaties Turken, Surinamers en Marokkanen, generaties die het Centraal Bureau voor Statistiek (CBS) inmiddels tot autochtonen rekent. (Tegenwoordig heten autochtonen "mensen zonder een migratie-achtergrond".)

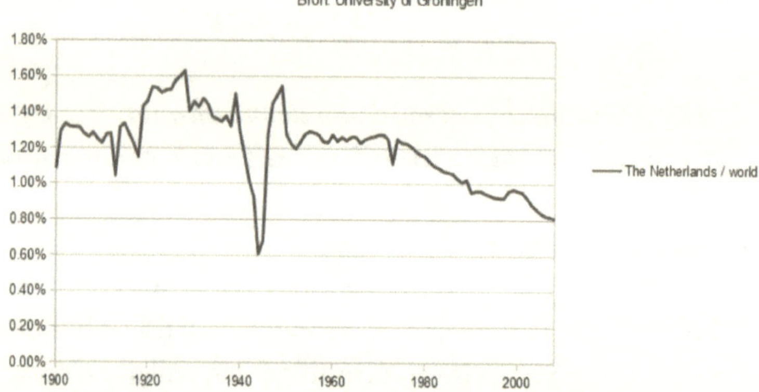

Grafiek 1. Nederlands aandeel wereld-bbp (1900-2008).

De bovenstaande grafiek toont de relatieve kracht van de Nederlandse economie ten opzichte van de rest van de wereld, gemeten langs het Nederlandse bbp-aandeel in het wereld-bbp. De Nederlandse economie bevindt zich wat betreft relatieve slagkracht bijna terug op het dieptepunt van vlak na de Tweede Wereldoorlog.

Dat zegt wel iets over de staat van onze samenleving. Ondanks open grenzen, ondanks massamigratie en ondanks de multiculturele samenleving wist de Nederlandse economie—tot grote verbazing van linkse politici—haar aandeel in de wereldwelvaart niet te verdedigen. In normale mensentaal: de vele allochtonen versterkten de Nederlandse economie niet.

Het zou echter verkeerd zijn om allochtonen de schuld te geven voor onze economische verzwakking. Die verzwakking kwam namelijk van binnenuit. Juist verliezende economieën zoals de Nederlandse kunnen het niet langer veroorloven hun grenzen en hun welvaart tegen indringers te verdedigen. Bij gebrek aan economische slagkracht gaan de grenzen noodgedwongen open.

Massa-immigratie moet men daarom niet zien als oorzaak, maar als het *gevolg* van economische daling. Maar wat veroorzaakte die daling dan wél?

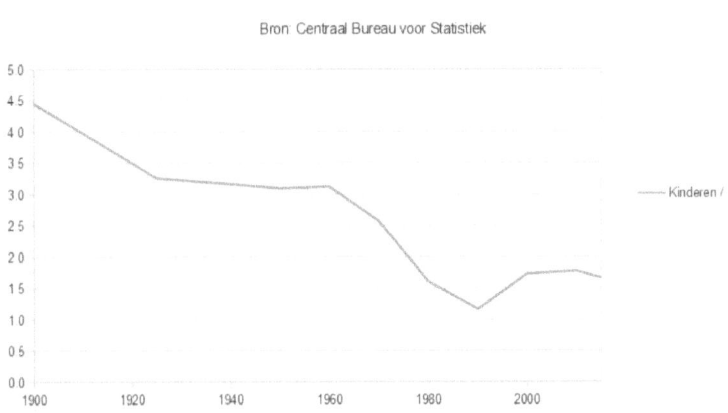

Grafiek 2. Gemiddeld aantal kinderen per Nederlandse vrouw (1900-2015).

Sinds het jaar 1900 nam het gemiddeld aantal kinderen per Nederlandse vrouw sterk af. Tussen 1900 en 1990 kromp het gezin van gemiddeld 4,5 kinderen tot amper iets meer dan 1 kind. Sindsdien nam de gezinsgrootte weer toe, tot iets meer dan 1,5 kind per vrouw.

Die recente toename van de gezinsgrootte moeten we vooral zoeken bij allochtone vrouwen die tot wel drie keer zoveel kinderen baren als autochtone. Zet de trend zich zo voort dan worden autochtone Nederlanders nog voor het jaar 2100 een minderheid in eigen land.

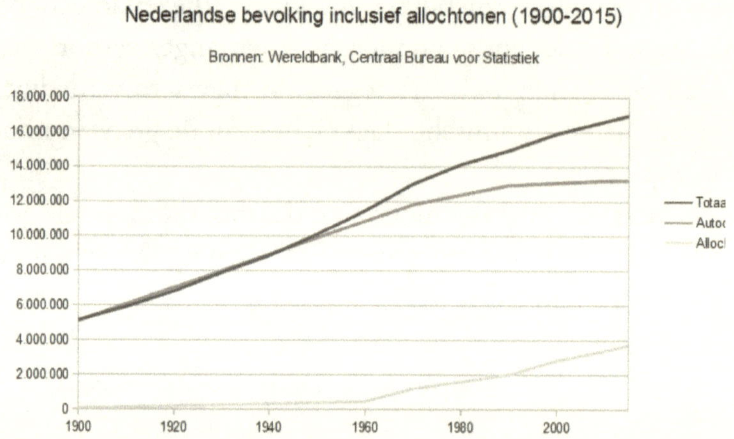

Nederlandse bevolking inclusief allochtonen (1900-2015)

Bronnen: Wereldbank, Centraal Bureau voor Statistiek

Grafiek 3. Nederlandse bevolking inclusief allochtonen (1900-2015).

Sinds ongeveer 1980 stagneert de autochtone bevolkingsomvang, die al bijna veertig jaar lang rond de 13,5 miljoen inwoners is blijven schommelen. Het is verleidelijk om te denken dat 'wij autochtonen' heus nog wel de meerderheid zullen blijven, maar dat is een gevaarlijke misvatting. Door de sterke vergrijzing langs autochtone zijde is het aandeel *vruchtbare* autochtone vrouwen niet veel groter dan dat van vruchtbare allochtone vrouwen.

Door genoegen te nemen met minder welvaart kunnen allochtone vrouwen de strijd om bestaansrecht makkelijk winnen. De rijke Amsterdamse mevrouwen rijden liever een Porsche dan een babywagen. Hoe lang nog zal de steeds kleiner wordende groep vruchtbare autochtonen kunnen concurreren met de baarmoeders uit Afrikaanse en Arabische landen?

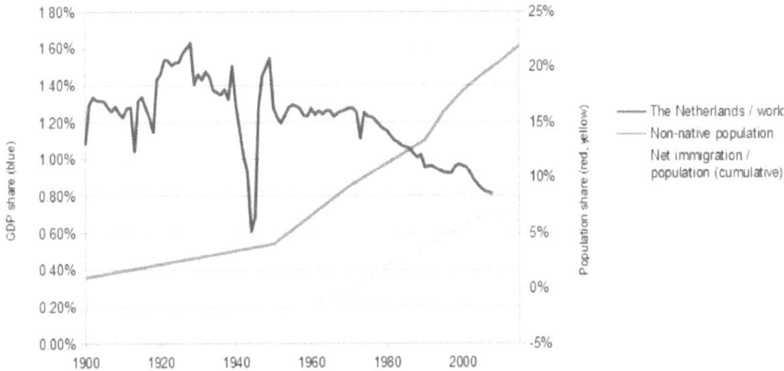

Grafiek 4. Aandeel Nederlands wereld-bbp (linker as) tegenover aandeel allochtonen en netto-immigratie (rechter as).

In de vierde en laatste grafiek hierboven heb ik nogmaals het Nederlandse bbp-aandeel van de wereld geplot. Daarnaast staat (in het rood) de groei van het allochtone bevolkingsaandeel, relatief ten opzichte van de totale bevolking. In het geel staat het relatieve deel van de bevolking dat sinds 1960 door migratie het land binnenkwam.

Hier zien we duidelijk wat autochtonen te wachten staat. Onze economie is niet meer in staat met de wereld te concurreren. Allochtone indringers maken daar gebruik van. Dankzij open grenzen weten zij onze economie met hun eigen kinderen te bevolken. Desalniettemin hebben allochtonen netto niets bijgedragen aan onze relatieve economische slagkracht.

Willen we het tij nog keren? Dan zullen autochtone vrouwen weer veel meer kinderen moeten gaan baren, veel meer dan hun strijdvaardige allochtone collega's.

**_Winnaars en verliezers van wereldoorlogen: Economische
opbrengsten en verliezen van deelnemers gemeten naar het
bruto binnenlands product_**

13 maart 2017
Wie wonnen de Eerste en Tweede Wereldoorlog? Volgens de
geschiedenisboeken verloor Duitsland beide en won Amerika
beide. Economische data ondersteunen het historische logboek.
Door het aandeel in het wereld-bbp, of bruto binnenlands product, van de deelnemers met elkaar te vergelijken wordt duidelijk wie het meeste aan de wereldoorlogen hebben verdiend.

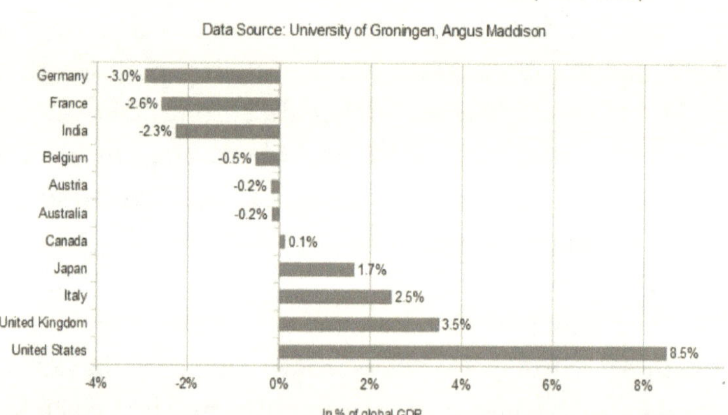

*Grafiek 1. Winsten en verliezen gemeten in aandeel wereld-bbp
voor WO1 (1914-1918).*

    Hoe de grafiek te lezen: de grafiek toont het *absolute* winst/
verlies wat betreft het aandeel van het wereld-bbp, wat zelf
een % is. Bijvoorbeeld, Duitsland verloor 3% van het absolute
aandeel in het wereld-bbp, namelijk van 11% gezakt naar 8%.
Relatief gezien zou dat een verlies van bijna 28% (3%/11%) van
's lands nationale economische macht zijn geweest.

    Duitsland (-3%), Frankrijk (-2.6%) en India (-2.3%) lijken
de grootste verliezers van de Eerste Wereldoorlog te zijn gewe-

est, alhoewel India's bbp toentertijd al langer dalende was en niet door de oorlog lijkt te zijn beïnvloed.

De economische winnaars van de Eerste Wereldoorlog waren Japan (+1.7%), Italië (+2.5), Verenigd Koninkrijk (+3.5%) en de Verenigde Staten (+8.5%). Ten tijde van de oorlog hoorden zij bij de *Entente Powers*, de geallieerden die tegen Duitsland vochten. Frankrijk verloor ondanks een bondgenoot te zijn geweest.

Zie hier een lijst met alle deelnemers van WO1. In de grafiek hierboven heb ik enkel de deelnemers met de meest significante winsten of verliezen opgenomen.

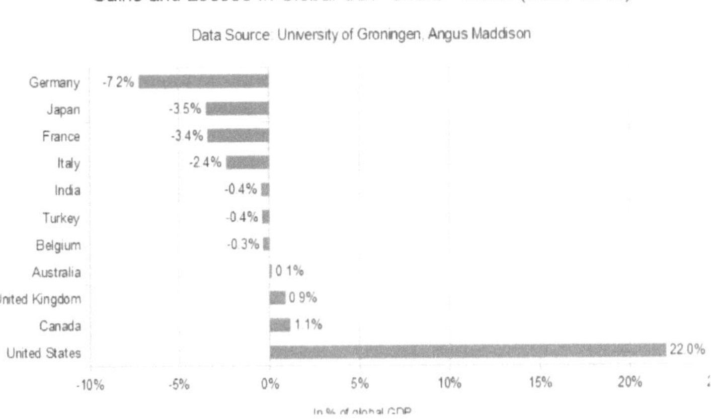

Grafiek 2. Winsten en verliezen gemeten in aandeel wereld-bbp voor WO2 (1939-1945).

Na de Tweede Wereldoorlog verrezen de Verenigde Staten (+22%) als eenzame winnaars. De grote bondgenoot, het Verenigd Koninkrijk (+0.9%) onder Winston Churchill, won slechts een klein stukje van de wereldeconomie. Onder de verliezers van de oorlog vallen fascistisch Italië (-2.4%), keizerlijk Japan (-3.5%) en het Duitse Derde Rijk (-7.2%). Net als tijdens de Eerste Wereldoorlog verloor goedzak Frankrijk, in dit geval -3.4%.

Het is belangrijk om op te merken dat de hierboven genoemde winst- en verliescijfers na de oorlog vaak weer ongedaan werden gemaakt, omdat de wereldeconomie de landen weer meetrok in grotere tendensen. Frankrijk herstelde bijvoorbeeld meteen na de oorlog, net als Duitsland tijdens de jaren '50 van de vorige eeuw.

Oorlog kan winstgevend zijn, maar alleen als je wint terwijl je zelf relatief onbeschadigd blijft. Het Verenigd Koninkrijk werd hevig gebombardeerd tijdens WO2, maar Amerika niet. Landen die door agressors werden bezet, zoals Frankrijk, lijden doorgaans economische verliezen, omdat de agressors hun economieën plunderen.

Beide wereldoorlogen hebben de opkomst van het Amerikaanse *"military industrial complex"* gefinancierd, wat de volgende decennia de politieman van de wereld zou gaan spelen. De ongelofelijke economische voordelen die men kan behalen door het winnen van een wereldoorlog *maken het een bijzonder aantrekkelijke propositie* om de geldende wereldorde uit te dagen.

Afsluitend met een zorgelijke opmerking denk ik niet dat het vooruitzicht van atoomoorlog uitdagers zal afschrikken. Het is verschrikkelijk duur om miljarden mensen iedere dag te eten te geven. Militaire strategen zullen zeker bereid zijn om de stedelijke lagere klassen op te offeren in ruil voor een militaire overwinning. Het geloof in eeuwigdurende vrede berust op ontkenning.

Het socio-kapitalistische complex: De overlevenden van de 22ste eeuw zullen de meest agressieve onderdrukkers van de 21ste zijn.

10 maart 2016

Het probleem met socialisme is dat het inherent een leugen is. Kapitalisme en socialisme zijn geen tegengestelde, maar complementaire krachten. Tezamen maximaliseert deze socialistisch-kapitalistische Chimera de economisch draagkracht voor een grotere bevolking. Door middel van 'gelijkwaardigheid' wist socialisme onderlinge verschillen tussen mensen uit, om ze voor te bereiden op massaconsumptie, wat kapitalistische schaalvoordelen toelaat. Kapitalisme bedient om deze vlak gestreken massa's op efficiënte wijze, en vergroot daarmee de economische draagkracht voor groeiende bevolkingen. Grotere bevolkingen bevorderen meer socialisme. Derhalve is kapitalisme socialismes vereiste: alleen welvarende landen kunnen de prijs van 'progressie' betalen.

We hebben een hulpbronnenprobleem. De voorraad aan olie, staal, bijzondere mineralen voor elektronicaproducten enzovoorts raakt steeds sneller op. Als iedere Chinese burger een auto wil bezitten net zoals de meeste Amerikanen en Europeanen, dan hebben we vier aardbollen nodig om voldoende auto's te produceren. Vinden we geen nieuwe planeten om leeg te roven, dan moeten we Chinezen vertellen dat ze geen auto's zullen kunnen rijden. Zij zullen dat is oneerlijk, misschien discriminatie of zelfs racisme ervaren. Waarom mogen die vervelende blanken dingen die zij niet mogen? Hierin ligt de uitvinding van sociale onderdrukking: westerlingen moeten de Chinezen onderdrukken, omdat ze anders hun welvaart moeten afstaan. Maar het is een denkfout te zeggen dat kapitalisme deze onderdrukking veroorzaakt. In plaats daarvan is sociale onderdrukking altijd het gevolg van verdere bevolkingsgroei, die steeds meer beperkte hulpbronnen vereist.

Het gevolg is dat we in de 21ste eeuw de opkomst van zeer onderdrukkende ideologieën zullen meemaken, met tot doel om te voorkomen dat de *have-nots* zelf *have-alls* worden. De armen mogen niet rijk worden, anders worden de rijken arm. Juist welvarende mensen zullen sociale onderdrukking uitoefenen en kiezen daarbij hun favoriete wapen, bijvoorbeeld discriminatie naar economische klasse, geboortekaste, stam, nationaliteit, religie, ras of anders. Allesbehalve één ding is duidelijk: de rijkste, meest technologisch gevorderde mensen zullen degenen zijn die de 'anderen' onderdrukken. Wat nog ter discussie staat is of die onderdrukkers nog steeds westerlingen zullen zijn of dat Oost-Azië of een ander werelddeel het Westen zullen belagen met een verrassingsaanval.

De onuitgesproken boodschap is: de mensheid heeft het finale stadium van een wereldwijde tragedie van de meent bereikt, maar noch socialisme, noch kapitalisme zullen het probleem kunnen oplossen. Nieuwe, sociaal onderdrukkende ideologieën kunnen dat wel—zoals bijvoorbeeld de ideologie achter de Islamitische Staat—omdat de enige werkelijke oplossing voor een tragedie van de meent is het aantal consumenten te verminderen. Dat verminderen van de bevolking kan gedaan worden door ofwel vrijwillige geboortebeperking—wat dus sociale onderdrukking vereist—of onvrijwillig door middel van honger, oorlog en, uiteindelijk, doelmatige vernietiging en genocide, zoals de door IS geleide vernietiging van de Yezidi-christenen in Syrië en Irak. Zo vergroten IS-strijders de overlevingskansen van hun eigen bevolkingsdeel ten koste van zwakkere anderen.

Zolang we geen nieuwe werelden vinden om te koloniseren en buitenaardse volkeren om aan ons hebzuchtige systeem te onderwerpen, zal het huidige systeem onvermijdelijk ineenstorten. De overlevenden van de 22ste eeuw zullen de meest agressieve onderdrukkers van de 21ste zijn.

9

Filosofische overpeinzingen

Het verstommende lied van het Westen

26 mei 2016

"Oh, mijn Hiawatha! Al je gebeden zijn gehoord in de hemel, Want jij bidt niet als de anderen; Niet voor bekwaamheid bij het jagen, Niet voor ambacht bij het vissen, Niet voor triomf in de strijd, Noch befaamdheid onder krijgers, Maar ten voordele van de mensen, Ten verdienste van de naties."

Deze zinnen komen uit het epische gedicht Het lied van Hiawatha door Henry Wadsworth Longfellow, geschreven in 1855. Datzelfde jaar, in een tijd dat politieke correctheid nog moest worden uitgevonden, gaf een anonieme recensent voor de New York Times het gedicht een hard oordeel:

"Als indiaanse saga die aangenaam genoeg balsemt langs de monstrueuze tradities van een oninteressant, en, kan men wel zeggen, een terecht uitgeroeid ras, heeft Het lied van Hiawatha recht op lof. Als gedicht verdient het geen plek, ... er is niets romantisch aan de indiaan."

Longfellows gedicht volgt de geboorte, het leven en de avonturen van een opgroeiende Hiawatha. Zijn avonturen komen tot een einde wanneer, in het een-na-laatste hoofdstuk, de held blanke missionarissen tegen het lijf loopt die het christendom komen verspreiden. Passief ondergaan de indianen de komst van deze vreemdelingen uit de ochtendstreken: "Laat ons hen dan verwelkomen, deze vreemden, Noem ze onze vrienden en onze broeders, En geef ze de hartelijke rechterhand van vriendschap wanneer ze ons komen bezoeken."

Zoals we nu weten, heeft deze naïeve, vriendelijke welkomstcultuur de indianen een combinatie van oorlog en ziekte-epidemieën gebracht die eindigde in de bijna volledige uitroeiing van de indiaanse beschaving. Maar bevinden wij, Europeanen, ons niet op een soortgelijk punt in tijd als we schaapachtig massamigratie ondergaan, hordes moslims toestaan zich op onze heilige geboortegrond te vestigen, de soldaten van Allah toelaten hun veroveringssymbolen op te richten, honderden zo niet duizenden moskeeën, barakken van haat in onze christelijke landen? Staan ook wij niet aan de vooravond van de val van onze beschaving?

Als indianen zo dom konden zijn om de gewelddadige kant van de blanke mens te negeren, en om zijn technologische gave te onderschatten, dan kan de blanke mens zelf toch zeker net zo dom zijn wanneer hij de subversiviteit van de islamitische oorlogsdoctrine niet herkent, en een migrantenonderstroom die ons haat onderschat. Terwijl aan de ene kant onze zelfopgelegde beleefdheid, onze geïnstitutionaliseerde politieke correctheid, en ons op vertrouwen gebaseerde opengrenzenbeleid de uitwisseling van ideeën zeer ten goede is gekomen en ons enorme economische winsten bracht, moeten we aan de andere kant toch toegeven dat deze dingen onze geesten hebben verblind voor de Trojaanse dreiging van een vijandige overname.

Het Westen is de weg kwijt. In minder dan een eeuw tijd stuiterden we van fascistisch Hitlerisme naar ultralinkse verzoeningspolitiek. De klepel van de klok die het noodlot slaat heeft het Westen uit zijn balans gebracht. We zijn alle gevoel voor richting, rede en gezond verstand kwijtgeraakt. Zoals Charlie Chaplin ooit zei: "We hebben kracht ontwikkeld, maar we hebben onszelf binnengesloten. Machinerie die ons welvaart ten overvloede bracht, laat ons smachtend achter." Het zal niet lang meer duren voor het valse lied van de globalisering overgaat in het hypnotiserende gekrijs van de zwartgeklede sirenen van de islam.

Laat ons ophouden horende doof en ziende blind te zijn. Laat ons niet langer werken voor bergen van goud, niet voor nog meer zelfpromotie, niet om te laten zien hoe goed we zijn, niet voor aanzien in het buitenland, maar voor de kracht van onze eigen mensen, voor de wederopstanding van Nederland.

Het einde van de vooruitgang en de laatste strijd: De ondergang van het Westen luidt zijn wedergeboorte in

12 januari 2016
Sinds het Europese koloniale tijdperk opende globalisering de wereldmarkten voor westerse consumptie en technologie. Maar omdat westerse bevolkingen, deels door druk van buitenaf, vergrijzen, stagneren of zelfs krimpen, maken de armen van de wereld zich in de 21ste eeuw dankzij moderne transport- en communicatiemiddelen op om met tientallen miljoenen tegelijk naar het Westen te trekken. De economieën van hun thuislanden in Afrika, Azië, Latijns-Amerika en het Midden-Oosten bewijzen niet in staat te zijn om hun explosief groeiende bevolkingen van een zinvolle toekomst te voorzien.

Omgekeerd vluchten westerlingen in politiek correcte naïviteit, alcohol, drugs of consumentenhedonisme, terwijl zowel links als rechts in de privésfeer de volksverhuizingen veroordeelt. Zolang westerlingen het nog kunnen betalen, houden ze zichzelf voor de gek dat alles heus weer goed zal komen. Maar ondanks westers zelfbedrog luidde de Syrische vluchtelingencrisis die in 2015 begon het begin van de ondergang van Europa in, en misschien ook wel die van Amerika. In het belang van ons collectieve zelfbehoud is de tijd gekomen voor de wedergeboorte van het Westen.

Globalisering dreef de stadsmens tot hoogste productiviteit en kleinste specialisatie. Om onze miljardenaantallen op Aarde te faciliteren, verkleinden we onze levens en vluchtten in geestverruimende drugs en virtuele computerwerelden, die een lang vergane vrijheid nabootsen. Het succes van de massamens kent zijn weerga niet. Nog nooit leefden zo veel mensen zo dicht op elkaar als bijvoorbeeld in Parijs, Seoul of Mumbai, steden met meer dan twintigduizend mensen per vierkante kilometer.

Steden zijn menselijke veestallen geworden, ingericht voor de belastingindustrie. De druk van zijn explosief groeiende aantallen reduceerde de mens tot een klein radertje in een onbegrijpelijk geheel. Alhoewel moderne 'vooruitgang' feodale lijfeigenen veranderde in moderne werknemers met meer welvaart dan Middeleeuwse koningen, deed ze dat ten koste van hun menselijkheid. De meerderheid van alle mensen leeft inmiddels als sardientjes in volgepropte woontorens, onmenselijke termietenkolonies.

De moderniteit die mensen onbegrensde mogelijkheden beloofde, bracht echter grenzeloos zelfbedrog. De technologische revolutie die Europa sinds de 17de eeuw heeft aangezwengeld, onder andere versneld door de uitvinding van de verbrandingsmotor en later atoomenergie, leidde enkel tot wereldwijde overproductie en overbevolking. Terwijl de rest van de wereld uit angst om de strijd om het bestaan te verliezen blindelings achter het dronken westerse voorbeeld aanrent, ligt het lot van de mensheid verankerd in de tragische vraag: "Hoeveel zijn we bereid voor ons voortbestaan op te offeren?"

De miljarden mensen op Aarde leven in relatieve harmonie dankzij een historisch beproefd systeem van hiërarchie en orde.

De mensenhiërarchie lijkt op een steile berg los zand. Hoe meer moeite een onderdaan doet om naar boven te klimmen, des te verder hij terugzakt. Dit ontmoedigt velen het ook maar te proberen. Je moet aan de top worden geboren, anders kom je er normaal gesproken niet. Maar wanneer het gehele volk de hiërarchie tegelijkertijd bestormt, verstuift het zand in alle windrichtingen, waardoor de elites naar de bodem zakken.

Omdat het volk altijd deze sluimerende macht bezit om zijn elites te vernederen, en de elites hun macht enkel kunnen verdedigen door het volk systematisch te onderdrukken, bejegenen beide partijen elkaar met vriendelijkste verachting. Wat we doorgaans 'vredestijd' noemen is eigenlijk een staakt-het-vuren tussen volk en elite, tussen gewone en 'speciale' mensen, tussen de kwantitatieve massamens en de zelfbenoemde kwaliteitsmens.

Menselijke organisatie berust op een heilige drie-eenheid.[1] Aan de top van de hiërarchie staat de besturende machtselite met haar slaafse ambtenarij. Daaronder staan de relatief autonome doch loyale veiligheidsdiensten, waaronder leger en politie, en tot slot het volk. Als enigen hebben de veiligheidsdiensten het recht om geweld tegen burgers te gebruiken. In ruil voor hun loyaliteit delen de veiligheidsdiensten in het aanzien van de elite. Als gevolg daarvan ervaart het volk relatieve vrede, zoals wanneer herdershonden een kudde schapen met dreigend geblaf in het gareel houden.

Maar: het volk wordt onderdrukt. Het is niet vrij, want het volk moet de maatschappelijke orde ten allen tijde gehoorzamen. Ik noem dit de basisorde. Om de basisorde te handhaven vonden alle grote beschavingen de principes van grootschalige sociale onderdrukking uit. Bestuurselites heersen over het volk middels sociaal taboe, maatschappelijke traditie, religieuze doctrine, eenzijdige berichtgeving en arbitraire wetgeving.[2] In Oost-Azië formuleerde bijvoorbeeld Confucius de waarden van gehoorzaamheid, pacifisme en wat we tegenwoordig mindfulness zouden noemen. In het Westen verspreidden geestelijken de leer van Jezus Christus, de slaaf die zich aan zijn lijden onderwierp.

Die sociale leefregels liggen niet in steen gebeiteld, maar passen zich continu aan veranderende omstandigheden aan. Sociale taboes dienen in principe om de voortplantingssnelheid van de bevolking te sturen, evenals de daarmee samenhangende economische productiviteit.[3] Omdat de makheid van het volk grotere aantallen ten gunste komt, en dus de militaire macht van zijn besturende elites vergroot, onderwierpen geestelijke leiders de massa middels meest misleidende manipulatie aan hun leiding, bijvoorbeeld met de belofte van een hiernamaals, reïncarnatie of, tegenwoordig, kapitalistische rijkdom als een pot goud aan het einde van de regenboog.[4]

Alhoewel de rol van traditie en religie in het steeds ongeloviger geworden Westen lijkt te zijn afgenomen, formuleren populaire televisiepresentatoren tegenwoordig de politiek correcte taboes die media-elites een goedgelovig volk met de dreiging van sociale uitsluiting opleggen. Politieke correctheid is de religie van de moderniteit.

In de basisorde leeft het volk dus niet vrij, maar mensen accepteren hun lot, omdat de sociale orde hen op de lange termijn sociale zekerheid biedt. Die sociale stabiliteit geldt als sterkste argument voor democratie. Een democratie beweegt door gepolderde besluitvorming aanzienlijk trager dan andere organisatievormen, wat tot voordeel heeft dat overheden minder roekeloos moeten handelen. Het volk riskeert daardoor minder uitspattingen van alleenheersers die zich hun avontuurtjes met de staat denken te kunnen veroorloven.

Dankzij deze vertraagde, maar dus ook duurdere bestuursvorm maakt democratie de toekomst voor haar burgers voorspelbaarder. Democratische burgers durven meer in de langere termijn te investeren, wat grote publieke werken als infrastructuur, gezondheid en onderwijs ten goede komt. Een goed bestuurde democratie garandeert haar burgers een zekere geestesrust. Stel je voor dat iedereen zomaar mocht doen wat ze maar wilden!

Democratie zadelt burgers echter ook met vervelende nadelen op. Democratie brengt een log ambtenarenapparaat met zich mee, evenals een inefficiënte of zelfs zinloze hiërarchie. De democratie kan weliswaar vaak, maar niet altijd adequaat op interne crises reageren, en nog minder goed op onvoorspelbare anarchie van buitenaf.

Democratie erodeert bovendien bestuurlijke verantwoordelijkheid, omdat zelfs bij grote fouten door haar bestuurders de bevolking de rekening krijgt voor haar stemgedrag. Democratische bestuurders hebben veel minder macht dan alleenheersers, maar ze voelen zich daardoor ook veel minder verantwoordelijk voor het resultaat, omdat ze die verantwoordelijkheid altijd op het volk kunnen afwentelen. Het volk, dat zich als een soort kudde gedraagt, vreest individuele verantwoordelijkheid en wil haar liefst teruggeven aan politici.[5] Dus vluchten mensen in politiek correct conformisme—zie de eenheidsworst in de Tweede Kamer.

Het is een misvatting om te denken dat democratie vanzelfsprekend tot welvaart leidt. Het klopt ook niet dat het bouwen van hoogwaardige instituten tot de stichting van een democratie zou leiden. In werkelijkheid is precies het omgekeerde waar: democratie vereist welvaart[6] en zonder democratie hebben hoogwaardige instituten geen nut.[7] Enkel welvarende volkeren kunnen zich de bestuurlijke inefficiënte van een democratie veroorloven. Arme volkeren hebben niets aan onbruikbaar dure instituten.

Om het voortbestaan van soms wel honderden miljoenen mensen te waarborgen, moedigen bestuurselites hun burgers aan om de economie van hun geboorte tot hun graf 'draaiende' te houden. Dit wil zeggen: de massa moet haar lichamelijke en geestelijke productiviteit elke dag opnieuw inzetten ten behoeve van de collectieve overleving van het volk.

We noemen dit systeem kapitalisme, maar ondanks dat ieder mens op Aarde zijn bestaan aan deze onophoudelijke strijd tegen de natuur te danken heeft, oogst het kapitalisme vanwege haar oneerlijke resultaat weinig waardering. Dat betekent echter niet dat mensen een andere keus hebben.[8] Kapitalisme ontstaat uit de noodzaak om miljarden mensen te voeden. Omdat het systeem onder geen enkel beding mag falen, beschermt kapitalisme zichzelf, wellicht contra-intuïtief, met een buffer van inefficiëntie. In geen enkel geval is de economie een of ander politiek wenselijk 'isme' dat politici onder invloed van voortschrijdend inzicht van bovenaf mogen opleggen.[9]

Als gevolg van globalisering overlappen uiterst diverse wereldeconomieën elkaar, maar de mens vond om psychologische redenen desalniettemin relatief afgebakende systemen uit om haar economieën in te richten, zoals bedrijven en multinationals, maar ook steden, landen enzovoorts. Wie zegt dat een 'land' maar een sociaal geconstrueerd verzinsel is, vergeet blijkbaar dat een land een groep samenwerkende mensen voorstelt. Die mensen bestaan echt en doneren, middels belasting, hun productiviteit aan elkaar, in hun wederzijdse overlevingsbelang.

Uiteindelijk heeft de eerder besproken basisorde haar burgers tot grondgebonden slaven gemaakt. Omdat de overleving van de mens afhangt van de collectieve productiviteit van samenwerkende individuen, dreef de economie de mens tot onverbiddelijke kostenreductie. Als oplossing bewaren we mensen in onnatuurlijke, vierkante hokken die we stadsappartementen noemen. Het ritme van de economie dwingt de meeste burgers op vaste plaatsen en tijden hun productieverplichting na te komen.

Kortom, moderne mensen zijn niet veel beter af dan middeleeuwse horigen. We leven langer en gezonder, maar de gewonnen gezonde jaren dienen eerder onze verdere exploitatie dan onze persoonlijke vrijheid. Enkelingen lukt het dit mechanische bestaan te ontsnappen—een rijke minderheid—maar de massa kan dat nooit. De gewone mens wordt in het systeem geboren en getogen, dus geconditioneerd om zijn kunstmatige werkelijkheid voor waar aan te nemen. De belofte van ouderdom en zekerheid motiveert hem als de wortel voor de ezel.

Het Systeem mag niet falen, dus maakt de vrije mening plaats voor intellectueel conformisme. Bureaucratie tempert ondernemingsvrijheid. Politiek correcte taboes vervangen een eigen kijk op het leven. Ouders leggen hun kinderen de systeemidealen vrijwillig op, omdat ook zij niet beter weten. Zelfs rechters en psychiaters, die de systeemidealen hebben geïnternaliseerd, zorgen ervoor dat opstandige burgers koest blijven. Een 'goed' kind moet stilzitten, wachtend op de lessen van de leraar, de pastoor of de koning. Een sterk kind dat zich tot mens wil ontwikkelen, heeft 'kuren', is 'eigenzinnig', heeft 'discipline' nodig of lijdt aan een 'stoornis'.

Omdat de wet van de verminderde meeropbrengst als een natuurkundewet de economie beheerst, moeten mensen steeds harder werken voor steeds minder leven. Mannen en vrouwen doorlopen de bewegingen van het leven, maar zonder echt te leven. Ze zijn machines geworden. Ze werken als radertjes in fabrieken, als gereedschap in de bouw of op kantoor als computerverlengstukken. Burgers zijn het levend meubilair geworden in de huishouding van hun elites.

Door de wereldwijde bevolkingsdruk voelen veel rijkere, westerse vrouwen instinctief aan dat ze hun kinderwens zullen moeten uitstellen of zelfs afstellen. Veel westerse vrouwen bleven niet kinderloos, omdat ze wilden studeren, maar gingen studeren, omdat ze niet genoeg leefruimte konden vinden om aan eigen kinderen te beginnen.

Het moderne leven staat in sterk contrast met het leven in bijvoorbeeld het Europa van rond het jaar 1000. Toen waren bijna alle inwoners van Noorwegen nog vrije boeren die niemand een cent belasting verschuldigden. Het Noorwegen van de Vikingen was een egalitaire samenleving—de natte droom van socialisten—totdat Koning Harald voor het eerst belasting invoerde om zijn oorlogen tegen Engeland te bekostigen.[10]

Maar tijden veranderen. Om zowel de economie draaiende te houden als het volk in bedwang, speelt het socialisme vandaag de dag een bijzonder gemeen dubbelspel. In theorie verstaan we onder socialisme het streven naar de verheffing van de arbeidersklasse. Het socialisme wil het mogelijk maken dat arbeiders zich in hun eigen dagelijkse behoeften kunnen voorzien, zonder zich aan kunstmatige consumptie te hoeven onderwerpen, aldus de definitie van socialisme zoals Noam Chomsky die begrijpt,[11] die aansluit bij wat Karl Marx nastreefde.[12]

Maar tot zover de filosofie. In de praktijk speelt het socialisme veeleer de rol van een urbane religie die het volk tot horige schapen wil reduceren, of "van tijgers in katten veranderen".[13]

Socialisme dient als de smeerolie tussen de radertjes in dichtbevolkte menselijke machinerie, terwijl conservatievere waarden alleen op het platteland kunnen overleven. Toen de mens zich meester maakte van moderne stedenbouwkunde die miljoenen mensen in een kleine ruimte liet samenleven, moesten de stadsbewoners, om de harmonie te bewaren, noodgedwongen toleranter worden jegens afwijkend gedrag van hun buren. Desalniettemin is het moderne gezin, opgesloten tussen vier muren, de bron van geweld in het leven van veel jonge kinderen.[14]

Globalisering leidde in onze tijd tot het ontstaan van een soort hypersocialisme dat mensen uit alle hoeken van de wereld, van alle culturen, geloven en tradities met elkaar probeert te integreren. Hypersocialisme slaagt echter niet zonder een hoge dosis zelfbedrog. Deze zogeheten multiculturele samenlevingen rekken de grenzen van tolerantie zo ver op dat ze enkel in haar opzet kunnen slagen door de psyche van alle kinderen middels vergaande propaganda te vervormen. De leugens die we tegenwoordig voor waarheden moeten aannemen zijn voor de wereldvrede net zo onmisbaar geworden als de zuurstof die we inademen.

Dat maakt multiculturele samenlevingen instabiel—elk moment dreigt de boel uiteen te vallen. De basisorde blijft slechts met grote moeite overeind. We hebben de grens van het menselijk haalbare bereikt.

De staat van de wereldorde is tragisch: het roofkapitalisme, dat de mens voedt, maar de natuur plundert, en het roofsocialisme, dat de mens vrede brengt, maar zijn vrijheid plundert, hebben zowel mens als natuur naar de rand van de afgrond geduwd. Reeds veroordeeld tot levenslange arbeid en maximale productiviteit, vullen van bovenaf oplegde sociale leefregels het leven van de mens verder in. Zijn slavernij is volledig.

De starheid van de basisorde botst steeds vaker met de menselijke behoefte aan vrijheid en zelfbeschikking. Dit conflict toont zich in de wereldgeschiedenis als periodieke golfbewegingen van oorlog en vrede. Tegen het eind van een lange vredesperiode bereikt de mensenmassa, die haar slaafse bestaan nu als mensonwaardig ervaart, een kookpunt. Het volk eist nieuwe leiders en een nieuwe toekomst, en dus een revolutie. Tijdens zo'n revolutie grijpt allereerst de middenklasse, onder druk van een verloren onderklasse, de kans om haar rechtmatige welvaart van de egocentrische elites terug te stelen.[15]

Zowel revolutionaire radicalen als reactionairen streven vaak hetzelfde doel na: de omverwerping van de huidige orde ten faveure van een geïdealiseerde toekomst.[16] Maar in de meeste gevallen stranden revoluties, omdat de veiligheidsdiensten zich loyaal achter de maatschappelijke elites zullen scharen. De veiligheidsdiensten slaan opstanden neer, omdat dit vaak 'goedkoper' is dan een frontale oorlog tegen hele bevolkingsgroepen of andere naties te steunen. Wie een ander volk aanvalt, loopt namelijk het risico zelf van de kaart te worden geveegd.[17]

Maar in bijzondere gevallen scharen de veiligheidsdiensten zich wél achter het volk. Dat gebeurt bijvoorbeeld wanneer bestuurders het voortbestaan van hun volk door wanbeleid in gevaar hebben gebracht. Dan kunnen politie- en legermensen ook hun eigen gezinnen en families niet meer beschermen.

Economieën gedragen zich irrationeel. Ze worden gedreven door positief terugkoppelingsgedrag. Gezinnen zien bijvoorbeeld dat buren een lening afsluiten voor een tweede auto, dus besluiten ze dat zelf ook te doen, om financieel niet achter te blijven. Maar beide nemen onterecht aan dat de economie altijd zal blijven groeien. Ze houden helemaal geen rekening met het omgekeerde.

De geschiedenis leert dat economieën wel degelijk instorten. De beurskrach van Wenen in 1873 betekende het einde van een halve eeuw economische groei. Tijdens deze zogeheten *Gründerzeit* konden Duitse en Oostenrijkse ondernemers snel rijk worden. Dankzij de bouw van een uitgebreid netwerk aan spoorlijnen migreerden plattelanders massaal naar de stad om een economische vraag in te vullen. Maar na de krach kwam de Duitse industrie bijna twintig jaar stil te liggen, de *Gründerkrise*. De nieuwe middenklasse dreigde terug te vallen in een verhongerende onderklasse.

Dit fenomeen, van opkomst tot ondergang, vertoont vaak hetzelfde patroon: een of andere innovatie—zoals de uitvinding van de spoorwegen—leidt tot een periode van economische groei die in exponentiële versnelling raakt ("vette jaren"), maar uiteindelijk wegens groeiend tekort aan hulpbronnen en arbeidsmiddelen afremt en piekt. In die piekfase bestaat altijd de kans op een crisis: de bubbel kan barsten.

Professor Didier Sornette (ETH Zürich) onderzocht of de wereldeconomie misschien ook een bubbel is. Hij schetste drie toekomstscenario's:

1. We vinden, onverwacht, nieuwe transportmiddelen uit die ons in staat zullen stellen andere werelden te koloniseren, zodat we de uitgeputte aarde kunnen ontlasten;
2. Mensen stillen hun economische honger en verkleinen hun gezinnen vrijwillig;
3. We lopen tegen een wereldkrach aan waarna enkel de superrijken met hun privélegers weten te overleven tussen clans barbaren—het verschroeide Aarde-scenario.[18]

Maar voor het überhaupt tot een wereldeconomische krach komt, lijkt de huidige situatie in het Westen al sterk op die van de Duitse *Gründerzeit*. Net als toen hebben we een halve eeuw economische voorspoed meegemaakt. Net als toen migreerden miljoenen plattelanders, ditmaal uit Midden-Oosterse, Aziatische, Latijns-Amerikaanse en Noord-Afrikaanse gebieden, naar Europese en Amerikaanse steden. Net als toen kenmerkt onze economie zich door ongefundeerde verwachtingen; we vinden het normaal dat virtuele bedrijven die helemaal niets produceren meer dan honderd miljard dollar waard zouden zijn.

Westerlingen leven in de herhaling van de *Gründerzeit*, aan de vooravond van hun economische ondergang. Maar wat zullen westerlingen in geval van een totale crisis doen—vechten of vluchten?

Een economische krach van deze omvang betekent dat het geld en de middelen voor multiculturele verzoeningspolitiek zullen opraken. We zullen onze progressieve verworvenheden, die altijd het gevolg waren van onze welvaart, niet langer kunnen veroorloven, omdat de prioriteiten naar onze primaire overleving zullen verschuiven. In tijden van crisis zullen we onvermijdelijk een terugkeer naar uiterst conservatieve waarden beleven.

Het Westen moet handelen. Kiest het Westen voor collectieve zelfmoord of omarmt het een strijdvaardig volk dat niet schroomt zo nodig de wereld te veroveren?

De wil tot zin: Wie is eigenlijk wiens veroorzaker, de mens of zijn werkelijkheid?

24 januari 2016

"Wat is de zin van het leven?" Die vraag klopt niet, omdat het leven geen zin heeft. Het leven is zin. Een zin in het leven is bovendien niet iets wat je voor jezelf opeist, maar dat wat je anderen gunt. Het leven gunt het universum zijn zin. We scheppen zin door plaats voor zin te maken. De zin vecht tegen een tegengestelde kracht die het moet wegduwen—de tegenzin. Het leven is die wegduwende kracht.

Dat het leven zinvol is, suggereert een vrije wil om die zin vorm te geven. Immers, wat voor zin valt er te ontdekken in een zuiver deterministisch universum zonder een vrije wil? Indien het universum inderdaad deterministisch zou zijn, moeten we ons erover verwonderen waar dan het idee van een vrije wil vandaan komt. Hoe kan iets wat geen vrije wil zou bezitten op het idee komen dat er toch zoiets als een vrije wil zou bestaan?

We zijn het erover eens dat een betonnen plaat geen vrije wil kan bezitten, maar een betonnen plaat verdenkt zichzelf er ook niet van er een te bezitten. Alleen de mens verdenkt zichzelf.

Het idee van een vrije wil kwam in ons tot stand. Wat voor iets verdenkt het universum ervan een vrije wil te herbergen, als het niet de wil zelve is die dat denkt? De mens is de wil die het universum zijn zin gunt.

Psychiater Viktor Frankl plaatste zijn idee van de wil tot zin als alternatief tegenover de Nietzscheaanse wil tot macht.[19] Volgens filosoof Sam Harris is de vrije wil echter een illusie. Wiskundige en natuurkundige formules zouden de gedragingen en gevoelens van de mens aansturen. We ervaren een wilsvrijheid die er eigenlijk niet is, denkt Harris, omdat onze hersenen in de illusie geloven dat we zelf de keuzes maakten die eigenlijk al door ons onbewuste onderbewustzijn werden besloten.

De grote secundaire hersenen, die als een schil rondom de primaire hersenen zitten, zouden enkel achteraf de argumenten bedenken waarom we de 'wil' van de primaire hersenen hebben uitgevoerd. Eenvoudiger gezegd: de hersenen houden ons voor de gek. Deze illusie heet cognitieve dissonantie.

Harris zoekt voor zijn ideeën aansluiting bij evolutiebioloog Richard Dawkins en natuurkundige Lawrence Krauss.[20] Tezamen verklaart deze drie-eenheid het menselijk handelen als natuurverschijnsel waarin de mens geen rol speelt. Volgens hen verschijnt de mens als computerprogramma op een kosmisch beeldscherm, waarop de mens zijn voorspelbare routines uitvoert. Dit zogeheten wetenschappelijke wereldbeeld laat geen ruimte toe voor zin.

De wijze heren kunnen best gelijk hebben, maar de mens kan niet overleven zonder zingeving, zelfs al is die een illusie. Zouden we werkelijk in de mechanische zinloosheid van ons bestaan moeten geloven, dan werden we depressief, sliepen we zonder te dromen en verloren we de hoop op vooruitgang. Is het niet eigenaardig dat een ding waarvan men aanneemt dat het een deterministisch ding is, ziek wordt van een gebrek aan zingeving als die zin enkel een illusie zou zijn?

De wetenschap wil de wereld zonder beïnvloeding van de wetenschapper meten, maar zij betaalt voor haar kennis met de onbewijsbare aanname dat er zoiets als een 'werkelijke' werkelijkheid bestaat die buiten de mens om tot stand komt. Wetenschappers geven toe dat ze onmogelijk kunnen aantonen wat werkelijkheid zou zijn: "Er bestaat geen beeld- of theorie-onafhankelijk concept van de werkelijkheid."[21] De wetenschap kan niet weten wat werkelijkheid is!

Is het mogelijk dat de menselijke waarneming haar eigen werkelijkheid opwekt, dus dat de mens zijn eigen werkelijkheid schept door er tegelijkertijd aan deel te nemen?[22]

Hersenonderzoekers konden geen vrije wil ontwaren in de zenuwbanen van de menselijke hersenen. Dat bewijst echter niet dat de wil niet bestaat. Geologen die op zoek gaan naar de zwaartekracht van de Aarde vinden haar immers ook niet door in de aarde te graven. Toch is er zwaartekracht: de Aarde bezit geen zwaartekracht, maar zij is de zwaarte die een kracht uitoefent. De mens herbergt in zijn zenuwbanen geen wilskracht, maar hij is de wil die een kracht uitoefent.

Het fenomeen leven is een verschijningsvorm van de wil tot zin van het universum; de mens is het hoogste bewustzijn van die wil. We kunnen onszelf en anderen een zin gunnen door het leven ervan te verdenken zinvol te zijn. We vinden een zin waar we een zin willen vinden. De wil heeft zin. Wie is eigenlijk wiens veroorzaker, de mens of zijn werkelijkheid?

Wat drijft mensen tot jihad?
Een cultuur die vrouwen en kinderen haat

29 januari 2016

Sommige westerse moslims ontpoppen zich als vanuit het niets tot de meest ontspoorde zelfmoordterroristen, duivelsaanbiddende beulen en bloeddorstige koppensnellers. Het gaat natuurlijk niet om échte moslims, dus heeft dit essay ook niets met islam te maken.

Maar volgens de politiek correcte geloofsbelijdenis radicaliseren onechte moslims niet als gevolg van haat die migranten zelf uit de woestijn meebrachten, maar als gevolg van 'discriminatie'. Dat zulke nepmoslims vooral elkaar vermoorden, en dat ze dat vooral in Midden-Oosterse neplanden doen, geneest de westerse fatsoensmens vooralsnog niet van zijn zelfverachting.

Moslimmigranten die hun nakomelingen in Europa opvoeden, maken kennis met westerse welvaart, technologische vooruitgang, hoge cultuur en sociale zekerheid. Dat confronteert het islamitisch nihilisme met gevoel en diepgang die hen thuis werd onthouden.

Zo ploft bijvoorbeeld 'onze' Marokkaan Abdelkader Benali van opgekropte woede uiteen wanneer hij moet toegeven dat een klein land als Nederland in amper drie eeuwen tijd meer wereldliteratuur schreef dan de gehele Arabische wereld in 1400 jaar. Benali groeide naar eigen zeggen op in een huishouden met één telefoonboek en één kafkaësk sprookjesboek, die hij beide niet las; de botsing met de westerse cultuur kon vervolgens niet groter zijn.

Ondanks de kloof tussen beschaving en barbarij ontkent de zelfhatende westerse elite dat juist de culturele armoede van de moslimwereld haar onderworpenen tot wanhoop drijft. Van EU-Juncker tot PvdA-Samsom propageert men de leugen dat 'discriminatie'—of eigenlijk de discriminerende onderbuiktokkie—nepmoslims in moordende monsters zou veranderen.

Immers, wie bij ons geen baan kan krijgen, begint vanzelfsprekend kinderen levend te verbranden, alleen maar omdat hun ouders Christen zijn. Nee, dan moeten we ons afvragen waarom mensen van elders überhaupt naar "de hel die Europa heet" willen verhuizen, als discriminatie van 'onschuldigen' hen inderdaad in massamoordenaars zou veranderen. Dan lijkt me namelijk een algehele migratiestop nodig voordat we in een ras van massamoordenaars veranderen.

Onzin natuurlijk. Toch is dat wat de gemiddelde D66-stemmer oprecht gelooft. Niet de islam, niet de Arabische cultuur, die zo leeg is als de woestijn die haar voortbracht, maar het super tolerante, gelaten, gelijkekansen-Nederland, het kikkerland waar de PvdA honderd jaar lang de hoofdstad regeerde, waar CDA, D66 en VVD de bevolking tot schapen conditioneerden... dát land zou moslims radicaliseren, maar de islam zelf natuurlijk niet.

De waarheid ligt recht voor onze neus. Niet islamhaat, maar islamitische haat radicaliseert sommige moslims (behalve echte). Moslims zijn in de regel zelf slachtoffer, namelijk van hun eigen cultuur. Zo onderwerpt islam haar jongetjes niet zomaar aan besnijdenis, maar aan besnijdenis die verminking en mishandeling tot doel heeft. Het effect is dat jongens al vroeg seksueel gemotiveerde haat en geweld aanleren. In die verminkingen speelt religie de hoofdrol: "Het doet geen pijn, omdat het geloof de schreeuw van pijn verzacht," aldus Mahmoud uit Libanon.[23]

Dat de Arabische cultuur een stukje achterloopt, blijkt wel uit droge polemiek in Arabische kranten of kinderen wel of geen onthoofdingen horen bij te wonen. De Saoedische Dr. Eid Bin Abdullah Al-Shammari van de shariaraad is van mening dat "blootstelling aan onthoofdingen kinderen baat".[24]

De beulen van ISIS nemen dit advies dagelijks ter harte. Hun moordpartijen overtreffen inmiddels die van het Derde Rijk. De nazi's richtten weliswaar de Holocaust aan, maar stortten zich niet op publieke orgies van bloed en ledematen zoals de beulen van de Islamitische Staat dagelijks verzorgen. Die publieke onthoofdingen, kruisigingen en levende verbrandingen door de IS-beulen hebben tot doel om de meest jeugdige getuigen voor het leven te tekenen:

"Stel je voor hoe een kleine jongen zich voelt wanneer zijn moeder of zus wordt vernederd, geslagen of, in het ergste scenario, wordt afgeslacht omwille van een 'eerwraakmoord' door zijn eigen familie. Zou culturele gewenning zulke oerwoede wegnemen of wordt die woede enkel onderdrukt? Tot op welke hoogte zou moorden in de naam van islam een uitlaatklep zijn voor lang ontkende boosheid over zulk soort incidenten?"[25]

Islamitische vrouwenhaat begint al vroeg: "Wanneer een jongen wordt geboren, verheugt de familie zich; wanneer een meisje wordt geboren, rouwt het hele gezin."[26] Volgens psychoanalyticus Lloyd DeMause ligt de oorzaak van islamitisch terrorisme niet in falende westerse politiek, maar in extreem gewelddadige kindermishandeling door de families van de moslimterroristen:

"Families die de meeste terroristen produceren zijn de meest gewelddadige vrouwenhaters; in Afghanistan, bijvoorbeeld, kunnen meisjes geen scholen bezoeken en worden vrouwen die een baan proberen te hebben, of die 'met trots' over straat lopen, doodgeschoten."[27]

Is het een wonder dat zulke vernederde vrouwen hun ellende weer op hun kinderen afreageren, met name hun zoontjes? Waarom zou een twintigjarige moslimman anders zijn eigen moeder onthoofden? "Gezien vanuit een psychologisch en antropologisch standpunt moeten we ons afvragen wat voor soort cultuur menselijke bommen en massamoordenaars voortbrengt, en die wraak door vernedering stimuleert?"[28]

Alles wijst erop dat islam een cultuur herbergt die vrouwen en kinderen haat en die het leven zelve veracht. Uitgerekend deze cultuur willen zogenaamd fatsoenlijke bestuurders door heel Europa verspreiden. Het Arabische Paard van Troje—de Kameel van Mekka—brengt ons niets anders dan de onomkeerbare verwoesting van onze eigen beschaving, of wat daar nog van over is.

Westerlingen, Amerikanen, Europeanen en anderen, die hun toekomst willen behouden, zouden zich niet van discriminatie mogen laten beschuldigen. Het wordt tijd om terug te vechten. Die naïevelingen die ons van discriminatie beschuldigen zijn lafaards. Ze hopen dat de zondvloed ná hen komt, omdat ze te laf zijn om voor hun eigen vrijheid te vechten.

De wetenschap denkt niet: De wetenschap moet nog beginnen wetenschappelijk te zijn

16 januari 2017

"De 'schijnbare' wereld is de enige: de 'ware wereld' is er slechts bij verzonnen..." (Friedrich Nietzsche)

De filosofie maakt zichzelf tot vraagstuk, schreef de Duitse filosoof Martin Heidegger (1889-1976) op jonge leeftijd: "In tegenstelling tot onderzoekers op andere vlakken van de wetenschap schijnt het iets specifieks van de filosoof te zijn dat hij altijd allereerst zijn wetenschap zelve tot probleem stelt. Wat is filosofie?"[29] De wetenschap daarentegen capituleert bij monde van de beroemde natuurkundige Stephen Hawking, die zegt: *"Er bestaat geen beeld- of theorie-onafhankelijk concept van de werkelijkheid."*[30] De wetenschap weet niet wat werkelijkheid is en moet er eigen modellen voor verzinnen. Hawking heeft zijn theorieën over het ontstaan van ons universum gebaseerd op wat hij "modelafhankelijk realisme" noemt, maar als de natuurwetenschap per definitie niet kan weten *wat* de werkelijkheid is waarvan zij het ontstaan meent te onderzoeken, wat is dan wetenschap?

De wetenschap blijkt religie te bedrijven. Ze gelooft in een onbewezen of misschien zelfs onbewijsbare werkelijkheid die ze voor waar aanneemt en die ze *ceteris paribus* ook God kan noemen: *Er bestaat geen beeld- of theorie-onafhankelijk concept van God.* Wat is nu het verschil tussen God en de werkelijkheid? Wil de wetenschap wetenschappelijk zijn dan moet ze eerst zichzelf tot probleem verheffen. En dat kan alleen de filosofie. Een filosoof kan vragen *waarom* de wetenschap geen modelafhankelijke werkelijkheid kent. De gehele wetenschap staat of valt met een enkele onwetenschappelijke aanname over wat werkelijkheid is. Wat zegt het eigenlijk over het wezen van de werkelijkheid dat zij zich niet blootgeeft aan wetenschappelijke methoden?

Onze werkelijkheid zou fysiek tastbaar zijn, geregeerd door tijd en ruimte. Dit geldende doch onbewezen werkelijkheidsmodel bepaalt en beïnvloedt de wetenschap die binnen zijn contouren beweegt. Kiezen we voor een ander model van de werkelijkheid gebaseerd op wiskundige zelfgelijkvormigheid dan lokt de werkelijkheid de wetenschap in een oneindige, zichzelf herhalende val waar de wetenschap niet uit kan ontsnappen zonder zichzelf op te heffen. Zelfgelijkvormigheid van een object heet in de wiskunde "dat dit object precies of bij benadering gelijkvormig is aan een deel van zichzelf"[31] en dat in het oneindige. Neem bijvoorbeeld tijd. Een seconde lijkt op een minuut; een microseconde lijkt op een seconde; enzovoorts. Naarmate wetenschappelijke meetinstrumenten tijd steeds fijner meten zullen die instrumenten tot in het oneindige steeds kortere tijdsperiodes kunnen aanwijzen, maar ze zullen nooit een elementair deeltje 'tijd' ontdekken.

Hetzelfde zou voor de ruimtelijke werkelijkheid kunnen gelden. We beginnen bij organen en enzymen en komen via moleculen en atomen uit bij kwantumdeeltjes, en verder. Net als in het voorbeeld van tijd geldt in dit model dat we, naarmate we de wetenschappelijke apparatuur verfijnen, steeds kleinere deeltjes zullen blijven ontdekken. Toch komen we zo nooit bij een elementair deeltje 'materie' uit. De werkelijkheid blijft zich in dit model oneindig herhalen. Hoe dieper we graven, des te meer we vinden, maar geenszins heeft wat we vinden iets met een werkelijke werkelijkheid te maken. Deze zich oneindig herhalende werkelijkheid bezit een elastisch kenmerk dat de wetenschap oneindig kan uitrekken zonder ooit iets over het wezen van die werkelijkheid te ontdekken, omdat ze berust op een eeuwige wederkeer van hetzelfde.

Men kan dus niet zeggen dat het gekozen werkelijkheidsmodel voor de overige wetenschap niets uitmaakt. Een wetenschap die het wezen van de werkelijkheid niet kent blijft ondergeschikt aan kosmische onwetendheid. Bijvoorbeeld, zou de wetenschap volgens een bepaald model van de werkelijkheid een definitieve consensus bereiken, dan blijft de eeuwige twijfel bestaan of het gekozen model wel het juist was en of we, indien de mensheid de afgelopen 2500 jaar geschiedenis over zou kunnen doen, wel tot dezelfde consensus zouden zijn gekomen. Is de wetenschap het resultaat van de werkelijkheid of van arbitraire historische keuzes? In een ander model, waarin de wetenschap nooit tot een definitieve consensus komt, rijst de vraag of de mens het wezen van zijn eigen werkelijkheid beïnvloedt. Wekt de wetenschapper zijn eigen resultaten op?[32] En in weer een ander model, waarin we het wezen van de werkelijkheid als veranderlijk aannemen, staat de wetenschap voor paal, want dan heeft zij überhaupt geen voorspellende waarde meer.

Maar de wetenschap kan met haar methoden niet vaststellen welk model van de werkelijkheid het juiste is. Zij kan evenmin iets zinnigs over haar eigen wezen zeggen; de wetenschap denkt niet. In zijn enige televisie-interview ging Martin Heidegger in op de vraag over de wetenschap:

"De wetenschap beweegt zich niet in de dimensie van de filosofie. Ze is echter, zonder dat ze het weet, van deze dimensie afhankelijk. Bijvoorbeeld, de natuurkunde beweegt zich op het vlak van ruimte en tijd en beweging. Wat beweging, wat ruimte, wat tijd is, kan de wetenschap als wetenschap niet beslissen. De wetenschap denkt dus niet. Dat betekent, zij kan helemaal niet denken, in die zin, met haar methoden. Ik kan niet, bijvoorbeeld, natuurkundig of met natuurkundige methoden zeggen wat natuurkunde is, maar wat natuurkunde is kan ik slechts denkend, filosoferend zeggen. De zin de wetenschap denkt niet is geen verwijt, maar is slechts een constatering van de innerlijke structuur van de wetenschap, wat tot haar wezen hoort dat ze enerzijds van dat wat filosofie denkt afhankelijk is, maar dat zelf echter vergeet en negeert."[33]

Met de uitspraak dat de wetenschap niet denkt zegt Heidegger niet dat wetenschappers niet over hun formules nadenken, maar dat ze de onbewezen aannames waar ze die formules op berusten niet eerst in twijfel te trekken. Wat gebeurt er straks met bibliotheken vol natuurkundig onderzoek wanneer zou blijken dat beweging niet bestaat? Kunnen de menselijke zintuigen, en ook de door menselijke zintuigen ontwikkelde meetinstrumenten, überhaupt een werkelijke werkelijkheid waarnemen? Mensen met de aandoening akinetopsia nemen bijvoorbeeld geen beweging waar. In plaats van vloeiende overgangen zien deze patiënten de wereld om zich heen als opeenvolgende fotografische beelden die plots verspringen. Met hun ogen is echter niets aan de hand. Deskundigen zoeken de oorzaak in een hersenafwijking die beweging vergeet te verwerken, maar ook het omgekeerde is mogelijk: wat als beweging *niet werkelijk bestaat* en onze hersenen beweging *simuleren* als het evolutionaire antwoord op een anders voor ons onbegrijpelijke werkelijkheid?[34]

Wanneer beweging geen kenmerk van de hardware van de werkelijkheid zou zijn, maar enkel een simulatie van onze hersensoftware, dan zou de wetenschap die beweging meet niet wetenschappelijk zijn, maar psychologisch. In dat geval meet de wetenschap niet een werkelijke afstand die een object tussen punten A en B aflegt, maar enkel de psychologische illusie van afstand die menselijke hersenen opwekken. Wetenschappelijke instrumenten die we gebruiken om zulke illusoire beweging te meten zijn dan geen product van onafhankelijke technologie, maar van psychologische projectie in de wereld. De wetenschap die de mens uit haar vergelijkingen wilde halen om de werkelijkheid direct te kunnen meten, dus zonder menselijke tussenkomst, bestaat dan niet.

De crisis van de wetenschap is dat zij bovenstaande constateringen met haar methodes noch kan bevestigen, noch kan weerleggen. Zij kan niet vaststellen of beweging enerzijds een eigenschap van een werkelijke werkelijkheid zou zijn of anderzijds het kenmerk van een psychologische projectie van de mens. De wetenschap kent alleen een modelafhankelijke werkelijkheid. Daarom moeten we het volgende over de wetenschap concluderen: *Niet alleen denkt de wetenschap niet, de wetenschap is niet wat zij beweert te zijn. Zij is niet wetenschappelijk.*

Filosoof en natuurkundige professor Carl Friedrich von Weizsäcker (1912-2007) argumenteerde als volgt tegen Heideggers verwijt van gedachteloosheid:

"Ik denk dat een directe invloed van het Heideggerse denken op de huidige natuurwetenschap nauwelijks bestaat. Ik denk echter dat men zich daar ook niet zo zeer over moet verwonderen, want de verhouding tussen natuurwetenschap en filosofie lijkt me ongeveer zo te zijn: Heidegger heeft af en toe gezegd—en hij heeft de wetenschappers daarmee geërgerd, maar hij heeft er iets heel belangrijks mee gezegd—dat de wetenschap niet denkt. Dat wil zeggen: de wetenschap, in tegenstelling tot de filosofie, trekt haar eigen aannames niet in twijfel, bevraagt ze niet. Dat bedoelde hij hier. Nu, een wetenschap die haar eigen aannames niet in twijfel trekt zal natuurlijk ook niet worden beïnvloed door een filosofie die juist dit doet. In werkelijkheid echter denk ik dat het proces zo is dat de moderne natuurwetenschap, en überhaupt alle natuurwetenschap, daar waar ze werkelijk grote stappen doet dat precies daardoor doet dat zij toch denkt en zowaar in de Heideggerse zin, namelijk: haar grote sprongen betekenen juist dat ze haar aannames betwijfelt. En dat is in de relativiteitstheorieën, in de kwantumtheorieën in onze eeuw gebeurd. Maar dat is gebeurd zonder invloed van Heidegger, maar echter niet zonder invloed van filosofie."[35]

Weizsäcker beweert dat de wetenschap haar eigen aannames wel degelijk in twijfelt trekt en juist daardoor in staat is grote sprongen te maken, zoals met Einsteins relativiteitstheorie gebeurde. Einstein gaf echter geen antwoord op de vragen wat tijd is, wat ruimte is en wat beweging is. Weizsäcker introduceerde in het bovenstaande citaat dan ook een uiterst geraffineerde drogreden door de frase "eigen aannames" een eigen betekenis te geven. Het klopt in de Weizsäckerse zin dat Newtons geometrie die van Euclides verving door Euclidische aannames in twijfel te trekken. Het klopt dat Einsteins relativiteitstheorie Newtons aannames in twijfel trok, maar de twijfel beperkte zich tot aannames die *binnen de wetenschap* werden gesteld.

Noch Euclides, noch Newton, noch Einstein trokken de wetenschap zelve in twijfel door te vragen: wat is wetenschap? Zij twijfelden niet aan ruimte, maar aan *Euclidische* ruimte. Ze twijfelden niet aan beweging, maar aan *Newtons* begrip van beweging. De moderne wetenschap trekt tijd niet in twijfel, maar *Einsteins* concept voor tijd. Juist door zich enkel en alleen te beperken tot zulke "eigen aannames" blijft de wetenschap voor eeuwig in zichzelf gevangen. Echte wetenschap begint niet met het in twijfel trekken van een enkele aanname, maar met het in twijfel trekken van alle aannames. En juist dat kan de wetenschap niet doen zonder te concluderen dat ze nog niet wetenschappelijk is.

Welk doel dient een wetenschap die de werkelijke werkelijkheid niet wil en niet kan onderzoeken? Net als de primitieve technologie in de handen van chimpansees, stenen en knuppels, dient de fundamentele wetenschap van de 'denkende' mens primair het doel van zijn overleving in een eindeloze voortplantingsstrijd, zowel met andere mensen als met alle andere levensvormen. Menselijke wetenschap zou wel eens een voortplantingsstrategie van veelal samenwerkende mannen kunnen zijn die hun subjectieve wetenschap inzetten om de voortplantingskansen van hun eigen groepsleden te vergroten—dit heet dan vooruitgang. Zetten zij wetenschap in om de kansen van concurrerende groepen middels intimidatie, sabotage, slavernij, onderdrukking of vernietiging te verkleinen, dan noemen we dat oorlog.

Dus wat is wetenschap? Wetenschap is een wapen in dienst van menselijke vooruitgang en oorlog, bedoeld om een bepaalde groep of bepaalde groepen voor te trekken ten opzichte van anderen. Dat er een internationale wetenschappelijke gemeenschap bestaat doet niets af aan deze stelling. Het uitwisselen van wetenschappelijke inzichten tussen twee groepen kan beide groepen een wederzijdse voorsprong bieden ten opzichte van weer een andere, derde groep. Het bestaan van een internationale gemeenschap waarin alle groepen een wederzijds voordeel genieten betekent niet dat zij allen gelijkwaardige voordelen genieten. Er zijn relatieve winnaars en verliezers.

De moderne wetenschap kent een westerse, zelfs Amerikaanse vooringenomenheid. Dat betekent niet alleen dat nieuwe wetenschappelijke inzichten toevalligerwijs voornamelijk van Amerikaanse instituten komt, maar ook dat Amerikanen eigen inzichten met geld en geweld in hun eigen voordeel kunnen verdedigen.

Men kan niet zeggen dat het Westen terecht op de kennis van klassieke wetenschappers voortborduurde, alsof de wetenschap de weg van een cumulatieve vooruitgang volgt. Vooruitgang is een subjectief westers idee. Het was een westerse beslissing om bij de Klassieke Oudheid te beginnen. Bovendien hebben de oude Grieken en Romeinen naar moderne maatstaven nauwelijks gelijk gekregen. Hetzelfde zal met de moderne wetenschap gebeuren. Over tweeduizend jaar zullen nieuwe beschavingen Einsteins waarheden best kunnen weerleggen, net zoals wij die van Euclides weerlegden, maar dit betekent dan evenmin objectieve vooruitgang, maar eerder subjectieve verandering.

We weten ook niet, en zullen nooit kunnen weten, of het mogelijk is dat Euclides' wetten *in zijn tijd* wel degelijk geheel klopten en dat de werkelijkheid waarin wij leven zich in de tussentijd heeft veranderd *waardoor* de wetten van Einstein pas gingen gelden? De wetenschap kan zo'n veranderlijke werkelijkheid bevestigen noch ontkennen, omdat de wetenschap ten allen tijde aan haar ondergeschikt blijft.

De beweringen dat de wetenschap wetenschappelijk zou zijn en de werkelijkheid werkelijk zijn dus ondergeschikt aan subjectieve menselijke belangen. Amerika en het Westen hebben er belang bij dat ze hun subjectieve wetenschap als absoluut waar aan de wereld kunnen verkopen. Zolang zij de macht hebben om dit te doen kunnen ze ongewenste inzichten die de westerse machtspositie zouden kunnen schaden onderdrukken. Volgens de wet van de verminderde meeropbrengst kosten nieuwe wetenschappelijke inzichten het Westen steeds grotere investeringen met steeds kleinere opbrengsten. Op de langere termijn loopt wetenschappelijk onderzoek altijd het risico te duur worden. De beste wetenschappers zullen de wetenschap dan verlaten om zich op andere, meer winstgevende gebieden storten.

Zo gezien is het zelfs geen vaststaand feit dat de Aarde rond is. Een nieuwe wereldbeschaving die zich de macht en de middelen toe-eigent om alle satellieten neer te halen, om westerse kennis te vernietigingen en alle schoolboeken te herschrijven zal de Aarde weer plat kunnen maken. Alle wetenschap is en blijft subjectieve wetenschap, *wetenschap ten opzichte van iets anders*, namelijk de menselijke voortplantingsstrijd.

Wie groot denkt maakt grote vergissingen: Wat betekent deze zin van Martin Heidegger?

9 januari 2017
Martin Heidegger, de obscure Duitse filosoof uit Meßkirch, werd op 1 mei 1933 lid van de nazipartij. Met zijn misstap ontaardde Heidegger zijn filosofische nalatenschap. Vandaag oefent Heidegger geen grote invloed uit op academisch Duitse filosofie.[36] Niet alleen de Duitse, maar ook de internationale gemeenschap verweet hem voor zijn steun aan het naziregime nooit expliciete excuses te hebben aangeboden, ondanks dat zijn lidmaatschap de Hitlerbeweging voor vele jonge mensen legitimeerde. In een van zijn vele schrijfsels lijkt Heidegger zich,

op het eerste gezicht, te willen vrijpleiten middels de volgende, losstaand genomen zin: "Wer groß denkt, muß groß irren."[37] Wie groot denkt maakt grote vergissingen.

Wat betekent deze zin? Volgens een commentator verraadt Heideggers statement een "heerszuchtige hoogmoed"[38]. De grote denker heeft het recht om grote fouten te maken, zou een interpretatie kunnen luiden. Zijn grootsheid plaatst hem boven anderen. Die kleine geest die zich klein vergist moet de grote vergissingen van zijn grote meester maar door de vingers zien: "Inderdaad, Heidegger benadrukt dat de filosoof die groot denkt zich noodzakelijkerwijs ook groot moet vergissen."[39]

Peter Trawny, filosoof en bewerker van enkele van Heideggers werken, zoekt de betekenis van de zin *Wer groß denkt...* in Heideggers "ambivalente"[40] gebruik van het begrip *grootsheid*, maar behandelt de zin voor het overige los van zijn context. Die context vinden we in Heideggers uitgave *Aus der Erfahrung des Denkens*, in het dertiende deel van zijn meer dan honderddelige verzamelwerk. In dat werk vormt de zin *Wer groß denkt...* de sluitzin van een cursief gedrukte tekst—een gedachte—die in Heidegger opwelde na een waarneming van de buitennatuur. Het geheel hoort bij een serie van meerdere poëtische probeersels waarin een waarneming telkens een gedachte in Heidegger uitlokt.

De betreffende waarneming luidt als volgt:

"Wenn am Sommertag der Falter sich auf die Blume niederläßt und, die Flügel geschlossen, mit ihr im Wiesenwind schwingt..."

Bij deze waarneming pent Heidegger de volgende gedachte neer:

"Aller Mut des Gemüts ist der Widerklang auf die Anmu-
tung des Seyns, die unser Denken in das Spiel der Welt ver-
sammelt.
Im Denken wird jeglich Ding einsam und langsam.
In der Langmut gedeiht Großmut.
Wer groß denkt, muß groß irren."

Zoals Peter Trawny al opmerkte, bevat deze passage geen directe verwijzing naar Heideggers steun aan het nationaalsocial-
isme.[41] Er is dan ook geen reden om aan te nemen dat Heidegger
zich met deze zin van zijn vergissing heeft willen distantiëren.
De veelgeciteerde zin *Wer groß denkt...* is in de vlugheid van de
media een eigen leven gaan leven. Het zinnetje biedt commen-
tatoren een *soundbite* om Heideggers nalatenschap samen met
de persoon Heidegger in één klap af te schrijven. De man steunde het nazisme actief, dus hoeft niemand zijn denken te bestuderen, laat staan serieus te nemen. Maar zo komen we geen stap
dichter bij wat de zin betekent.

Laten we het fragment in zijn geheel beter bestuderen. Om
te beginnen vormen de gedachte *Aller Mut...* en de voorafgaan-
de waarneming *Wenn am Sommertag...* samen een analogie.
Heideggers eerste gedachte *Aller Mut...* is een echo van de eerdere waarneming. De moedige vlinder, een nietig diertje, nest-
elt zich op de bloem, *die Anmutung des Seyns*. De bloem en de
vlinder verzamelen zich in het spel dat de wind met de weide
speelt, *unser Denken im Spiel der Welt*. Zoals de vlinder op de
bloem neerstrijkt, vereist ons denken moed. Heidegger laat in
twee zinnen zien dat de denkende mens zijn werkelijkheid niet
slechts waarneemt, alsof de wereld buiten ons zich als een film
aan onze zintuigen presenteert die we vervolgens kritiekloos ter
kennisgeving aannemen, maar dat zulke waarnemingen bij denkende mensen een tegenreactie, een eigen gedachte, uitlokken.

Ons eigen denken weerklinkt op de vage werking van het Zijn in de wereld.

Merken we daarbij Heideggers poëtische woordkeuze op, dan zien we deze weerklank door de volgende zinnen galmen: *Mut... Gemüts... Anmutung, Denken... Denken... Ding, einsam... langsam... Langmut, Langmut... Großmut, groß denkt... groß irren*. Dit aaneenschakelen van gelijkklinkende woorden past Heidegger vaker toe in zijn schrijven, de echo van zijn denken. Het biedt inzicht in zijn manier van filosoferen. Heidegger maakt geen grote sprongen. De filosoof volgt in zijn denken zogeheten *Holzwege*, houtweggetjes door een bos, de moeilijk begaanbare of zelfs onbegaanbare paden die hij opzoekt of die aan hem verschijnen. Bij elk doodlopend punt keert hij terug om een ander pad te zoeken. Hij bewandelt de paden in zijn denken voorzichtig, een voor een, en kronkelt nu eens zus, dan eens zo door zijn gedachtewoud, op zoek naar een open plek waar het licht hem nieuwe inzichten gunt. Maar door ieder mogelijk pad te bewandelen valt hij onderweg in alle valstrikken, ook de grootste.

In de zin die daarop volgt, *Im Denken wird jeglich Ding einsam und langsam*, borduurt Heidegger voort op ons denken in het wereldspel. Het *Ding* is de vlugge vlinder, die met de vleugels gesloten nu eenzaam en langzaam bewegend op de bloem rust. Samen waaien ze in de wind, maar in het denken kent ieder slechts zijn eigen gedachten. We zijn altijd alleen met ons denken. Dan schrijft Heidegger: *In der Langmut gedeiht Großmut*. Het is de lankmoedige bloem, de vage werking van het Zijn, die de vlinder en de wind met veel geduld verdraagt, omdat hij er niet aan kan ontsnappen. De bloem, het Zijn, stelt zich grootmoedig en vrijgevig de vlinder, het denken, ter beschikking. Samen verzamelen het Zijn en het denken de werkelijkheid.

Het is duidelijk dat het eerste 'groß' uit de zin *Wer groß denkt...* terugslaat op *Großmut*, het laatste woord uit de voorgaande zin. We hoeven Heideggers grote denken dus niet in een of andere abstracte notie van het begrip grootsheid te zoeken, maar in de grootmoedigheid van de lankmoedige denker. Een groot denker is niet iemand die zelf groots is, maar iemand die de wereld zijn grootste gedachten schenkt, zowel de beste als de slechtste. Hij geeft de wereld zijn hele, ongecensureerde denken, omdat hij, net als de bloem, de gedachten die op hem landen niet zelf kiest.

Zo komen we uit bij de betekenis van Heideggers zin. Het is niet zo dat de filosoof die groot denkt zich noodzakelijkerwijs groot moet vergissen, maar andersom: alleen de filosoof die de moed heeft zich groot te vergissen kan een groot denker zijn. De ontdekkingsreiziger die de mensheid zijn beste ontdekkingen geeft kan geen nieuwe werelden ontdekken zonder het risico dat zijn reizen naar het onbekende op catastrofale wijze kunnen eindigen. De grootmoedige denker die de mensheid zijn beste werk gunt kan geen waardevolle inzichten verwerven zonder zich tegelijkertijd open te stellen voor het waardeloze en het verwerpelijke. De weg naar de open ruimte in het bos vind je door te verdwalen, omdat de weg ernaartoe nog niemand bekend is. Grote vergissingen maken de denker groot. *Wer groß denkt, muß groß irren.*

Noten

1: Migratie en integratie

1. Paul Scheffer sprak dit inzicht uit tijdens een debat met Thilo Sarrazin in De Balie, Amsterdam, 10 december 2012.
2. Thilo Sarrazin, *Deutschland schafft sich ab: Wie wir unser Land aufs Spiel setzen* (Dva Dt.Verlags-Anstalt, 2014), 247–49.
3. Martin Bosma, *Minderheid in eigen land: Hoe progressieve strijd ontaardt in genocide en ANC-apartheid* (Bibliotheca Africana Formicae, 2015), sec. epiloog.
4. J. Sephton, vert., *The Saga of Erik the Red.* (Icelandic Saga Database, 1880), hfdst. 10, http://www.sagadb.org/eiriks_saga_rauda.en.
5. Ibid., hfdst. 12.

2: Volk in opstand

1. Yuval Noah Harari, *Sapiens: A Brief History of Humankind* (Vintage Cookery Books, 2015), hfdst. 7: Memory Overload.
2. Morris Jastrow en Albert T. Clay, *An Old Babylonian Version of the Gilgamesh Epic: On the Basis of Recently Discovered Texts* (New Haven: Yale University Press, 1920), 19–20.
3. N.K. Sanders, *The Epic of Gilgamesh* (Assyrian International News Agency, 2016), hfdst. Prologue, http://www.aina.org/books/eog/eog. htm.

4. Chilperic Edwards, *The Hammurabi Code and the Sinaitic Legislation* (London: Watts & Co, 1904), 73.

5. Samuel A.B. Mercer, *The Pyramid Texts* (Library of Alexandria, 2013), 2–3.

6. W.M. Flinders Petrie, *Egyptian Tales: Translated from the Papyri (First Series: IVth to XIIth Dynasty)*, 2de ed. (London: Methuen & Co, 1899), 17, https://archive.org/details/egyptiantalestr00elligoog.

7. Diane Wolkstein en Samuel Noah Kramer, *Inanna, Queen of Heaven and Earth: Her Stories and Hymns from Sumer*, 1ste ed. (New York: Harper & Row, 1983), 123, https://archive.org/details/input-compressed-2015mar28a29.

8. Evan Horowitz, "Trump vows to be 'greatest jobs producer that God ever created' - The Boston Globe", *BostonGlobe.com*, geraadpleegd 25 januari 2017, https://www.bostonglobe.com/business/2017/01/11/trump-vows-greatest-jobs-producer-that-god-ever-created/JRCHmS-7Vfe9zVnvacwXnPN/story.html.

9. Saul D. Alinsky, *Rules for Radicals: A Practical Primer for Realistic Radicals* (New York: Vintage, 1989), 184.

10. Hillary Diane Clinton, "'There Is Only The Fight': An Analysis of the Alinsky Model" (Bachelor's Thesis, Wellesley College, 1969), 4, http://www.hillaryclintonquarterly.com/documents/HillaryClintonThesis.pdf.

11. Louis Menand, "Eliot and the Jews", *The New York Review of Books*, 6 juni 1996, http://www.nybooks.com/articles/1996/06/06/eliot-and-the-jews/.

12. Clinton, "'There Is Only The Fight': An Analysis of the Alinsky Model".

13. CBS News Staff, "Hillary Has Jewish Roots", *CBS News*, 6 augustus 1999, http://www.cbsnews.com/news/hillary-has-jewish-roots/.

14. Karl Popper, *The Open Society and Its Enemies: The Spell of Plato*, Reprint (London: George Routledge & Sons, 1947).

15. Qiao Liang en Wang Xiangsui, *Unrestricted Warfare: China's Master Plan to Destroy America*, Reprint ed. edition (Echo Point Books & Media, 2015), hfdst. 5.

16. Charles M. Blow, "About the 'Basket of Deplorables'", *The New York Times*, 12 september 2016, https://www.nytimes.com/2016/09/12/opinion/about-the-basket-of-deplorables.html.

17. John J. Mearsheimer en Stephen M. Walt, "The Israel Lobby and U.S. Foreign Policy", *Middle East Policy* XIII, nr. 3 (Fall 2006): 45–48.
18. Clinton, "'There Is Only The Fight': An Analysis of the Alinsky Model", 8.
19. Alinsky, *Rules for Radicals*, 127–30.

3: Vechten voor het Westen

1. Jan Van Herwaarden, "Erasmus en zijn vaderland: Variaties op een Rotterdams-Gouds thema.", *Tidinge van die Goude*, 2006, 139–60.
2. Jan Papy, *Erasmus: Een portret in brieven*, vertaald door Marc Van der Poel en Dirk Sacré, 1ste ed. (Utrecht: Boom, 2001), 37.
3. Ibid., 38.
4. Ibid., 30.
5. Ibid., 39.
6. Ibid., 158–59.
7. Erika Rummel, red., *The Erasmus Reader* (Toronto: University of Toronto Press, 2013), 317.
8. Ibid., 316.
9. Ibid., 315–16.
10. Ibid., 318.
11. Erika Rummel, red., *Erasmus on Women*, 1ste ed. (Toronto: University of Toronto Press, 1996), 68.
12. David Engels, *Le Déclin: La crise de l'Union européenne et la chute de la République romaine* (Paris: Editions du Toucan, 2013), hfdst. 2.2: "Le respect de la vie humaine: famille et déclin de la population".
13. Zbigniew Brzezinski, *The Grand Chessboard: American Primacy And Its Geostrategic Imperatives*, 1St Edition edition (New York, NY: Basic Books, 1998), hfdst. 2: The Eurasian Chessboard.
14. Henri Bergson, *The Two Sources of Morality and Religion*, vertaald door Ashley R. Audra en Brereton Cloudesley, 1ste ed. (London: Macmillan and Co., 1935), hfdst. 1: "Moral Obligation".
15. George Soros, "Europe's Global Mission", *Project Syndicate*, 17 november 2006, https://www.project-syndicate.org/commentary/europe-s-global-mission.
16. Richard N. Coudenhove-Kalergi, *Praktischer Idealismus: Adel—Technik—Pazifismus* (Wien-Leipzig: Paneuropa Verlag, 1925), 23.

17. Bergson, *The Two Sources of Morality and Religion*, hfdst. 1.
18. Karl Popper, *The Open Society and Its Enemies: The Spell of Plato*, Reprint (London: George Routledge & Sons, 1947), hfdst. 3: Plato's Theory of Ideas.
19. Soros, "Europe's Global Mission".
20. George Soros, "The New Bush Doctrine", *Project Syndicate*, 25 januari 2005, https://www.project-syndicate.org/commentary/the-new-bush-doctrine.
21. Hans Morgenthau, *Politics among Nations: The Struggle for Power and Peace*, 1ste ed. (New York: Alfred Knopff, 1948), 406.
22. Moritz Schuller, "Auf dem Terrain von Erdogan und Sarrazin", geraadpleegd 9 mei 2017, http://www.tagesspiegel.de/politik/schaeuble-ueber-die-degeneration-der-deutschen-auf-dem-terrain-von-erdogan-und-sarrazin/13713574.html.
23. Tacitus, *Tacitus: Histories, Books IV-V, Annals Books I-III*, vertaald door Clifford H. Moore en John Jackson (Harvard University Press, 1931), bk. IV, §14.
24. Carl Jung, Civilization in Transition, bewerkt door Gerhard Adler, vertaald door R.F.C. Hull, vol. 10, The Collected Works of C.G. Jung (Princeton University Press, 1964), hfdst. I: "The Role of the Unconscious", par. 19.
25. Michael Moore, "America. Racism. Trump. We Never Fixed It. Never Redeemed Ourselves for Our Two Original Sins: Enslaving Black People & Genocide of Indians.", Tweet, @MMFlint (blog), 9 juli 2017, https://twitter.com/MMFlint/status/889336580204359680.
26. Ernesto Che Guevara, Guerrilla Warfare (CreateSpace Independent Publishing Platform, 2013), hfdst. I: "General Principles of Guerilla Warfare".
27. Yuval N. Harari, *Eine kurze Geschichte der Menschheit*, vertaald door Jürgen Neubauer (München: Deutsche Verlags-Anstalt, 2013), 204.
28. Eric Hoffer, *The Ordeal of Change* (Titusville, New Jersey: Hopewell Publications, 2006), hfdst. 2: Azië ontwaakt.
29. Ibid., hfdst. 4: Imitatie en fanatisme.
30. Paul Colinvaux, *The Fates of Nations: A Biological Theory of History* (Penguin Books, 1983), 114.
31. Ibid., 52.
32. Ibid., 39–67.

4: Omvolkingsbeleid

1. Hanson, Victor Davis. *Mexifornia: A State of Becoming.* E-book. San Francisco: Encounter Books, 2003.
2. Paul Colinvaux, *The Fates of Nations: A Biological Theory of History* (Penguin Books, 1983), 48.
3. Ibid., 60.

6: Reactionaire elites

1. Colin Crouch, *Coping with Post-Democracy*, 1ste ed. (Fabian Society, 2000), http://www.fabians.org.uk/wp-content/uploads/2012/07/Post-Democracy.pdf.
2. News Corp Australia, *Horror video reveals MH17 crash aftermath*, 2015, https://www.youtube.com/watch?v=K70igRdKVhA.
3. Jon Donnison, "Looking forward to apology from @dailytelegraph & @australian over their #MH17 video 'world exclusive' that was broadcast a year ago on BBC.", microblog, *@jondonnisonbbc*, (17 juli 2015), https://twitter.com/jondonnisonbbc/status/621974795811291136.
4. Roy Greenslade, "BBC Correspondent Disputes News Corp Claims over MH17 Footage", *The Guardian*, 17 juli 2015, sec. Media, https://www.theguardian.com/media/greenslade/2015/jul/17/bbc-correspondent-disputes-news-corp-claims-over-mh17-footage.
5. News Corp, "MH17 video transcript: Rebels thought shot down plane was a Ukraine fighter jet", 16 juli 2015, https://web.archive.org/web/20150716204114/http://www.news.com.au/national/full-transcript-russian-backed-rebels-ransack-the-wreckage-of-mh17-in-shocking-17-minute-video/story-e6frfkp9-1227444629703.
6. Tjibbe Joustra, "Crash of Malaysia Airlines flight MH17: Harbove, Ukraine, 17 July 2014" (Den Haag: Dutch Safety Board, oktober 2014), 116–35.
7. Lorenzo Cremonesi, "«Così è stato colpito l'aereo»", *Corriere della Sera*, 22 juli 2014, http://www.corriere.it/esteri/14_luglio_22/cosi-stato-colpito-l-aereo-0a7e5f9e-115f-11e4-affb-3320a03d21e8.shtml.

8. Lorenzo Cremonesi, "How Malaysian Plane was Shot Down", *W*, 22 juli 2014, http://www.corriere.it/english/14_luglio_22/how-malay-sian-plane-was-shot-down-51e99c60-118f-11e4-affb-3320a03d21e8.shtml.

9. Paul Elderling en Jolande Van der Graaf, "'Ik weet de waarheid over MH17'", *De Telegraaf*, 25 juni 2016, https://www.pressreader.com/netherlands/de-telegraaf/20160625/282140700679933.

10. Jens Brambusch, "MH17-Ermittler droht Haft: 'Der BGH bringt mich in Lebensgefahr'", *stern.de*, 14 september 2016, http://www.stern.de/7056022.html.

11. Jens Brambusch, "Razzia bei MH-17-Ermittler", 29 maart 2016, http://www.capital.de/themen/razzia-bei-mh-17-ermittler.html.

12. Maxi Hartberger, "'Man spielt nicht mit 298 Toten'", *Tegernseer Stimme*, 22 september 2016, https://tegernseerstimme.de/man-spielt-nicht-mit-289-toten/223121.html.

13. Redactie, "Duits detectivebureau Wifka betrokken bij MH17 blijkt Duits hoaxbureau", *ThePostOnline*, 31 oktober 2016, http://nieuws.tpo.nl/2016/10/31/duits-detectivebureau-wifka-betrok-ken-mh17-blijkt-duits-hoaxbureau/.

14. Redactie, "OM vindt lege kluis in onderzoek detectivebureau MH17", 31 oktober 2016, http://nos.nl/artikel/2140718-om-vindt-le-ge-kluis-in-onderzoek-detectivebureau-mh17.html.

15. selfownership1, *John McCain Unveils True Motive For Shooting MH-17 To Escalate War With Russia*, 2014, https://www.youtube.com/watch?v=-V53xoum3AM.

16. The Daily Conversation, *Obama: Flight MH17 "Was Shot Down Over Ukraine"*, 2014, https://www.youtube.com/watch?v=FePBGTyjD84.

17. Alastair Jamieson, "Kerry Says Evidence Shows Russian-Backed Separa-tists Downed MH17", *NBC News*, 20 juli 2014, http://www.nbcnews.com/storyline/ukraine-plane-crash/kerry-says-evidence-shows-russi-an-backed-separatists-downed-mh17-n160526.

18. Paul Koring, "MH17: Evidence Points to Launcher in Rebel-Held Ter-ritory", 18 juli 2014, sec. news, https://www.theglobeandmail.com/news/world/mh17-evidence-points-to-launcher-in-rebel-held-territo-ry/article19682330/.

19. Polly Mosendz, "Forensics Experts Finally Arrive at MH17 Site", *The Atlantic Wire*, 21 juli 2014, http://news.yahoo.com/forensics-ex-perts-finally-arrive-mh17-134126243.html.

20. Mark Toner, *Daily Press Briefing - March 2, 2016*, 2016.

21. SBU, "Служба безпеки України", 18 juli 2014, https://web.archive. org/web/20140718152833/http://www.sbu.gov.ua/sbu/control/ uk/publish/article?art_id=129035&cat_id=39574.

22. Joustra, "Crash of Malaysia Airlines flight MH17: Harbove, Ukraine, 17 July 2014", 143–47.

23. Christopher Miller Wills Brian Ries & Amanda, "Rebel Leader in Alleged Leaked Audio: We Just Shot Down a Plane", *Mashable*, 17 juli 2014, http://mashable.com/2014/07/17/malaysia-airlines-ukraine-russia-cossacks-leaked-audio/.

24. Mariano Castillo, "Alleged phone call: 'We have just shot down a plane' - CNN.com", *CNN*, 18 juli 2014, http://www.cnn.com/2014/07/18/ world/europe/ukraine-mh17-intercepted-audio/index.html.

25. Charles Miranda en Mark Dunn, "'We have shot down a plane'", *NewsComAu*, 17 juli 2014, http://www.news.com.au/world/europe/ russian-rebels-are-likely-responsible-for-shooting-down-malaysia-airlines-flight-mh17-over-the-ukraine/news-story/eb6f5061e5241f88e-f1024e1e847d593.

26. Kyiv Post, "SBU intercepts phone conversations of separatists admitting downing a civilian plane (FULL TRANSCRIPT; VIDEO)", *KyivPost*, 18 juli 2014, https://www.kyivpost.com/article/content/ murder-in-the-sky-malaysia-airlines-flight-17/separatists-admit-downing-a-civilian-plane-in-tapped-conversation-full-transcript-356545. html.

27. Craig Whitlock, "Separatists said to have received antiaircraft training in Russia", *Washington Post*, 18 juli 2014, https://www.washington-post.com/world/national-security/separatists-said-to-have-had-anti-aircraft-training-in-russia/2014/07/18/0af398f2-0e82-11e4-b8e5-d0de80767fc2_story.html.

28. Ibid.

29. "Военные доложили Порошенко: террористы не захватывали украинский 'Бук'", *Украинская правда*, geraadpleegd 7 juni 2017, http://www.pravda.com.ua/rus/news/2014/07/18/7032278/.

30. selfownership1, *John McCain Unveils True Motive For Shooting MH-17 To Escalate War With Russia*.

31. Brian Bennett, "U.S. Officials Believe Attack against Malaysian Plane Was Mistake", *Los Angeles Times*, 22 juli 2014, http://www.latimes.com/world/europe/la-fg-ukraine-intelligence-us-20140722-story.html.

32. Joustra, "Crash of Malaysia Airlines flight MH17: Harbove, Ukraine, 17 July 2014", 38.

33. Joustra, "Crash of Malaysia Airlines flight MH17: Harbove, Ukraine, 17 July 2014".

34. Ralph Vartabedian en W. J. Hennigan, "High-Tech Spycraft Tracked Missile's Path to Malaysia Airlines Jet", *Los Angeles Times*, 17 juli 2014, http://www.latimes.com/nation/nationnow/la-fg-satellites-ukraine-missile-20140717-story.html.

35. Megan Gannon, "Military Satellites Likely Saw Missile Strike on Malaysian Airlines Flight", *Space.com*, geraadpleegd 7 juni 2017, http://www.space.com/26571-military-satellites-malaysia-airlines-missile-mh17.html.

36. Marco Langbroek, "Position paper t.b.v. hoorzitting/rondetafelgesprek Beleidsreactie onderzoeksrapporten over MH17", Text (Den Haag: Tweede Kamer, 14 januari 2016), https://www.tweedekamer.nl/kamerstukken/detail.

37. Marco Langbroek, "SIGINT, IMINT and MH17", 20 januari 2016, https://sattrackcam.blogspot.com/2016/01/sigint-imint-and-mh17.html.

38. RT, *Malaysian Airlines plane crash: Russian military unveil data on MH17 incident over Ukraine (FULL)*, z.d., https://www.youtube.com/watch?v=4bNPInuSqfs.

39. Michael Wines, "After 9 Days, Ukraine Says Its Missile Hit A Russian Jet", *The New York Times*, 14 oktober 2001, sec. World, https://www.nytimes.com/2001/10/14/world/after-9-days-ukraine-says-its-missile-hit-a-russian-jet.html.

40. Alan Philps, "Airliner Blasted out of Sky", 4 oktober 2001, sec. World, http://www.telegraph.co.uk/news/worldnews/europe/ukraine/1358586/Airliner-blasted-out-of-sky.html.

41. Servaas Van der Laan, "Ministerie weigert geheime deal MH17 openbaar te maken - Elsevier.nl", *Elsevier Weekblad*, 1 december 2014, https://web.archive.org/web/20141201023447/http://www.elsevier.nl/Politiek/achtergrond/2014/11/Ministerie-weigert-geheime-overeenkomst-MH17-openbaar-te-maken-1647600W/.

42. Richard Balmforth, "Ukraine leader fires powerful oligarch Kolomoisky as regional chief", *Reuters*, 25 maart 2015, http://www.reuters.com/article/us-ukraine-crisis-oligarch-idUSKBN0ML0CG20150325.

43. Sophie Pinkham, "Watching the Ukrainian Oligarchs", *The New Yorker*, 2 april 2015, http://www.newyorker.com/news/news-desk/watching-the-ukrainian-oligarchs.

44. Aditya Tejas, "Ukrainian Oligarch Igor Kolomoisky Resigns After Tense Standoff With Poroshenko Over UkrNafta", *International Business Times*, 25 maart 2015, http://www.ibtimes.com/ukrainian-oligarch-igor-kolomoisky-resigns-after-tense-standoff-poroshenko-over-1858314.

45. Damien Sharkov, "Ukrainian Nationalist Volunteers Committing 'ISIS-Style' War Crimes", *Newsweek*, 10 september 2014, http://www.newsweek.com/evidence-war-crimes-committed-ukrainian-nationalist-volunteers-grows-269604.

46. Vijai Maheshwari, "The Town Determined to Stop Putin", *The Daily Beast*, 6 december 2014, http://www.thedailybeast.com/articles/2014/06/12/dnipropetrovsk-the-ukrainian-town-determined-to-stop-putin.

47. Thomas Sowell, *Black Rednecks and White Liberals*, 1ste ed. (San Francisco: Encounter Books, 2005), 188.

48. Kate Scanlon, "House and Senate ask Obama to Send Military Aid to Ukraine", *The Daily Signal*, 26 maart 2015, http://dailysignal.com/2015/03/26/house-and-senate-pressure-president-obama-to-send-military-aid-to-ukraine/.

49. Arno Wellens, "Het Lijk van Lodewijk: waarom stemmen in Amsterdam geen zin heeft", *925.nl*, maart 2014, http://925.nl/archief/2014/03/18/het-lijk-van-lodewijk-waarom-stemmen-in-amsterdam-geen-zin-heeft/.

50. Jelte Wiersma, "Asschers spoor van mislukkingen: steeds net op tijd vertrokken", *Elsevier.nl*, 9 december 2016, http://www.elsevier.nl/nederland/article/2016/12/asschers-spoor-van-mislukkingen-2726798W/.

51. Esther Voet, "Interview Lodewijk Asscher", *Nieuw Israëlietisch Weekblad*, 7 december 2015, https://www.niw.nl/interview-lodewijk-asscher-227/.

52. Redactie, "Beerput bij Gemeente Amsterdam - de cijfers (1)", *925.nl*, oktober 2012, http://925.nl/archief/2012/10/09/beerput-bij-gemeente-amsterdam-de-cijfers-1/.

53. Raymond Schütz, "Was de Joodsche Raad fout?" (Den Haag: Open Joodse Huizen, mei 2014), 4.

54. Hans Knoop, "Joodsche Raad was privé-initiatief; Abraham Asscher voelde zich de "burgemeester' van joods Amsterdam", *NRC Handelsblad*, 26 februari 1992, https://www.nrc.nl/nieuws/1992/02/26/joodsche-raad-was-prive-initiatief-abraham-asscher-7134259-a348458.

55. Schütz, "Was de Joodsche Raad fout?", 3.

56. Ibid.

57. Melvyn Conroy, red., *The Terrible Choice: Some Contemporary Jewish Responses to the Holocaust* (JewishGen, 2006), sec. Abraham Asscher & David Cohen, http://www.jewishgen.org/yizkor/terrible_choice/Terrible_Choice.html.

58. Paul Damen, "Instrument van de nazi's", *Nieuw Israëlietisch Weekblad*, mei 2015, https://www.niw.nl/instrument-van-de-nazis889/.

59. Deborah Dwork en Robert-Jan Van Pelt, "The Netherlands", in *The World Reacts to the Holocaust* (JHU Press, 1996), 59.

60. David Cesarani, *Final Solution: The Fate of the Jews 1933-1949* (Pan Macmillan, 2016), 559.

61. Voet, "Interview Lodewijk Asscher".

7: *Maatschappij in verval*

1. Bastiaan T. Rutjens e.a., "A March to a Better World? Religiosity and the Existential Function of Belief in Social-Moral Progress", *The International Journal for the Psychology of Religion* 26, nr. 1 (2 januari 2016): 1, doi:10.1080/10508619.2014.990345.

2. Karl Marx, "Zur Kritik der Hegelschen Rechtsphilosophie", in *Karl Marx/ Friedrich Engels - Werke*, Band 1 (Berlin: Dietz Verlag, 1976), 378.

3. Stéphane Courtois, *The Black Book of Communism: Crimes, Terror, Repression* (Harvard University Press, 1999), 2.

4. Ibid., 4.

5. Martin Heidegger, "Gelassenheit", in *Reden und andere Zeugnisse eines Lebenswegens*, vol. 16, Gesamtausgabe (Frankfurt am Main: Klostermann, 2000), 517–29.

6. Willem Wagenaar, "Factsheet Extreemrechts in Nederlandse Gemeentes" (Anne Frank Stichting, Oktober 2016), 4, https://1drv.ms/b/s!Avsksz7CNEsRhGgtdrx_QUaIU0N6.

7. Drew Desilver, "Europe's asylum seekers: Who they are, where they're going, and their chances of staying", *Pew Research Center*, 30 september 2015, http://www.pewresearch.org/fact-tank/2015/09/30/europes-asylum-seekers-who-they-are-where-theyre-going-and-their-chances-of-staying/.

8. Wagenaar, "Factsheet Extreemrechts in Nederlandse Gemeentes", 5.

9. Christian Pantle, *Die Varusschlacht: Der germanische Freiheitskrieg* (Berlin: Propyläen-Verlag, 2009), hfdst. 3.

10. Wagenaar, "Factsheet Extreemrechts in Nederlandse Gemeentes", 5.

11. Ruud Koopmans, "Religious Fundamentalism and Hostility against Out-groups: A Comparison of Muslims and Christians in Western Europe", *Journal of Ethnic and Migration Studies* 41, nr. 1 (2 januari 2015): 33–57, doi:10.1080/1369183X.2014.935307.

12. Nese F. DeBruyne en Anne Leland, "American War and Military Operations Casualties: Lists and Statistics", *Congressional Research Service*, 2015, https://fas.org/sgp/crs/natsec/RL32492.pdf.

13. Bureau of Labor Statistics, "Fatal occupational injuries in 2010" (U.S. Department of Labor, 2012), 10, https://www.bls.gov/iif/oshwc/cfoi/cfch0009.pdf.

14. Alexia Cooper en Erica Smith, "Homicide Trends In The United States, 1980-2008", *Bureau of Justice Statistics*, 2011, http://www.bjs.gov/index.cfm?ty=pbdetail&iid=2221.

15. National Center for Health Statistics, "Health, United States, 2015: With Special Feature on Racial and Ethnic Health Disparities" (Hyattsville, MD, 2016), 157.

16. University of Georgia, "New research helps explain why girls do better in school", *ScienceDaily*, geraadpleegd 11 januari 2017, https://www.sciencedaily.com/releases/2013/01/130102161813.htm.

17. David Brooks, "Honor Code", *The New York Times*, 5 juli 2012, http://www.nytimes.com/2012/07/06/opinion/honor-code.html.

18. Judith Kleinfeld, "The State of American Boyhood", *Gender Issues* 26, nr. 2 (1 juni 2009): 113–29, doi:10.1007/s12147-009-9074-z.

19. David B. Mustard, "Racial, Ethnic and Gender Disparities in Sentencing: Evidence from the U.S. Federl Courts", *Journal of Law and Economics* XLIV, nr. April (2011): 285–314.

20. Martin S. Fiebert, "References Examining Assaults by Women on Their Spouses or Male Partners: An Annotated Bibliography", *California State University*, 2012, https://web.csulb.edu/~mfiebert/assault.htm.

21. Denise Hines, "Researcher: What Happens When Abused Men Call Domestic Violence Hotlines and Shelters?", 2009, https://nationalparentsorganization.org/blog/3977-researcher-what-hap-3977.

22. Caroletta Shuler, "Male Victims of Intimate Partner Violence in the United States: An Examination of the Review of Literature through the Critical Theoretical Perspective", *International Journal of Criminal Justice Sciences* 5, nr. 1 (2010): 163–73.

23. Eugene J. Kanin, "False Rape Allegations", *Archives of Sexual Behavior* 23, nr. 1 (1994): 81–91.

24. Frank S. Zepezauer, "Believe Her! The Woman Never Lies Myth", *IPT Journal* 6 (1994), http://www.ipt-forensics.com/journal/volume6/j6_2_4.htm.

25. Ronald K. Henry, "The Innocent Third Party: Victims of Paternity Fraud", *Family Law Quarterly* 40, nr. 1 (2006): 51–81.

26. Patrick J. Perry, "County of San Luis Obispo v. Nathaniel J. (1996): 50 Cal. App. 4th 842, 57 Cal. Rptr. 2d 843", *Justia Law*, 1996, http://law.justia.com/cases/california/court-of-appeal/4th/50/842.html.

27. Frances Stonor Saunders, *The Cultural Cold War: The CIA and the World of Arts and Letters* (New York: The New Press, 2001), 8.

8: Economie van de ondergang

1. Fareed Zakaria, *The Post-American World: Release 2.0* (New York: W. W. Norton & Company, 2012), hfdst. 1.

2. Samuel P. Huntington, *The Clash of Civilizations and the Remaking of World Order*, E-book (Simon & Schuster, 2011).

3. Angus Maddison, "Statistics on World Population, GDP and Per Capita GDP, 1-2008 AD" (University of Groningen, March 2010), http://www.ggdc.net/maddison/Historical_Statistics/horizontal-file_02-2010.xls.

9: Filosofische overpeinzingen

1. Yuval N. Harari, *Eine kurze Geschichte der Menschheit*, vertaald door Jürgen Neubauer (München: Deutsche Verlags-Anstalt, 2013), 112.
2. Paul Colinvaux, *The Fates of Nations: A Biological Theory of History* (Penguin Books, 1983), 55–67.
3. Ibid., 55.
4. Ibid., 67.
5. Amaury De Riencourt, *The Coming Caesars* (Coward-McCann, 1957), 328–42, http://babel.hathitrust.org/cgi/pt?id=mdp.39015039745933.
6. David M. Potter, *People of Plenty: Economic Abundance and the American Character*, 1ste ed. (Essex: Phoenix Books, 1965), 111–12.
7. Dambisa Moyo, *Dead Aid: Why Aid Is Not Working and How There Is a Better Way for Africa*, vertaald door Ronald Kuil, 1ste ed. (Amsterdam: Olympus, 2012).
8. Richard N. Coudenhove-Kalergi, *Praktischer Idealismus: Adel—Technik—Pazifismus* (Wien-Leipzig: Paneuropa Verlag, 1925), 100.
9. Thomas Sowell, *The Vision of the Anointed: Self-Congratulation as a Basis for Social Policy* (New York: BasicBooks, 1995), hfdst. 10: The Legacy of Marx—The Marxism of Marx: Price-Allocation and Crises.
10. Leifur Eiricksson, red., *Egil's Saga*, 1ste ed. (Penguin Books, 2004).
11. Noam Chomsky, *On Anarchism*, 1ste ed. (New York: Penguin Books, 2014), 35–36.
12. Erich Fromm, *Marx's Concept of Man* (New York: Open Road, 2003), hfdst. 6: Marx's Concept of Socialism.
13. Coudenhove-Kalergi, *Praktischer Idealismus: Adel—Technik—Pazifismus*, 24.
14. Murray A. Straus en Denise A. Donnelly, *Beating the Devil out of Them: Corporal Punishment in American Families and Its Effects on Children* (New Brunswick, New Jersey: Transaction Publishers, 2001), 25.
15. Colinvaux, *The Fates of Nations: A Biological Theory of History*.
16. Eric Hoffer, *The True Believer: Thoughts on the Nature of Mass Movements* (New York: First Perennial Classic, 2010), hfdst. 52.
17. Xenophon, *Cyropaedia: The Education of Cyrus*, bewerkt door F.M. Stawell, vertaald door Henry Graham Dakyns (Project Gutenberg, 2009), bk. 1, hfdst. 6, §45.

18. Didier Sornette, *Why Stock Markets Crash: Critical Events in Complex Financial Systems* (Princeton: Princeton University Press, z.d.), hfdst. 10.

19. Viktor Frankl, *Der Wille zum Sinn: Ausgewählte Vorträge über Logotherapie* (Bern-Stuttgart-Wien: Hans Huber, 2005).

20. Sam Harris, *Free Will* (New York: Simon and Schuster, 2012), 5.

21. Stephen Hawking en Leonard Mlodinow, *The Grand Design* (New York: Bantam Books, 2010), hfdst. 3: What is Reality?

22. Richard Conn Henry, "The Mental Universe", *Nature* 436 (7 juli 2005): 29.

23. Faramarzi, Scherezade, „Mutilating for God—Some Children are Forced Into Bloody Rite," Associated Press, foxnews.com, January 30, 2007, http://nospank.net/n-q58r.htm.

24. „Should children watch beheadings?", The Saudi Gazette, September 12, 2005, http://saudigazette.com.sa/SGAZETTEARCHIVE/DATA/2005/9/12/ART_261733.XML, http://www.freerepublic.com/focus/f-news/1512385/posts.

25. Johnson, Tom, „The Terrorist Psyche: Letter to the Editor," Nashville City Paper, www.nashvillecitypaper.com, August 15, 2005, http://nospank.net/tjhnsn3.htm.

26. Lloyd DeMause, *The Emotional Life of Nations* (New York: Other Press, 2002).

27. Ibid.

28. Chesler, Phyllis, „The Psychoanalytic Roots of Islamic Terrorism," FrontPageMagazine.com, 3 mei 2004, http://www.phyllis-chesler.com/132/psychoanalytic-roots-of-islamic-terro....

29. Martin Heidegger, *Frühe Schriften*, vol. 1, Gesamtausgabe (Frankfurt am Main: Klostermann, 1978), 69.

30. Stephen Hawking en Leonard Mlodinow, *The Grand Design* (New York: Bantam Books, 2010), hfdst. 3: What is reality?

31. "Zelfgelijkvormigheid", *Wikipedia*, 10 maart 2016, https://nl.wikipedia.org/w/index.php?title=Zelfgelijkvormigheid&oldid=46271722.

32. Richard Conn Henry, "The Mental Universe", *Nature* 436 (7 juli 2005): 29.

33. Martin Heidegger, *Von der Sache des Denkens: Vorträge, Reden und Gespräche aus den Jahren 1952 - 1969* (München: der Hörverlag, 2009).

34. Justin T. Mark, Brian B. Marion, en Donald D. Hoffman, "Natural Selection and Veridical Perception", *Journal of Theoretical Biology* 266, nr. 4 (21 oktober 2010): 504–15, doi:10.1016/j.jtbi.2010.07.020.

35. Ulrich Boehm en Rüdiger Safranski, *Philosophie Heute: Martin Heidegger - Der Zauberer von Meßkirch* (Junius Verlag GmbH, 1989).
36. Peter Trawny, *Freedom to Fail: Heidegger's Anarchy*, vertaald door Ian Moore en Christopher Turner (Cambridge: Polity Press, 2015), 14.
37. Martin Heidegger, *Aus der Erfahrung des Denkens: 1910-1976*, vol. 13, Gesamtausgabe (Frankfurt am Main: Klostermann, 1983), 81.
38. Ulrich Greiner, "Darf groß irren, wer groß dichtet?", *Zeit Online*, 2006, 24 editie, http://www.zeit.de/2006/24/Handke_Grn__xml.
39. Trawny, *Freedom to Fail: Heidegger's Anarchy*, 12.
40. Ibid., 10.
41. Ibid.